Staatl. Kurverwaltung
Bad Reichenhall

Olschewski

Streß bewältigen

Streß bewältigen

Ein ganzheitliches Kursprogramm

Herausgegeben von Wolfgang Knörzer
und Dr. med. Adalbert Olschewski

Von Dr. med Adalbert Olschewski

Karl F. Haug Verlag · Heidelberg

Die Deutsche Bibliothek – CIP-Einheitsaufnahme

Olschewski, Adalbert:
Stress bewältigen : ein ganzheitliches Kursprogramm / von
Adalbert Olschewski. Hrsg. von Wolfgang Knörzer und
Adalbert Olschewski. - Heidelberg : Haug, 1995
(Wege zur ganzheitlichen Gesundheit) (Ganzheitliche
Gesundheitsbildung)
ISBN 3-7760-1357-5

© 1995 Karl F. Haug Verlag, Heidelberg

Alle Rechte, insbesondere die der Übersetzung in fremde Sprachen, vorbehalten. Kein Teil dieses Buches darf ohne schriftliche Genehmigung des Verlages in irgendeiner Form – durch Photokopie, Mikrofilm oder irgendein anderes Verfahren – reproduziert oder in eine von Maschinen, insbesondere von Datenverarbeitungsmaschinen, verwendbare Sprache übertragen oder übersetzt werden.
All rights reserved (including those of translation into foreign languages). No part of this book may be reproduced in any form – by photoprint, microfilm, or other means – nor transmitted or translated into a machine language without written permission from the publishers.

Titel-Nr. 2357 · ISBN 3-7760-1357-5

Satz/Layout: Walter Botz

Druck und Verarbeitung: Druckhaus Darmstadt GmbH, 64295 Darmstadt

Inhalt

Geleitwort des Mitherausgebers 9

Danksagung 11

Einleitung 13

Einführungssitzung 25

Streß 1 41

Streß 2 61

Streß 3 87

Streß 4 117

Streß 5 137

Streß 6 161

Streß 7 177

Streß 8 201

Streß 9 227

Streß 10 255

Anhang A-1

WIDMUNG

all jenen gewidmet,
von denen ich lernen durfte

Geleitwort des Mitherausgebers

Das vorliegende Buch ist das Ergebnis der jahrelangen praktischen und theoretischen Auseinandersetzung von Dr. Adalbert Olschewski mit dem Thema Streß und Streßbewältigung.

Er begann dabei schon in den siebziger Jahren, traditionelle Entspannungsverfahren mit Elementen der westlichen körperorientierten Psychotherapie und der östlichen meditativen Tradition zu verbinden. In zahlreichen Seminaren, psychotherapeutisch orientierten Gruppen und Einzelberatungen entwickelte er gemeinsam mit den Kolleginnen und Kollegen des Vereins für Humanistische Psychologie und später des IPEG-Instituts- in Heidelberg einen integrativen Ansatz der Streßbewältigung und Entspannung.

Im vorliegenden Band stellt er diesen Ansatz erstmals umfassend einer interessierten Öffentlichkeit vor. Die Verbindung von traditionellen Entspannungsübungen mit körpertherapeutisch orientierten Übungsformen dient der Entspannung ebenso wie der Aktivierung und Vitalisierung. Sie werden erweitert durch kognitiv orientierte Teile, die zur Selbstreflexion auffordern. Somit werden dem Leser eine Fülle von Anregungen gegeben.

Das Buch richtet sich gleichermaßen an interessierte Dozenten und Kursleiter, die im Bereich Entspannung und Streßbewältigung eigene Seminare halten, wie auch an alle, die für sich selbst besser mit dem Streß im Alltag umgehen möchten oder sich einfach nur für die Thematik interessieren.

Den Kursleitern und Dozenten der Gesundheitsbildung bietet das vorliegende Buch ein komplettes Kursprogramm, das sich als Ergebnis jahrelanger Seminartätigkeit in dieser Form vielfach bewährt hat und wissenschaftlich evaluiert wurde. Darüber hinaus können die einzelnen Übungsformen, Arbeitsblätter und Kurssegmente als umfangreiche Sammlung von Kursbausteinen gelten, die je nach Bedarf auch losgelöst vom Gesamtkonzept eingesetzt werden können. Um dieses zu gewährleisten, wurde eine Form gefunden, die einen übersichtlichen Zugang, sowohl zum Gesamtkonzept als auch zu den einzelnen Elementen, bietet.

Das vorliegende Buch steht für einen integrativen ganzheitlichen Ansatz des gesundheitsförderlichen Umgangs mit Streß. Es bildet gleichzeitig einen wesentlichen Baustein in unserem Konzept einer Gesundheitsbildung, die versucht, das Thema Gesundheit ganzheitlich anzugehen, indem sie den

Menschen sowohl in seinem kognitiven als auch in den emotionalen und körperlichen Anteilen gleichermaßen berücksichtigt.

Ich wünsche daher dem Buch von Dr. Adalbert Olschewski viele entspannte Leser.

Heidelberg, im Herbst 1994   Wolfgang Knörzer

Danksagung

Ich danke meinen Kollegen und Freunden vom Verein für Humanistische Psychologie Heidelberg und vom IPEG - Institut Heidelberg, Wolfgang Knörzer, Hans Weiss, Antje Reinhardt, Wolfgang Amler, Martin Schley, Christoph Krüger-Egerding, Dorothea Krüger, für ihre Ideen und ihre Unterstützung bei der Entwicklung dieses Programmes.

Ich danke den VdAK-Kassen für ihre Unterstützung bei der Durchführung des Gesundheitsvorsorgeprojektes im Landkreis Emmendingen, in dessen Rahmen dieses Programm erstmals an einer größeren Bevölkerungsgruppe eingesetzt und beforscht werden konnte.

Ich danke den Therapeuten, die dieses Projekt zusammen mit mir durchgeführt haben, für die investierte Zeit und Arbeit und insbesondere die Bereitschaft, neben einer Weiterqualifizierung im Bereich dieses Programmes noch bestimmte Teile zu diskutieren, zu modifizieren bzw. neu zu entwickeln.

Günter Marx (Umgang mit Konflikten/Sitzung 8, Zeitplanungstechniken/Sitzung 9, Literatursichtung, redaktionelle und organisatorische Arbeiten bei der Erstellung dieses Manuskriptes)

Margarete Hahn (Poster Streßursachen, Kognitionen Streßfolgen/Sitzung 1)

Patrick Noll (Stimmungsbarometer/Sitzung 3)

Karin Ebel (Zeitverteilungskuchen/Sitzung 2)

Beate Häberle

Norbert Cremer (Umgang mit Konflikten/Sitzung 8)

Bernhard Röhr (Selbstbehauptung/Sitzung 8)

Dorothea Beeken (Selbstbehauptung/Sitzung 8)

Hannelore Erian

Brigitte Brand-Mahnkopf

Eberhard Lindner

Claudia Bertsch

Susanne Heynen danke ich für die wissenschaftliche Begleitung, Erstellung einer Diplomarbeit über das gesamte Projekt, und Jürgen Bengel für die Betreuung der Diplomarbeit und die weitere wissenschaftliche Beratung.

Ich danke Sybille Sarnow für die große Geduld bei der Bearbeitung des nicht immer einfachen Manuskriptes.

Ich danke meiner Frau Nienke für die große Unterstützung in vielen Bereichen.

Dr. A. Olschewski

Einleitung

1. Entwicklungsgeschichte der Gesundheitsvorsorge

2. Neue Gesundheitsvorsorgeprogramme
2.1 Entstehung der Programme
2.2 Methodische Entwicklungen
2.3 Bewußte Orientierung auf die Gesundheit
2.4 Gesundheitsinformation durch Eigenerfahrung

3. Anwendung und Verbreitung

4. Übungsprogramm des Buches
4.1 Konzeption
 -Übungsteile zur Aktivierung und Vitalisierung
 -Übungssegmente zur Entspannung
 -Arbeitsblätter
 -Kognitive Gruppen- oder Einzelübungen
 -Informationsblöcke
 -Optionen
4.2 Musikauswahl

5. Über Erfahrungen zu neuen Wegen

1. Entwicklungsgeschichte der Gesundheitsvorsorge

Prävention von Erkrankungen und die Gesundheitsvorsorge im allgemeinen ist bereits seit den frühesten Zeiten der Menschheitsgeschichte bekannt. So gab es in Zusammenhang mit klösterlichen, religiös-philosophischen Geistestraditionen in der Regel auch körperliche Übungs- und Bewegungsformen, die, verbunden mit innerer Konzentration, Stille und Versenkung, nicht nur besondere meditative und geistige Erfahrungsprozesse ermöglichten, sondern auch zur Vorsorge geistiger und körperlicher Gesundheit dienen sollten (vergleiche A. Olschewski, Vortrag MDK-Emmendinger Gespräche 1992).

Im alten China wurden die Ärzte nur von den gesunden Patienten bezahlt. Dieses für uns heute manchmal etwas fremd und seltsam erscheinende Arzt-Patientenverhältnis führte dazu, daß sich der Arzt intensiv mit der Gesundheitsvorsorge beschäftigen mußte, um zu Verdienst (und auch Ansehen) zu gelangen. Im alten Japan hatte Do In, eine körperliche und geistige Übungstradition, seit Jahrhunderten einen festen Platz in der allgemeinen Gesundheitsvorsorge der Bevölkerung.

Auch die alte taoistische Bewegungskultur verstand sich als „Wissenschaft vom gesunden und langen Leben durch körperliche und geistige Übungen". Sie entstammt einer klösterlichen Medizintradition und enthielt, neben einzelnen problembezogenen Bewegungsübungen, Atemübungen, verbunden mit entsprechenden mentalen Vorstellungen, Selbstmassage sowie bestimmte meditative Bewegungsabläufe zur Gesundheitsvorsorge. Man ging davon aus, daß Gesundheitsstörungen nicht entstehen können, wenn der menschliche Organismus sein Energiegleichgewicht beibehält.

Diese östlichen Gesundheitsvorsorgesysteme und Bewegungstraditionen haben sich teilweise eigenständig und unabhängig vom zugehörigen geistig-spirituellen System weiterentwickelt. Viele der Übungstraditionen sind in heutiger Form gerade wieder modern geworden und werden zumeist ohne besondere Betonung eines spirituellen Hintergrundes vermittelt. Dennoch wird in der Regel, ohne ausdrücklich darüber zu sprechen, immer auch die Vermittlung von Erfahrungen auf tieferen menschlichen Bewußtseinsebenen angestrebt. Wandlung zur Ganzheit, innere Ruhe und Gelassenheit finden, in sich ruhen können usw. sind tradierte Begriffe, die Eingang in die moderne Gesundheitsbildung gefunden haben.

Erfahrungen der inneren Stille und der meditativen Versenkung waren auch in der Geschichte westlicher Zivilisationen wichtig. Mit der Entwicklung des Newtonschen kartesianischen Weltbildes und der klassischen linearen

Naturwissenschaften wurde dieses Wissen jedoch zunehmend „vergessen". Vorwiegend funktionelle Betätigungen, wie z. B. die Frühgymnastik des alten Turnvater Jahn, sind typische Ergebnisse einer diesem Weltbild entstammenden Gesundheitsbildung.

2. Neue Gesundheitsvorsorgeprogramme

2.1 Entstehung der Programme

Bisher bekannte und seit den siebziger Jahren verbreitete problembezogene Gesundheitsvorsorgeprogramme orientieren sich fast ausschließlich nach Gesichtspunkten der klassischen Verhaltenstherapie und beruhen auf einem linearen mechanistischen Paradigma (Modell), das auch dem Handeln der klinischen Medizin zugrunde liegt.

Im Rahmen der Zusammenarbeit des Vereins für Humanistische Psychologie mit dem IPEG-Institut (Institut für Persönlichkeitsentwicklung und Gesundheitsbildung) in Heidelberg entwickelte sich aus der Beschäftigung mit neuen psychotherapeutischen Methoden die Konzeption ganz anderer Gesundheitsvorsorgeprogramme. Diese berücksichtigen die mit dem neuen Paradigmenwechsel in der Wissenschaft verbundenen Erkenntnisse und Handlungskriterien und wurden zudem suggestopädischen Kriterien (neue ganzheitliche Form der Pädagogik) gerecht. Gleichzeitig ging es darum, breitere Bevölkerungsschichten zu erreichen, als es mit den bisherigen Programmen möglich war.

2.2 Methodische Entwicklungen

Methodisch handelt es sich um Übungen und Verfahren, die in den letzten 14 Jahren innerhalb eines interdisziplinären Arbeitskreises am IPEG-Institut bzw. im Verein für Humanistische Psychologie von Medizinern, Psychologen, Pädagogen und anderen Fachleuten aus dem Gesundheitswesen erstellt und weiterentwickelt wurden. Neben Modifikationen von klassischen Verfahren aus der fernöstlichen Bewegungskultur und Gesundheitsvorsorgetraditionen wurden neuentwickelte verhaltenstherapeutisch-kognitive Übungseinheiten, insbesondere moderne Körperpsychotherapie- und Entspannungsverfahren aus dem Bereich der humanistischen Psychologie, eingesetzt. Es ging vor allem darum, anstelle der bisher in diesem Bereich ausschließlich verwendeten klassisch-verhaltenstherapeutischen Konzepte zusätzlich auch neuere, ganzheitlichere Methoden der Verhaltenstherapie zur Anwendung zu bringen, die die aktuellen Entwicklungen der neurophysiologischen und lerntheoretischen Forschungen berücksichtigen.

Viele der Übungen entstanden durch eigene Weiterentwicklung von klassischen Verfahren, wie z.B. die Übungen aus der Progressiven Muskelentspannung nach Jacobson, die entsprechend eigener Untersuchungsergebnisse durch Einbeziehung zusätzlich möglicher Zugangswege zur Entspannung führen. Zusätzlich flossen Erkenntnisse aus dem sogenannten Neurolinguistischen Programmieren (NLP) und Aspekte aus anderen Verfahren (Erickson-Entspannung, katathymes Bilderleben, Atemtherapie, Musiktherapie, Körperpsychotherapie) in das Übungsprogramm mit ein.

Neu an diesem Kurskonzept ist die Verwendung von Aktivierungs- und Vitalisierungsphasen, die gezielt abgestimmt zu den Übungsteilen eingesetzt werden. Hierbei soll die Struktur von Spannungsbögen zwischen Aktivierungs- und Vitalisierungsübungen und den verschiedenen Entspannungsverfahren in kürzester Zeit eine deutliche Vertiefung des Entspannungsniveaus sowie eine intensivierte Introspektionsfähigkeit, das bedeutet eine Selbstbeobachtung der eigenen Erlebnis- und Verhaltensweisen, bei den Übungsteilnehmern bewirken. Die hier erlernten Zyklen von bewußter Aktivierung und Entspannung sollen eine Voraussetzung für eine bewußtere und verbesserte Alltagsbewältigung mit einer situationsadäquaten („Rechte" Spannung nach Prof. Graf Dürckheim) körperlichen und geistigen Wachheit sowie einer situationsangepaßten körperlichen Gespanntheit bilden.

Neben gesundheitsrelevanten Erfahrungen, die organismisch, das heißt „von selbst", in Richtung auf gesundes Verhalten wirken, ist auch die Vermittlung von Sachinformationen wichtig. Hierbei sollte unbedingt nach suggestopädischen Kriterien vorgegangen werden, das bedeutet, daß Informationen zu Themen wie Psyche und Gesundheit oder Streß und Gesundheit anschaulich, begreifbar und somit ganzheitlich vermittelt werden. Das Methodenspektrum des ganzheitlichen Lernens, der sogenannten Suggestopädie, bedingt, daß der Vorgang der Informationsvermittlung für den Lehrenden und den Lernenden mit Freude und angenehmem Erleben verbunden ist und gleichzeitig deutlich effektivere Wissensvermittlungsergebnisse zu erzielen sind als im herkömmlichen sogenannten Frontalunterricht.

Innerhalb des Gesundheitstrainings kommen für die Übenden völlig neue, jedoch konkret in der Praxis anwendbare Handlungskonzepte zum Einsatz. Eine Neugewichtung und Integration der verschiedenen Lebensaspekte und Aufgaben, insbesondere Familie, Freizeit und Beruf, sind im Verlauf des Gruppenprozesses möglich, wenn sie vom Teilnehmer angestrebt werden.

2.3 Bewußte Orientierung auf die Gesundheit

Nach Erprobung erster Kurscurricula in fortlaufenden Gruppen- und Wochenendseminaren wurde im Frühjahr 1992 ein Modellprojekt zur Gesundheitsvorsorge in einem Landkreis (Landkreis Emmendingen, Baden), an mehreren Veranstaltungsorten durchgeführt und dabei erstmals auch in größeren Kollektiven gleichzeitig eingesetzt. Dieses für Krankenkassen durchgeführte Modellprojekt erreichte weite Bevölkerungsschichten und verlief überaus erfolgreich. Unsere Beobachtungen aus dem Projekt und die bisher ermittelten Forschungsergebnisse der Universitäten Heidelberg und Freiburg unterstreichen die Effektivität und die Relevanz der eingesetzten Verfahren für die Verbesserung des Gesundheitszustandes einer breiten Bevölkerungsgruppe.

In Rahmen der seit der Novelle der Gesundheitsgesetzgebung (SGB V) erstmals geforderten Gesundheitsbildung werden modifizierte Handlungskonzepte aus diesem Programm in der Elztal Klinik zum ersten Mal auch im klinischen Bereich erfolgreich eingesetzt.

Im Gegensatz zu den bisher üblichen Versuchen der Gesundheitsbildung in Form von Sonntagsvorträgen zu gesundheitsrelevanten Themen geht es nun darum, einerseits die Patienten zu begeistern und zum Mitmachen anzuregen, andererseits gleichzeitig die Art und Weise der Informationsvermittlung von der für beide Seiten zumeist ermüdenden klassischen Vortragsform weg zum ganzheitlichen Erlebnis hin weiterzuentwickeln.

Eine weitere Zielsetzung des Programmes ist es, die in unserem Kulturkreis weithin verbreitete Entfremdung vom eigenen Wesen, von der natürlichen Selbstwahrnehmung und dem damit einhergehenden gesundheitsrelevanten Verhalten aufzuarbeiten und durch eine Persönlichkeitsentwicklung in Richtung einer gelassenen und entspannten Grundhaltung zu verändern. Dadurch wird es dann möglich sein, der Desintegration im Umfeld von Familie, Freizeit oder Beruf entgegenzutreten, die durch die alltäglichen Bedingungen wie Termindruck, Reiz- und Informationsüberfluß, Verkehrsinfarkt, bei gleichzeitig zunehmender sozialer Isolation und zunehmendem Verfall der herkömmlichen familiären Sozialstrukturen entsteht.

Die in den letzten Jahren am IPEG-Institut durchgeführten Forschungs- und Entwicklungsarbeiten im Bereich der Gesundheitsbildung haben ergeben, daß anstelle von Sachinformationen oder moralischen Appellen einerseits konkret anwendbare Handlungskonzepte, andererseits ganzheitliche persönlichkeitsbildende Erfahrungen, die auf die alltäglichen Lebensumstände der Menschen bezogen sind, die Gesundheit positiv beeinflussen. Um auf

Dauer Verhaltensänderungen in Richtung auf eine gesundheitsfördernde Verhaltensweise zu induzieren, kommt es darauf an, gesundheitsbelastende Fehlverhaltensweisen und riskante Lebensstile aus den eigenen Bedingungen heraus zu verstehen und teilweise auch, bezogen auf die konkrete Lebenssituation des Patienten, gezielt zu intervenieren.

2.4 Gesundheitsinformation durch Eigenerfahrung

Die Trennung des Bereiches Gesundheit vom sonstigen Alltagsleben und die assoziative Verbindung mit Begriffen wie Askese, Verzicht und Weltabgewandtheit sollen von einer positiven Aura der Gesundheit im Sinne von Lebenskraft, Spaß und Freude innerhalb einer Gruppe von Gleichgesinnten abgelöst werden. Ziel ist eine freie, positive, selbstverantwortliche Entscheidung des einzelnen in Richtung auf eine gesundheitsbewußte Verhaltensveränderung. Diese Entscheidung soll weniger von der Vermeidung gesundheitsschädigender - der Patient kann dies nicht immer nachvollziehen - Faktoren geleitet sein und somit eine bewußte Entscheidung des Verstandes bleiben, sondern es soll eine positive Ausrichtung hin zu Gesundheit, Vitalität, Fitneß, Wohlbefinden usw. dahinterstehen.

Das erfahrungszentrierte Erleben, Erproben und Realisieren vorher nicht aktualisierter Lebenspotentiale hat die Aufgabe, vor allem in den Gebieten Sport, Bewegung und Entspannung im Sinne einer Steigerung der Vitalität einen positiven, sinnerfüllten Bezug auf das eigene Leben herzustellen.

Die Diskrepanz zwischen theoretisch bekanntem Wissen um Gesundheit und tatsächlich praktiziertem gesundheitsförderndem Verhalten erklärt sich durch den Mangel an Integration dieses Wissens im Sinne tiefgreifender Erfahrungen in die Persönlichkeit des Menschen. Diese können wesentlich stärker das Verhalten prägen als Botschaften aus dem sozialen Umfeld. Durch Vermittlung dieser Erfahrungen kann es gelingen, beispielsweise soziale Gewohnheiten in bezug auf Genußmittel bzw. Essen, Arbeit (Streß) usw. auf Dauer zu verändern.

3. Anwendung und Verbreitung

Zur Verbreitung dieses neuen Ansatzes sind neben regelmäßigen wissenschaftlichen Veröffentlichungen im ärztlich-medizinischen Bereich, die auf unsere Arbeit aufmerksam machen und zur Nachahmung aufrufen, zusätzlich Veröffentlichungen in der Tages- und Laienpresse geplant.

Nach Erprobung erster Kurscurricula im Verein für Humanistische Psychologie, Heidelberg, sowie an der Pädagogischen Hochschule (PH),

Heidelberg, wurden die neuen Konzepte teilweise in den Modellstudiengang zur Gesundheitspädagogik an der PH Heidelberg miteinbezogen. Auch Konzeptionen für die Schulung von Gesundheitspersonal der Krankenkassen in diesen neuen Verfahren sind in Vorbereitung. Hier soll eine Kooperation stattfinden, um die für die Prävention wichtigen und im Gegensatz zu älteren Verfahren effektiven Methoden über die Krankenkassen der allgemeinen Bevölkerung verfügbar zu machen.

Andere Berufskreise wie Lehrer, Psychologen, Sozialarbeiter usw. werden bereits seit längerer Zeit in Seminaren über diesen ganzheitlichen Weg informiert, kompetenter gemacht und zur Ergänzung und Erweiterung des Gesundheitssystems durch ihre eigene Gesundheitsprophylaxearbeit aufgerufen (Modellstudiengang zur Gesundheitspädagogik, IPEG-Seminare für Lehrer und Psychologen, Seminare an der Elztal Klinik). Auch der Unterstützung von Selbsthilfegruppen wird großes Gewicht beigemessen.

4. Übungsprogramm des Buches

Das in diesem Buch vorgestellte Übungsprogramm soll nicht nur als ein „Kochbuch" und eine Materialsammlung für Gruppenleiter dienen, die beispielsweise an Volkshochschulen im Rahmen der Gesundheitsvorsorge von Krankenkassen oder Betrieben arbeiten und Kurse zur Streßbewältigung anbieten wollen.

Das Buch wendet sich gleichzeitig an den Laien, der an diesem Thema interessiert und vielleicht motiviert ist, die Übungen des Kurses kennenzulernen und sie allein oder im kleineren privaten Kreis zu praktizieren.

Es werden nachfolgend zehn Sitzungen und eine Einführungssitzung (Sitzung 0) in der Form vorgestellt, wie sie innerhalb des Modellprojektes zur Gesundheitsvorsorge durchgeführt wurden, das die Elztal Klinik zusammen mit den VdAK-Kassen als Streßbewältigungskurs im Landkreis Emmendingen/Baden durchgeführt hat.

Eine erste Einleitungssitzung soll auf die bekannten Fakten der Streßphysiologie und die neuen, heute verfügbaren Methoden zur Streßbewältigung hinweisen. Jede der Sitzungen ist auf eine Dauer von 1 Stunde und 45 Minuten konzipiert. Verschiedene Übungsteile können, z. B. bei Zeitmangel, weggelassen werden. Es ist jedoch prinzipiell auch möglich, bestimmte Übungen zeitlich ausführlicher zu gestalten und eine Dauer von 2 Stunden für die einzelnen Sitzungen anzusetzen.

4.1 Konzeption

Neben Übungsteilen zur **Aktivierung und Vitalisierung** werden in den Sitzungen Übungssegmente zur **Entspannung** sowie **Arbeitsblätter** zur Bearbeitung in der Stunde und zu Hause vorgestellt. **Kognitive Gruppen- und Einzelübungen** und zusätzliche **Informationsblöcke** mit Vorträgen durch den Kursleiter ergänzen das Programm.

Wenn im Verlauf der Vortragsteile oder bei der Bearbeitung der Arbeitsblätter ein Absinken der Konzentration in der Gruppe zu beobachten ist, können zusätzliche Vitalisierungsübungen (Optionen) eingesetzt werden.

Übungsteile zur **Aktivierung und Vitalisierung**

Gesten, Gebärden und auch Körperhaltungen, wie sie im allgemeinen zur Äußerung von Kraft, Stärke, Freude, aber auch Ablehnung und Wut benutzt werden, sollen in einem anderen Kontext, und zwar als eine mit Freude und Ausgelassenheit verbundene sportliche Betätigung, erlebt werden. Kathartische Bewegungen, wie Wasserabschütteln oder das Sichentledigen einer über lange Strecken getragenen Last, haben die Aufgabe, befreiende und vitalisierende Erfahrungen zu ermöglichen sowie letztlich einen Zugang zu eigenen inneren Potentialen zu vermitteln.

Die durch den allgemeinen Kontext beabsichtigte lockere und lustige Atmosphäre dient dazu, den Übungsteilnehmern das Sicheinlassen auf diese Erfahrungsebenen zu erleichtern. Darüber hinaus sollen die Übungsteilnehmer sensibilisiert werden, die unterschiedliche Intensität (Geschwindigkeit des Übungsablaufes, körperliche Spannung usw.) der Übungsdurchführung wahrzunehmen, um dann später zu Hause selbst weitere Erfahrungen zum Stellenwert variierender Intensitäten zu machen.

Übungssegmente zur **Entspannung**

Innerhalb jeder Gruppe finden sich immer wieder Teilnehmer, die ganz spezielle individuelle Zugänge zur Entspannung bevorzugen, ohne daß ihnen das selbst bewußt ist. Bei den Übungen wurde mit unterschiedlicher Betonung jeweils ein mehrdimensionaler Entspannungszugang (Atemübung, körperliche Aktivität, mentale Vorstellung, siehe Knörzer/ Olschewski/ Schley 1992) gewählt. Eventuell wird durch Kommunikation in der Gruppe ein weiterer Erfahrungsbereich zugänglich, den die einzelnen Übungsteilnehmer später bei anderen Entspannungsübungen auch für sich entdecken und nutzen können.

Arbeitsblätter

Um die eigene Situation verändern zu können, sollte man sie möglichst genau untersuchen und kennenlernen. Die im Kursprogramm enthaltenen Arbeitsblätter, die sowohl in der Stunde als auch zu Hause bearbeitet werden, bieten eine Möglichkeit, die verschiedenen Lebensbereiche von bestimmten Fragestellungen her auch für längere Zeit eingehend zu untersuchen. Viele Übungsteilnehmer machen mit Hilfe der Arbeitsblätter neue und für sie wichtige Erfahrungen.

Kognitive Gruppen- und Einzelübungen
Nachdem man bestimmte eigene Grundüberzeugungen und auch das eigene Weltbild einmal bewußt kennengelernt hat, gelingt es vielen Übungsteilnehmern besser, von dieser Erfahrung aus mit weiteren Optionen zu experimentieren und neue Erfahrungen zuzulassen. Zielbezogene Gruppenarbeit ermöglicht den einzelnen Teilnehmern, zu bestimmten Bereichen gezielte Alternativen, die ihrer eigenen Situation gerecht werden, einzusetzen.

Informationsblöcke
Die in diesem Programm aufgeführten Informationsblöcke in Form von Vorträgen durch den Kursleiter sind relativ kurz gehalten. Sie sollen lediglich als roter Faden dienen und je nach Informationsbedürfnis der Teilnehmer in der vorliegenden Form vorgetragen, weiter diskutiert und je nach Wunsch der Gruppenteilnehmer noch intensiver ausgearbeitet werden.

Optionen
im Bereich der Aktivierung/Vitalisierung
Wenn im Verlauf der Vortragsteile oder bei der Bearbeitung der Arbeitsblätter **ein Absinken** der Konzentration in der Gruppe zu beobachten ist, können zusätzliche Vitalisierungsübungen (Optionen) eingesetzt werden. Diese Übungen werden zu besonders „fetziger Musik" durchgeführt. Sie sollen die Wachheit und das allgemeine Energieniveau in der Gruppe heben.

im kognitiven Bereich
Zusätzliche Übungseinheiten, die wahlweise je nach Gruppensituation und -konstellation eingesetzt werden können, aber nicht müssen, bilden eine weitere Abrundung und Ergänzung des Kursprogrammes.
Der Gruppenleiter hat die Möglichkeit, sich vielleicht auch zusammen mit der Gruppe zu entscheiden, ob die Gruppe die Übungen durchführen soll. In manchen Sitzungen werden mehrere Alternativen (Optionen) angeboten, zwischen denen die Gruppe dann auswählen kann.

4.2 Musikauswahl
Für die meisten Übungen wurde ein Musiktitel und der zugehörige Interpret benannt. Vielen Übungsleitern und Therapeuten wird die Musikauswahl als sehr modern und diskoartig erscheinen und somit als nicht geeignet für

breitere Bevölkerungsschichten, insbesondere für ältere Übungsteilnehmer. Unsere eigenen Erfahrungen gehen immer wieder in die Richtung, daß der Übungsleiter selbst von der Eignung der Musik überzeugt sein sollte und dann weniger Schwierigkeiten haben wird, sie probeweise auch einmal bei älteren Menschen einzusetzen. Selbstverständlich kann man die Übungsteilnehmer auch fragen, wie sie die Musik empfinden.

Wir bringen oftmals vor Beginn der Übung die Erklärung, daß jetzt gleich eine vielleicht für manchen ungewohnte rhythmische Diskomusik zu hören ist und daß sich die Übungsteilnehmer, so gut sie können, einmal auf diese Erfahrung einlassen sollen. Die älteste Teilnehmerin, mit der wir das Übungsprogramm durchführten und der die angegebene Musik vorgespielt wurde, war 84 Jahre alt.

Wenn man eigene Musik für die Übungen auswählen möchte, sollte man versuchen, ähnliche rhythmische Grundstrukturen wie bei der angegebenen Musik zu benutzen. Volksmusik, die einen eher behäbigen, statisch schweren Charakter hat, ist ebenso wie extremer Hardrock oder Techno weniger geeignet. Man sollte die Intros (Einführungsteile) der Musikstücke weglassen und je nach Altersstruktur bzw. durchschnittlicher körperlicher Kondition Musik von etwa 1 1/2 - maximal 5 Minuten aus dem jeweiligen Musikstück aufnehmen und sich für die Durchführung in der Gruppe die Anfangszahlen auf dem Bandzählwerk des Kassettengerätes zu jedem einzelnen Musikstück aufschreiben, damit während der Gruppe die Suche nach einem bestimmten Titel nicht störend für den Übungsablauf wirkt.

5. Über Erfahrungen zu neuen Wegen

Eine allgemeine Zielsetzung des Übungsprogrammes ist es, den Übungsteilnehmern vielfältige, zumeist neue Erfahrungen zu ermöglichen. Veränderungen in der eigenen Verfassung und Befindlichkeit, die durch die Übungen hervorgerufen werden, sollen möglichst genau beobachtet, erspürt und mit einer Haltung des In-sich-Hineinhörens wahrgenommen und bewußtgemacht werden.

Durch jede Übung wird eine vielleicht sofort spürbare Veränderung im Atemmuster, im Körpergefühl und auch in der psychischen Verfassung hervorgerufen. Indem diese Veränderungen unmittelbar nach den einzelnen Übungen, zunächst vielleicht nur einen einzigen Augenblick, bewußt wahrgenommen werden, indem man sich diese Veränderungen dann mehrmals während und nach den Sitzungen und während des weiteren Verlaufs bewußtmacht, entsteht so für die einzelnen Teilnehmer ein größerer Erfahrungszusammenhang. Es wird möglich, auch Verbindung zu anderen Aktivitäten, die die eigene Verfassung und Befindlichkeit verändern, herzustellen und schließlich sowohl Grundstrukturen als auch Wege (Landkarten) der eigenen Möglichkeiten zur Veränderung und Wandlung zur Ganzheit zu erstellen.

Bei Aerobic geht es mehr um unmittelbare Musikerfahrung, feine Körpererfahrungen werden „erschlagen".

Einführungssitzung

1. **Einführender freier Vortrag:**
   Streß und Streßbewältigung
2. **Aktivierungs-/Vitalisierungsübung**
   2.1 Wie sitze ich?
3. **Kognitiver Teil**
   3.1 Gruppenübung: Reflexionen über Streß
4. **Aktivierungs-/Vitalisierungsübung**
   4.1 Dehnen, Räkeln, Strecken
5. **Kognitiver Teil**
   5.1 Gruppenübungen: Streßreaktionen und -bewältigung
   5.2 Vorstellung des Programmes
   5.3 Option
   5.4 Vortrag: Vorschläge zur Kommunikation in der Gruppe
6. **Aktivierungs-/Vitalisierungsübung**
   6.1 Strecken, Schütteln, Grimassen schneiden
   6.2 Option: Fetzige Scheibe
7. **Entspannungsübung**
   7.1 Kurze Muskelentspannung nach Jacobson
8. **Anhang: Fragebogen zum Kursus**

Einführungssitzung

Die Einführungssitzung dient der Vorbereitung des in den Sitzungen 1-10 durchgeführten Kursprogrammes. Eine größere Gruppe von potentiellen Teilnehmern, z.b. auch aus mehreren anschließend parallel tagenden Gruppen, soll in dieser Sitzung zu einem gemeinsamen Informationsabend zusammentreffen. Ziel dieser Vorbereitungssitzung ist die Vorstellung des Programmes, verbunden mit einer ersten beispielhaften Selbsterfahrung, die einen Einblick in die während des Kursprogrammes durchzuführenden Übungsteile geben soll. Die Informationen und Erfahrungen, die den Übungsteilnehmern während dieser Sitzung vermittelt werden, dienen als erweiterte Entscheidungsgrundlage für die Teilnahme an den folgenden Kursprogrammen. Wer aufgrund der Vorbereitungssitzung den Eindruck erhält, daß das Geplante seinen Erwartungen nicht entspricht, hat jetzt die Gelegenheit noch abzuspringen.

Die Teilnehmer der Einführungssitzung, die den Kurs weiterhin besuchen wollen, sollten nach unserer Ansicht den am Ende der Sitzung abgedruckten Fragebogen ausfüllen. Gründe, die eine Teilnahme am Kurs vielleicht schwierig erscheinen lassen, werden auf diese Weise vom Teilnehmer erfragt und können mit ihm selbst, wenn gewünscht und sinnvoll, durchgesprochen werden.

Gegenüber der Durchführung von Gesundheitsvorsorgeprogrammen mit Entspannungsübungen oder sonstigen im weitesten Sinne zur Psychotherapie gehörenden Übungen bestehen immer wieder die Bedenken, es könnte bei manchen Teilnehmern zu akuten emotionalen Krisen kommen. Diese Bedenken teilen wir nach langjähriger Erfahrung nicht. Es handelt sich bei den vorliegenden Programmen im wesentlichen um eine neue Form von Selbsterfahrung, ähnlich z.B. den „Anleitungen zum sozialen Lernen" von L. Schwäbisch und M. Siems. Eine weitere Selektion zum Ausschluß von möglicherweise psychisch belasteten Personen erfolgt durch den Fragebogen. Nach unserer Ansicht sollte der Gruppenleiter zumindest ein kurzes Gespräch mit jedem Gruppenteilnehmer über dessen persönliche Situation und seine Zielsetzung im Kurs am Ende dieser Sitzung führen.

1. Einführender freier Vortrag :

Was ist Streß? Was ist Streßbewältigung?
Bitte beachten Sie das Lernposter auf Seite 29.

Zusätzliche Informationen, auch zur Vorbereitung dieses Vortrags, können Sie dem Vortrag „Streß - ein überlebensnotwendiger Mechanismus" aus Sitzung 2.6 (Seite 71) entnehmen.

2. Aktivierungs-/Vitalisierungsübung

Wie sitze ich?
Bleiben Sie in der Haltung, in der Sie jetzt gerade sitzen, und schließen Sie die Augen. Spüren Sie in Ihrem Körper nach, ob Sie irgendwo Verspannungen oder sogar Schmerzen spüren. Gehen Sie den gesamten Körper innerlich durch, und spüren Sie nach, wie sich die einzelnen Körperteile anfühlen. Spüren Sie zuerst Kopf und Nacken, dann Schulter und Arme, Brustkorb und oberen Rückenbereich, Bauch und mittleren Rückenbereich, Becken und unteren Rückenbereich und schließlich beide Beine.
Dehnen und räkeln Sie sich nun etwas, während Sie sitzen. Strecken Sie die Arme weit nach oben, und spreizen Sie die Finger. Drehen Sie den Kopf ganz nach links und schieben Sie ihn nach oben in Richtung Decke, anschließend ganz nach rechts drehen und ebenfalls nach oben in Richtung Decke schieben. Ziehen Sie das linke Knie zum Körper heran und umfassen Sie es mit beiden Armen. Nehmen Sie mit den Schulter-, Brustkorb-, Arm- sowie den Beinmuskeln Spannung auf, und ziehen Sie die Zehen kopfwärts. Dehnen Sie den Oberkörper, die Gesäß- und Beinmuskulatur. Verfahren Sie nun mit dem rechten Bein in gleicher Weise. Ziehen Sie anschließend die Schultern ganz weit nach hinten, und dehnen Sie sie etwas nach unten. Dehnen Sie sich gleichzeitig auch im Nackenbereich. Schieben Sie dazu den Hinterkopf ganz weit nach hinten oben. Wenn Gähnen entsteht, lassen Sie es zu.
Schließen Sie noch einmal die Augen, und nehmen Sie nun ganz bewußt eine möglichst bequeme Sitzhaltung ein. Wie fühlen Sie sich? Was spüren Sie in Ihrem Körper?

Lernposter Was ist Streß? Was ist Streßbewältigung?

Streß- → Alarm-/Notreaktion → Höchstleistung → Erholungszeit

ein
überlebensnotwendiger
Mechanismus

→ **Eu-Streß** ↑ ↑

→ **Dis-Streß** ↑

Moderner Alltag
(Reizüberflutung)

Sport

Spaziergänge

Entspannung

Meditation

Psychische und Physische Stressoren:
Termindruck, Hitze, Lärm, Telefon, Nachschicht, emotionale Überforderung, langes Autofahren, Straßenverkehr, soziale Isolation, Hetze, immer der Dumme, voller Magen, alles aussichtslos, Arbeitsüberlastung, immer abgelehnt, Streit, Konflikte, Schwiegermutter, alles gleichzeitig

Körperliche
und psychische Streßreaktionen:
Erschöpfung, Herzrasen, Schwitzen, Angst, funktionelle Störungen, psychosomatische Krankheiten, Burnout-Syndrom, Nervosität, Karoshi (=japanischer Streßtod)

Versuchen Sie noch weitere Dehn- und Streckbewegungen im Sitzen zu finden, die Ihrem Körper jetzt guttun.

3. Kognitiver Teil

3.1 Gruppenübung: Reflexionen über Streß

Was ist Streß? Was ist Streßbewältigung?
Das Poster des Eingangsvortrags hängt noch an der Wand. Die Teilnehmer können jetzt zum Einführungsvortrag Fragen stellen oder eigene Beiträge einbringen.

4. Aktivierungs-/Vitalisierungsübung

4.1 Dehnen, Räkeln, Strecken

Dehnen und räkeln Sie sich wie eine Katze nach dem ersten und vor dem zweiten Mittagsschlaf. Kneifen Sie die Augen zusammen, blinzeln Sie, und schneiden Sie Grimassen.
Stellen Sie sich vor, Sie haben sich gerade die Hände gewaschen und kein Handtuch zur Verfügung. Schütteln Sie nun die Hände aus, so als würden Sie Wasser abschütteln (in verschiedene Richtungen, auch auf einen gedachten Spiegel, der vor Ihnen hängt - den muß hinterher derjenige putzen, der die Handtücher weggenommen hat).
Stellen Sie sich weiterhin vor, Sie sind eben in eine Matschpfütze getreten und wollen den Matsch von den Schuhen abschütteln. Schütteln Sie kräftig, erst links und dann rechts, damit Sie allen Matsch loswerden können.
Stehen Sie nun noch einige Zeit mit geschlossenen Augen, möglichst entspannt und gleichzeitig gerade aufgerichtet, so daß die Wirbel der Wirbelsäule von selbst locker übereinanderstehen, ohne daß Sie sich geradehalten müssen, und der Kopf wie ein Ball auf einer Stange auf der Wirbelsäule balanciert. Spüren Sie nach, ob Sie noch eine Dehn- und Räkelbewegung brauchen, die Ihnen jetzt guttun würde. Führen Sie sie aus. Genießen Sie den entspannten Zustand noch ein wenig.
Kommen Sie nun allmählich zurück, indem Sie sich dehnen, räkeln und strecken, Gähnen zulassen, wenn es von selbst entsteht, die Augen zusammenkneifen und blinzeln und alle Bewegungen ausführen, die Sie benötigen, um sich wieder wach und entspannt zu fühlen.

5. Kognitiver Teil

5.1 Gruppenübung
Streßreaktionen und -bewältigung

Das folgende Poster wird im Gruppenraum aufgehängt.
Poster:

- Was fällt mir zum Thema Streß ein?
- Wie reagiere ich körperlich, seelisch auf Streß?
- Was habe ich bisher getan, um Streß zu bewältigen?

Je nach Zusammensetzung der Gruppen gibt es verschiedene Möglichkeiten, mit diesem Poster zu arbeiten:
1. Die Gruppenmitglieder schreiben mit zuvor bereitgelegten Schreibstiften auf obigem Poster ihre Rückmeldungen zu einzelnen oder allen Fragen auf das Poster.
2. In der Gruppe wird über die obigen Fragen gesprochen.
3. Der Gruppenleiter schreibt während des Gesprächs die wichtigsten Rückmeldungen auf das Poster.

5.2 Vorstellung des Programmes
Überblick:
Die **Grundstruktur des Kurses** ist nach drei Aufgabenkomplexen gegliedert:

Sitzung 1-3 = Analyse und Beobachtung
Sitzung 4-6 = erste Bewältigungsstrategien
Sitzung 7-10 = weitere Vertiefung, Umsetzung.

Die einzelnen Sitzungen widmen sich jeweils verschiedenen Aspekten des Themenbereiches Streß und Streßbewältigung. Auch sie unterliegen einer Grundstruktur, die nachfolgend dargestellt ist.
Grundstruktur der einzelnen Sitzungen:
1. Aktivierung/Vitalisierung

- Jede Sitzung für sich besteht aus einer anfänglichen Aktivierungs- und Vitalisierungsphase mit mehreren aktiven Übungen und teilweise mit einer zwischengeschalteten Entspannungs- und Nachspürphase.

2. Kognitiver Teil
- In der darauffolgenden Informations- und Arbeitseinheit werden Fragebögen und Arbeitsblätter zu bestimmten Themen einzeln oder gemeinsam bearbeitet. Hier sind zusätzlich Phasen der Rückmeldung und des Austausches in der Gruppe zwischengeschaltet.

3. Aktivierung/Vitalisierung
- Es schließt sich eine Aktivierungs- und Vitalisierungsphase an.

4. Kognitiver Teil
- Es folgt eine zweite Informations- und Arbeitseinheit.

5. Aktivierung/Vitalisierung
- Anschließend werden weitere Aktivierungs- und Vitalisierungsübungen durchgeführt.

6. Entspannungsübungen/Phantasiereise
- Eine längere Entspannungsübung beendet das Tagesprogramm.

7. Hausaufgabenblatt
- Zu jeder Sitzung gibt es ein Hausaufgabenblatt, das es ermöglicht, bestimmte Aspekte des Alltagslebens vor dem Hintergrund der neuen Erfahrungen in der Gruppe genauer zu beobachten und dabei Veränderungen zu verfolgen.

In manchen Gruppen kann es sinnvoll sein, die Kommunikation dadurch zu erleichtern, daß man jetzt oder auch zu einem späteren Zeitpunkt (meist in Sitzung 2) die nachfolgenden Kommunikationsregeln einführt. Der Gruppenleiter sollte entscheiden, ob in der jeweiligen Gruppe bestimmte Regeln und Vorschläge sinnvoll und hilfreich sein könnten.

5.3 Option
Vortrag:
Vorschläge zur Kommunikation in der Gruppe
Testen Sie die nachfolgenden Vorschläge zur Kommunikation in dieser Gruppe. Erleben Sie, wie befreiend es sein kann, einmal nur auf sich selbst und zuerst auf die eigenen Bedürfnisse und Gefühle zu achten. Die Regeln erlauben Ihnen, die im sonstigen Alltag allgemein übliche und manchmal übertriebene Höflichkeit in dieser Gruppe einmal beiseite zu lassen und vor allem auf sich selbst zu achten und auf das, was Sie wollen und brauchen, um sich wohl zu fühlen. Vielleicht stellen Sie fest, daß sich die Zu-

sammenarbeit mit der Gruppe sogar verbessert und die Gruppe nicht etwa in ihrer Arbeit behindert wird, wie Sie es vielleicht erwartet hätten, wenn Sie die nachfolgenden Vorschläge in die Tat umsetzen.
Vielleicht können Sie in der Gruppe Erfahrungen machen, die sich auf andere Lebensbereiche übertragen lassen.

1. Sorgen Sie dafür, daß Sie sich wohl fühlen
Achten Sie während des gesamten Gruppenprozesses darauf, wie es Ihnen geht und wie Sie sich fühlen. Sollten Sie sich nicht wohl fühlen, sprechen Sie in der Gruppe darüber. Vielleicht gibt es bestimmte Abläufe in der Gruppe, die dazu geführt haben. Vielleicht haben Sie festgestellt, wann es begonnen hat oder womit es zusammenhängen könnte. Vielleicht ist es nur ein diffuses Unwohlsein, das Ihnen nun bewußt wird. Im Gespräch innerhalb der Gruppe können andere Gruppenmitglieder durch ihre Ideen und Beobachtungen zur Klärung beitragen. Warten Sie nicht auf einen „geeigneten Moment", sondern sagen Sie es gleich, wenn Sie sich unwohl fühlen.

2. Störungen haben Vorrang
Unterbrechen Sie eine Übung, einen Vortrag oder das gerade laufende Gespräch immer dann, wenn Sie sich unwohl fühlen (z.B. weil es auffallend „zäh läuft"), Sie aus Ärger oder Langeweile bzw. Müdigkeit nicht mehr in der Lage sind, genau zuzuhören. Sie brauchen sich nicht zusätzlich innerlich anzuspannen oder anzustrengen, sich selbst zu erhöhter Aufmerksamkeit zu zwingen. Die Information, daß bei Ihnen eine „Störung" aufgetreten ist, kann für den Gruppenprozeß wichtig sein. Nach Bearbeitung der Störung kann das Gespräch meistens viel leichter fortgesetzt bzw. der Gruppenprozeß weitergeführt werden. Möglicherweise (meistens) hatten auch andere Gruppenmitglieder eine Störung und haben es noch nicht bewußt wahrgenommen oder sich nicht getraut, darüber zu sprechen.

3. Sprechen Sie von sich selbst, anstatt „man" oder „wir" oder „jeder" zu sagen
Sie dürfen zu sich stehen und brauchen sich mit Ihrer Meinung und mit Ihren Aussagen nicht zu verstecken, indem Sie mit „alle", „man", „wir" oder „jeder" indirekt z.B. andeuten, daß es anderen auch so geht und Sie es sich somit auch erlauben dürfen. Sie haben das Recht, das zu sagen, was Sie sagen wollen, wann und wo Sie es sagen wollen.

4. Übernehmen Sie Verantwortung für sich selbst
Sprechen Sie wann immer Sie wollen, und sagen Sie nichts, wenn Sie nicht wollen. Achten Sie auf sich selbst und nicht darauf, ob den anderen gefällt,

was Sie selbst wollen. Sie brauchen sich nicht für Ihr eigenes Verhalten zu rechtfertigen. Lassen Sie sich nicht für das Unbehagen anderer verantwortlich machen. Wenn andere Sie ängstigen oder Sie sich z.B. in deren Gegenwart unbehaglich fühlen, teilen Sie es ihnen in der Gruppe mit. Überlegen Sie, was Sie ändern können (beispielsweise größerer räumlicher Abstand). Hören Sie sich auch an, was andere Gruppenmitglieder erleben und welche Ideen und Beobachtungen sie dazu gemacht haben. Sagen Sie klar erkennbar „nein", wenn Sie etwas nicht wollen. Melden Sie sich, wenn Sie etwas von der Gruppe wollen.

5. Was Sie fühlen, hat seine Berechtigung und seinen Platz
Sie dürfen Gefühle haben und müssen sie nicht verbergen. Sie brauchen nicht sachlich zu werden oder Ihre Gefühle zu rechtfertigen. Wenn Sie etwas sagen, dürfen Sie auch die Gefühle, die Sie dabei haben, anderen mitteilen, ohne etwas begründen zu müssen. Teilen Sie, wenn Sie das Bedürfnis haben, auch mit, wie Sie zu einem anderen Gruppenmitglied stehen und wie Sie sich ihm gegenüber fühlen.

6. Achten Sie immer auch auf Ihren Körper und die Körpersignale
Körperhaltungen, Gesten, Körpergefühle und innere Wahrnehmungen stehen in Verbindung mit inneren Situationen. Signale des Körpers sind eine wichtige Information. Oft helfen sie, Dinge zu erkennen, die Sie (noch) nicht bewußt wahrnehmen können. Körperliches Wohlbefinden und körperliches Unwohlsein können somit auch eine wichtige Informationsquelle für Entscheidungen sein.

7. Nehmen Sie sich Zeit und Raum auszusprechen, und lassen Sie auch andere aussprechen
Es kann immer nur einer sprechen. Verständigen Sie sich kurz darüber, worüber Sie reden wollen, und einigen Sie sich darauf, wer wann spricht. Lassen Sie sich Zeit zum Sprechen. Spüren Sie danach auch noch etwas in sich hinein, ob Sie alles gesagt haben oder noch etwas Neues gesagt werden muß.

8. Hören Sie zu, wenn Sie eine Mitteilung erhalten, und lassen Sie sie auch emotional auf sich wirken
Sie brauchen sich nicht zu verteidigen. Es ist nicht nötig, eine Sache richtigzustellen. Die Dinge sind für Sie so, wie sie sind. Die Bewertung einer Situation durch einen anderen ist zunächst nicht wichtig. Es könnte sein, daß Ihr Gesprächspartner etwas sagt, was sachlich stimmt, oder daß er etwas sagt, das nicht stimmt. Vielleicht hat er eine Beobachtung gemacht, die Ihnen entgangen ist.

Nehmen Sie nur das an, was Sie annehmen können und aus Ihrer Sicht richtig ist. Spüren Sie ganz genau, wie die Mitteilung des anderen auf Sie wirkt, welche Gefühle sie in Ihnen auslöst usw.
Maßregelungen, Zurechtweisungen, Beschuldigungen, Interpretationen und verbale Machtkämpfe vergeuden unnötig Energie.

9. Sorgen Sie dafür, daß Sie verstanden werden und daß Sie selbst den anderen verstehen
Sind Sie verstanden worden, haben Sie den anderen verstanden? Spüren Sie in sich selbst nach, ob Sie sich wirklich verstanden fühlen. Lassen Sie ihn vielleicht noch einmal das von Ihnen Gesagte in eigenen Worten wiederholen bzw. wiederholen Sie das Gesagte des anderen, und fragen Sie ihn, ob das jetzt Gesagte dem Gemeinten entspricht.
Wenn diese Kommunikationsmittel ausgeschöpft sind, liegt es nicht an Ihnen, wenn Sie nicht verstanden werden. Vielleicht will oder kann der andere Sie (möglicherweise auch unbewußt) nicht verstehen.

10. Lassen Sie es stehen
Werden Sie die Dinge los, die Ihnen auf dem Herzen liegen. Sagen Sie, was gesagt werden muß, und setzten Sie dann einen Punkt. Wenn der andere Sie mißversteht oder nicht verstehen will, können Sie das kurz deutlich machen. Sparen Sie sich die Energie erneuter Erklärungsversuche (s. Punkt 9). Lassen Sie innerlich los, und befreien Sie sich von der Notwendigkeit, einen anderen überzeugen zu müssen. Es ist wichtig, daß die Dinge für Sie stimmig sind. Lassen Sie auch einmal zwei Meinungen nebeneinander stehen.

11. Akzeptieren Sie sich selbst
Manchmal kommt es vor, daß man in einem Punkt von etwas überzeugt ist, was viele Menschen anders sehen. Machen Sie hier keine Kompromisse, sondern stellen Sie offen dar, wie Sie die Dinge sehen und vielleicht auch wie es zu dieser Auffassung gekommen ist. Stehen Sie zu sich selbst, und erlauben Sie sich, diese Auffassung und Meinung zu haben, auch wenn ein anderer eventuell vehement protestiert. Vielleicht gelingt es Ihnen auf diese Weise leichter, den Standpunkt des anderen zu sehen und zu akzeptieren. In vielen Fragen kann es so sein, daß jeweils für zwei Personen unterschiedliche Standpunkte „richtig" sind. Vielleicht können Sie Ihr Gegenüber besser verstehen, ohne seiner Meinung zu sein, nachdem Sie gelernt haben, zu sich selbst und zu Ihrer eigenen Meinung zu stehen.

6. Aktivierungs-/Vitalisierungsübung

6.1 Strecken, Schütteln, Grimassen schneiden

Suchen Sie sich eine möglichst bequeme und angenehme Sitzposition. Ziehen Sie die Schultern ganz weit nach oben und nach hinten. Strecken Sie ebenso den Hinterkopf nach oben hinten, und drehen Sie den Kopf ganz weit nach links und anschließend nach rechts. Lassen Sie nun die Arme und die Schultern wieder nach unten fallen, und beugen Sie sich dann ein wenig nach vorne. Schütteln Sie beide Schultern nach vorne und nach hinten (während die linke Schulter nach vorne schwingt, wird die rechte nach hinten gezogen und umgekehrt).

Führen Sie nun Grimassen aus (Breitmaulfroschmund, Stirnrunzeln, Mund ganz spitz ziehen, Nase rümpfen und alle möglichen sonstigen Grimassen). Schütteln Sie danach Ihre Hände nach vorne aus, so als hätten Sie sich gerade die Hände gewaschen und es wäre kein Handtuch da. Stampfen Sie nun abwechselnd mit dem linken und dem rechten Fuß auf den Boden. Betonen Sie einmal mehr das Aufstampfen mit den Hacken, einmal mehr das Aufstampfen mit den Zehenballen und dann wieder das gleichmäßige Aufstampfen mit der ganzen Fußsohle.

6.2 Option: Fetzige Scheibe
(Musik: Paula Abdul, „Straight up")

Diese Übung kann bereits in dieser oder einer der folgenden Sitzungen, je nach Bedarf, durchgeführt werden.

Hüpfen Sie im Takt der Musik (vielleicht geht es auch doppelt so schnell) auf der Stelle, und unterstützen Sie die Sprungbewegung mit den Armen. Gehen Sie nach zwei oder drei Takten ganz in die Hocke, springen Sie dann mit gespreizten Fingern und mit nach oben hinten und außen gestreckten Armen hoch, und hüpfen Sie anschließend weiter.

Machen Sie mit dem rechten Fuß eine „Fußball-ins-Tor-Bewegung", indem Sie sich vorstellen, Sie würden einen von halb rechts zugespielten Ball mit voller Wucht in das links von Ihnen stehende Tor treten. Balancieren Sie bei dieser Bewegung mit beiden Armen, so daß Sie stabil stehen. Lassen Sie das linke Knie leicht gebeugt, und verteilen Sie das ganze Körpergewicht gleichmäßig auf der ganzen linken Fußsohle (achten Sie darauf, daß nicht mehr Gewicht auf dem Fußballen als auf der Hacke lastet).

Werden Sie nun zum Linksfüßler, und stellen Sie sich vor, der Ball würde von halb links zugespielt und Sie würden ihn mit dem linken Fuß ins Tor treten, das rechts von Ihnen steht.

Machen Sie zwischendurch einen „Spurt auf der Stelle", indem Sie sich vorstellen, daß Sie versuchen, möglichst viele Schritte in kürzester Zeit hintereinander auszuführen. Heben Sie dabei die Knie bis in Hüfthöhe an.
Stellen Sie sich jetzt vor, Sie würden auf einem Rollbrett stehen und sich mit dem rechten Fuß abstoßen. Verteilen Sie das Körpergewicht gleichmäßig auf dem linken Fuß, so daß auf der Ferse und auf den Zehenballen gleich viel Gewicht lastet. Stoßen Sie sich mit dem rechten Fuß ab.
Wechseln Sie nun die Seite, und stellen Sie sich vor, Sie würden sich mit dem linken Fuß abstoßen.
Achten Sie darauf, daß Sie mit den Armen balancieren, um das Gleichgewicht zu halten.
Stellen Sie sich jetzt vor, Sie würden vor einem Sandsack stehen, der direkt vor Ihnen hängt, und Sie wollten nun möglichst schnell, mit möglichst viel Kraft (um viel Lärm zu erzeugen) auf diesen Sandsack boxen. Führen Sie diese Boxbewegung aus.
Stellen Sie sich vor, es fliegen lauter Seifenblasen in der Luft herum und Sie haben nun die Aufgabe, möglichst viele Seifenblasen durch Antippen mit den Fingerspitzen zum Platzen zu bringen. Tippen Sie in alle Richtungen um sich herum, und versuchen Sie, möglichst schnell viele Seifenblasen zu erwischen.
Stellen Sie sich vor, Sie müssen als Umweltschutzmaßnahme zur Papieraufbereitung viele Telefonbücher in kurzer Zeit zu kleinen Papierstücken zerreißen (Telefonbuch von Oberprechtal, Obersimonswald, Obersexau u.a. mehr). Lassen Sie bei der Zerreißbewegung den Körper für einen Moment völlig angespannt sein, während das Papier zerreißt, und seien Sie anschließend wieder ganz schnell locker, damit Sie rasch das nächste Telefonbuch greifen können.
Achten Sie darauf, möglichst gerade aufgerichtet und insbesondere auch in der Brustwirbelsäule gestreckt zu sein. Der Kopf sollte weit nach hinten oben gezogen werden, so daß das Kinn sich etwas dem Brustbein nähert.
Lassen Sie anschließend den ganzen Oberkörper nach vorne unten hängen. Stehen Sie während der Übung breitbeinig und leicht in den Knien gebeugt, und schütteln Sie den Kopf sanft nach vorne und hinten, nach links und rechts, und lassen Sie dabei die Arme und den Handrücken auf dem Boden liegen. Schütteln Sie in dieser Stellung die Hände nach seitlich außen und nach hinten, und stellen Sie sich vor, Sie würden Wasser abschütteln.
Hüpfen Sie anschließend wieder auf der Stelle, und lassen Sie die Hüpfbewegung von den Armen unterstützen.

7. Entspannungsübung

7.1 Kurze Muskelentspannung nach Jacobson

Suchen Sie sich eine möglichst angenehme und entspannte Sitz- oder Liegeposition. Schließen Sie die Augen. Strecken und räkeln Sie sich nach Herzenslust, z.B. wie eine Katze zwischen dem ersten und zweiten Mittagsschlaf.
Denken Sie an etwas Angenehmes. Erleben Sie einen schönen Moment möglichst intensiv. Stellen Sie ihn sich genau vor. Wo sind Sie in Ihrer Phantasie? Was sehen Sie um sich herum? Was hören Sie? Lassen Sie diesen Eindruck auf sich wirken. Lassen Sie, wenn Sie möchten, alles, was angenehm ist, in Ihrer Phantasie noch intensiver werden.
Strecken Sie die Fußzehen ganz weit nach unten, und beugen Sie die Zehen in Richtung Boden. Die Wadenmuskeln werden hart. Steigern Sie die Anspannung der Waden- und Fußmuskeln maximal, und halten Sie diese Spannung 3 - 5 Sekunden. Lassen Sie JETZT los.
Wenden Sie sich dann wieder Ihrem schönen inneren Erlebnis zu (was Sie sehen, hören und fühlen ...). Lassen Sie den Eindruck noch intensiver und angenehmer werden.
Strecken Sie nun die Beine in den Knien maximal, und lassen Sie die Oberschenkelmuskeln ganz hart werden. Halten Sie die Spannung in den Muskeln für 3-5 Sekunden, und lassen Sie JETZT wieder los.
Denken Sie erneut an Ihr schönes Erlebnis, lassen Sie es ganz deutlich werden, und empfinden Sie es mit allen Sinnen.
Kneifen Sie nun die Gesäßmuskeln fest zusammen. Das Becken hebt sich durch diese Anspannung. Halten Sie die Spannung für 5-10 Sekunden oder, wenn Sie sportlich geübter sind, für 15-20 Sekunden. Lassen Sie die Spannung dann fallen, und liegen Sie locker auf der Unterlage. Spüren Sie Ihr Körpergewicht ganz bewußt.
Wiederholen Sie die Übung, nachdem Sie einige Atemzüge lang pausiert haben, und lassen Sie sich dann nochmals bewußt auf die Unterlage sinken.
Ein schöner Moment, ein angenehmes Erlebnis.
Vielleicht spüren Sie jetzt, wie sich unwillkürlich die Bauchatmung eingestellt hat. Atmen Sie tief aus, und lassen Sie sich dabei immer lockerer auf die Unterlage sinken, während die Ausatemphase vielleicht jetzt von Mal zu Mal länger wird.
Nehmen Sie wahr, wie der Beckenboden sich mit dem Einatmen nach unten verschiebt und mit dem Ausatmen wieder zurückfedert, wie sich der Unterbauch ganz langsam beim Einatmen hebt und beim Ausatmen wieder senkt. Ganz automatisch stellt sich dabei bei den meisten Menschen mehr

und mehr die Bauchatmung ein. Sie können vielleicht auch gleichzeitig eine zunehmende Lockerung der Muskulatur in allen Körperregionen wahrnehmen. Legen Sie, wenn sie möchten, eine Hand auf den Rippenwinkel (Magengegend) und/oder die andere Hand auf den Unterbauch, um noch genauer nachzuspüren und dadurch die Entspannung eventuell sogar noch zu verstärken.
Stellen Sie fest, ob der Körper von selbst atmet oder ob Sie „Luft holen".
Lassen Sie die Luft ganz aus sich heraussinken. Machen Sie nach dem Ausatmen eine kleine Pause, und achten Sie darauf, ob der Körper von selbst einatmet oder ob zumindest ein Einatemimpuls entsteht.
Wie fühlen Sie sich jetzt?
Kommen Sie nun aus dieser Übung wieder zurück, indem Sie alles tun, was Sie auch beim Aufwachen nach einem langen, erholsamen Schlaf tun würden: sich dehnen, strecken, räkeln, Gähnen zulassen, wenn es von selbst kommt, und schließlich wieder Spannung im Körper aufnehmen, die Augen fest zusammenkneifen, blinzeln, die Augen wieder öffnen und ganz zur Gruppe zurückkommen.

8. Anhang: Fragebogen

Wenn man den Streßbewältigungskurs allgemein, z.B. in der Volkshochschule oder in anderen öffentlichen Institutionen ausschreibt, kann es sinnvoll sein, den Teilnehmern vorab den im Anhang auf Seite A-1 abgedruckten Fragebogen zur Bearbeitung auszuhändigen, um eventuell vorhandene psycho-therapeutische Probleme im eigentlichen Sinn (die dann einer Psychotherapie zugeführt werden müßten) im Ansatz zu erkennen und dann die Situation durch ein weiteres persönliches Gespräch genauer zu klären. In manchen Fällen können hier auch medizinische Probleme relevant werden, wobei die Patienten dann beispielsweise vor dem Kurs zur Einschätzung der Belastbarkeit den Hausarzt aufsuchen sollten (z.B. Patient kann wegen Herzinsuffizienz oder schwerer Lungenerkrankung nicht liegen, oder der Patient ist nach Herzinfarkt körperlich nicht belastbar).

Streß 1

A. Einführungsteil

1. Begrüßung, kurze Einführung

2. Vorstellung der Gruppenmitglieder

2.1 Partnerinterview: Wer bin ich ...?
2.2 Vorstellung des Interviewpartners in der Gruppe

3. Vortrag: Kurskonzept

B. Übungsprogramm der ersten Sitzung

1. Aktivierungs-/Vitalisierungsübungen

1.1 Dehnen, Räkeln, Strecken, Schütteln
1.2 Früchte ernten
1.3 Räkeln wie beim Aufstehen
1.4 Option:
   Rückendehnung
   Dschungelpfad trampeln

2. Kognitiver Teil

2.1 Satzvollendungen
2.2 Typische Streßsituationen
2.3 Kurze Phantasiereise
2.4 Gruppenübung: Was ist für mich Streß?
2.5 Option: Streßursachen, Kognitionen, Streßfolgen

3. Aktivierungs-/Vitalisierungsübung

3.1 Kurzes Dehnen, Räkeln, Strecken
3.2 Option: Fetzige Scheibe

4. Kognitiver Teil

4.1 Gruppenübungen: Wie war es, als ich hier ankam? Wie geht es mir jetzt?

5. Hausaufgabe

5.1 Arbeitsblatt 1: Meine wichtigsten Streßsituationen
5.2 Arbeitsblatt 2: Streßanalyse

6. Aktivierungs-/Vitalisierungsübung

6.1 Dehnen und Schütteln

7. Entspannungsübung

7.1 Progressive Muskelentspannung (im Liegen)

8. Anhang: Informationsblatt zur Progressiven Muskelentspannung

Sitzung 1

A. Einführungsteil

1. Begrüßung, kurze Einführung

2. Vorstellung der Gruppenmitglieder

2.1 Partnerinterview (2-5 Minuten): Wer bin ich ...?
Suchen Sie sich in der Gruppe einen Partner. Sie oder Ihr Partner fängt an und stellt die Fragen des folgenden Fragebogens.
Antworten Sie, was Ihnen spontan einfällt. Sie brauchen es nicht besonders gut oder perfekt zu machen.
Bitte bearbeiten Sie das Arbeitsblatt Nr. 1 (Anhang Seite A-2)
Nach 2 Minuten (5 Min.) erfolgt ein Rollenwechsel: Der Interviewer wird jetzt vom seinem Interviewpartner befragt.
Option: Der Gruppenteilnehmer sollte sich an dieser Stelle überlegen, ob es sinnvoll ist, Namensschilder zu verwenden, die sich die Gruppenmitglieder zumindest in der ersten Sitzung anheften können.
Nach dem Beschriften und Anheften der Namensschilder kommen die Teilnehmer wieder zur Großgruppe zusammen.
2.2 Vorstellung des Interviewpartners in der Gruppe
Der Interviewer stellt den Partner der Gruppe vor. Anschließend wird der Vorgestellte gefragt: „Ist alles korrekt wiedergegeben, was fehlt eventuell?"

3. Vortrag: Kurskonzept

Nach der Kurzzusammenfassung der Einführungssitzung wird das Poster „Streß - ein überlebensnotwendiger Mechanismus" aus der letzten Sitzung aufgehängt, das Konzept des Kursablaufes nochmals kurz dargestellt.

B. Übungsprogramm der ersten Sitzung

1. Aktivierungs-/Vitalisierungsübungen

1.1 Dehnen, Räkeln, Strecken, Schütteln
(Musik: Bobby McFerrin, „Don´t worry, be happy")
Räkeln und strecken Sie sich wie eine Katze beim Aufwachen. Spreizen Sie anschließend die Finger, und strecken Sie die Arme ganz weit nach außen oben. Bilden Sie als nächstes mit Ihren Händen Fäuste (Daumen dabei nicht mit den Fingern umschließen), beugen Sie die Arme in den Ellbogen, und strecken Sie die Fäuste nach hinten über den Kopf. Strecken Sie die Fäuste hinter dem Kopf/Nacken zuerst mehr nach links, dann nach rechts. Spannen Sie die Muskeln des gesamten Schultergürtels maximal an, variieren Sie dabei sowohl die Spannung in den verschiedenen Muskelabschnitten als auch die Haltung des Schultergürtels und der Arme so, wie es für Sie angenehm ist. Danach schließen Sie die Augen bei schulterbreitem, leicht in den Knien gebeugtem Stand und mit geradem Rücken. Recken Sie den Hinterkopf etwas nach hinten und zur Decke. Probieren Sie alle Stellungen und Haltungen aus, die Sie mit Schultern, Armen, Händen und Fingern einnehmen können. Spüren Sie jetzt mit geschlossenen Augen nach, welche Haltungs- und Spannungsintensität im Bereich des Schultergürtels, der Oberarme, Unterarme und Hände am angenehmsten ist.
Kneifen Sie die Augen fest zusammen, schneiden Sie Grimassen, blinzeln Sie mit den Augen, und lassen Sie auch Gähnen zu, wenn es spontan entstehen will. Strecken Sie sich erneut, und probieren Sie nochmals aus, welche unterschiedlichen Positionen, Stellungen und muskulär Anspannungsintensitäten Sie einnehmen können, mit den Fingern, ...den Armen, ...dem gesamten Schultergürtel, ...und jetzt auch zusätzlich mit dem Kopf und Nakken, ...dem gesamten Oberkörper (beugen Sie sich ganz weit nach unten zum Boden), ...dem Becken und den Beinen (während Sie mit den Füßen auf einer Stelle stehenbleiben).
Schließen Sie für einen Moment die Augen, und spüren Sie nach, welche Bewegungen oder Streckungen für Sie jetzt noch angenehm wären. Führen Sie diese Bewegungen aus. Räkeln Sie sich nochmals ganz intensiv durch, und strecken Sie sich nach Herzenslust.

Halten Sie die Hände seitlich vom Körper, und schütteln Sie sie dann mit einer schleudernden, schwingenden Bewegung aus. Sie können sich dabei vorstellen, Sie würden nach dem Händewaschen Wasser von den Fingern abschütteln.

Schütteln Sie den Kopf zunächst sanft hin und her. Sie können ihn dabei leicht nach vorne hängen oder aber auch den gesamten Oberkörper nach unten hängen lassen. Die Gesichtsmuskeln sind dabei ganz entspannt, so daß die Lippen locker hin- und herschwingen. (Sie können beim Ausatmen einen Ton, z.B. Seufzer, von sich geben und durch die Lippenbewegung Töne entstehen lassen, wie sie kleine Kinder manchmal von sich geben.) Führen Sie die Schüttelbewegung mit unterschiedlicher Intensität aus.

Versuchen Sie auch eine besonders intensive Schüttelbewegung mit gleichzeitig hochgezogenen Schultern, so als hätten Sie sich für einen Moment ins Kühlhaus verirrt, „brrrrr!" Ziehen Sie nun die rechte Schulter maximal nach vorne in Richtung Brustbein und anschließend ganz nach hinten zur Wirbelsäule. Bewegen Sie die Schulter dann wieder nach vorne. Lassen Sie auf diese Weise eine schnelle schleudernde Hin- und Herbewegung entstehen, und schütteln Sie danach die rechte Schulter mit viel Schwung aus, so als sei sie eingerostet gewesen und Sie würden sie jetzt wieder neu in Gang setzen.

Schütteln Sie danach die linke Schulter in gleicher Weise durch. Führen Sie anschließend mit beiden Schultern in Ihrem eigenen Rhythmus schüttelnde Bewegungen nach vorne, nach hinten und vielleicht auch nach oben und unten aus.

Stellen Sie die Füße schulterbreit oder noch weiter auseinander, wobei Sie die Knie etwas beugen. Bilden Sie mit den Händen Fäuste, beugen Sie die Arme ein wenig im Ellbogengelenk, ziehen Sie die Schultern nach hinten und etwas nach unten. Schütteln und drehen Sie das Becken wie beim Twist-Tanz (oder beim Limbo) hin und her. Finden Sie heraus, mit welcher Armstellung Sie diese Bewegung am besten ausführen können. Versuchen Sie verschiedene Geschwindigkeiten, von schneller kraftvoller bis langsamer sanfter Bewegung, und finden Sie Ihren eigenen passenden Rhythmus für diese Situation, diese Stimmung, diese Musik usw.

Beugen Sie die Knie zunächst noch etwas mehr. Schütteln Sie die Muskulatur der Oberschenkel, indem Sie zunächst beide Knie gleichzeitig nach innen aufeinander zu und dann wieder voneinander weg bewegen. Lassen Sie die Oberschenkelmuskeln zunehmend lockerer hin- und herschwingen.

Schütteln Sie anschließend die Füße und Unterschenkel aus, wie nach einem anstrengenden Langlauf oder Konditionstraining.

Wenn Sie möchten, können Sie auch noch eine kurze Klopfmassage der Füße durchführen. Heben Sie zunächst den rechten Fuß vom Boden ab, und legen Sie ihn, wenn Sie sitzen, auf den linken Oberschenkel. Wenn Sie stehen, umgreifen Sie den Fußrücken mit der rechten Hand und lockern dann in beiden Fällen die Fußsohlenmuskulatur durch Beklopfen mit den Fingerknöcheln, mit den Fingerkuppen oder mit der flachen Hand.
Wechseln Sie dann zur anderen Seite.
Schließen Sie für einige Augenblicke die Augen, und spüren Sie nach, welche Bewegung/Streckung Sie jetzt noch brauchen. Führen Sie diese Bewegung aus.
Spüren Sie Ihren ganzen Körper für einige Augenblicke bewußt durch (Kopf, ...Nacken, ...Schultern, ...Arme, ...Hände, ...Oberkörper, ...Bauch, ...Becken, ...Oberschenkel, ...Unterschenkel, ...Füße...).
Wie fühlen Sie sich jetzt, welche inneren Bilder tauchen auf, was fällt Ihnen auf, wenn Sie in sich hineinhören? Welcher Unterschied ist festzustellen im Vergleich zum Beginn der Gruppe, ...zu anderen Situationen heute, ...gestern...?

1.2 Früchte ernten
(Musik: Four Tops, „Change of heart")
Suchen Sie sich eine Stelle im Raum, und stellen Sie sich „normal" auf den Boden oder, wenn Sie ohne Schuhe üben wollen, auf eine Matte bzw. gefaltete Decke.
Strecken Sie sich nun (die Füße bleiben mit der ganzen Fußsohle auf dem Boden) mit beiden Händen zur Decke, so als ob Sie Früchte ernten, beispielsweise Äpfel oder Birnen pflücken wollten. Sie können sich gerne auch eine Rebenlaube im Garten vorstellen, deren Dach die Reben und die Blätter der Weinstöcke bilden. Pflücken Sie die vom Dach der Laube herunterhängenden Weintrauben.
Heben Sie als nächstes die linke Ferse vom Boden ab, und strecken Sie sich mit der rechten Hand möglichst weit nach oben. Stellen Sie fest, ob Sie weiter nach oben reichen, wenn Sie auch nach oben schauen oder wenn Sie das Kinn ans Brustbein ziehen und den Hinterkopf nach oben strecken.
Während Sie den rechten Arm heben, sollte der linken Arm locker herunterhängen. Achten Sie darauf, daß die Schulter eher nach hinten gezogen wird und die Schultermuskeln locker bleiben.
Heben Sie anschließend den linken Arm ganz nach oben, lassen den rechten hängen, und stehen Sie jetzt mit der linken Fußsohle auf dem Boden und heben dabei die rechte Ferse etwas vom Boden ab, um sich noch mehr zu

strecken. Versuchen Sie auch hier, ob Sie noch höher reichen, wenn Sie nach oben schauen oder wenn Sie den Hinterkopf in Richtung Decke ziehen.
Lassen Sie anschließend den Oberkörper nach unten hängen. Die Handrücken berühren dabei den Boden. Der Oberkörper pendelt nun nach rechts und nach links. Lassen Sie den Kopf locker in verschiedene Richtungen pendeln. Kann sich der Kopf frei bewegen, oder ist der Hals noch etwas steif? Ziehen Sie den Kopf an den Haaren sanft nach vorne, lassen Sie ihn los und anschließend in dieser Stellung ein wenig pendeln.

1.3 Räkeln wie beim Aufstehen
(Musik: Four Tops, „Change of heart" s.o.)
Schließen Sie für einen Moment die Augen, und spüren Sie nach, was Ihrem Körper jetzt guttun würde. Meist nimmt man vor allem noch Verspannungen im Schultergürtel und im oberen Brustraum wahr.
Schließen Sie die Finger beider Hände, und bilden Sie Fäuste (Daumen außen). Beugen Sie nun die Ellbogen, und ziehen Sie die zu Fäusten geballten Hände nach oben hinter den Kopf. Strecken Sie dabei die Ellbogen nach außen oben. Strecken und räkeln Sie sich aus dieser Position heraus wie beim Aufstehen. Spannen Sie den gesamten Schultergürtel, die Muskulatur der Arme sowie der Hände maximal an, und strecken Sie Ellbogen und Fäuste in die verschiedenen Positionen, die möglich sind. Experimentieren Sie ein wenig, und nehmen Sie wahr, was für Sie angenehm ist. Verweilen Sie länger in den angenehmeren Positionen.
Lassen Sie sich viel Zeit, und lassen Sie auch Gähnen zu, wenn es von selbst entsteht.
Der Gruppenleiter kann sich an dieser Stelle aussuchen, ob er eine oder beide der nachfolgenden Übungen durchführen will.

1.4 Option: Rückendehnung
(Musik. s.o. oder Getz und Gilberto, „Quiet nights")
Stehen Sie etwa schulterbreit, in den Knien ganz leicht gebeugt. Lassen Sie jetzt den gesamten Oberkörper nach vorne unten sinken, bis die Finger oder Handrücken den Boden berühren. Der Kopf hängt locker und frei. Pendeln Sie mit dem Kopf in verschiedene Richtungen, und stellen Sie fest, ob die Halsmuskulatur noch etwas angespannt ist oder ob Sie den Kopf wirklich frei pendeln lassen können.

Umfassen Sie mit den Händen die Waden (Sie können auch die Kniekehlen umgreifen), und ziehen Sie den Oberkörper näher an die Beine heran. Dehnen Sie die gesamte Rückenmuskulatur, die Gesäßmuskulatur und die hinteren Beinmuskeln.

Ziehen Sie den Oberkörper einmal mehr zum linken und dann wieder mehr zum rechten Bein, und dehnen Sie dabei die verschiedenen, jeweils angespannten Muskelpartien intensiv durch. Lassen Sie sich Zeit, um den Kopf noch weiter nach unten zum Boden zu ziehen und den Nacken dabei ganz lang werden zu lassen (das Kinn wird zum Brustbein gezogen und der Hinterkopf dem Boden zugestreckt).

Stehen Sie in dieser Stellung noch eine Weile, ohne die Muskulatur anzuspannen, und dehnen Sie anschließend wieder intensiv die Rückenmuskeln, die Gesäßmuskeln und die hinteren Beinmuskeln so, wie es angenehm für Sie ist. Möglicherweise müssen Sie auch nochmals spontan gähnen, lassen Sie es zu.

Dschungelpfad trampeln
(Musik: Clarke/Duke Project, „Louie, Louie")
Die folgende Übung kann auch als Option (s.o.) an anderer Stelle eingesetzt werden, wenn z.B. während des Gruppenprozesses einmal die Konzentration nachläßt oder die Gruppenteilnehmer erschöpft sind.

Stellen Sie sich vor, sie befinden sich im Urwald und sind Mitglied eines Eingeborenenstammes. Sie wollen zusammen mit Ihren Stammesgenossen einen Pfad durch den Urwald anlegen, damit Sie das nächste Kino, Café, Fußballstadion (Milchladen/Bananenplantage etc.) schneller erreichen können. Stehen Sie breitbeinig und in den Knien gebeugt, mit gerade aufgerichtetem Rücken. Balancieren Sie den Kopf auf der Wirbelsäule wie einen Ball auf einer Stange. Stampfen Sie mit der ganzen Fußsohle abwechselnd mit dem rechten und linken Fuß auf den Boden im Takt der Musik auf. Bilden Sie Fäuste, und spannen Sie die Fäuste beim Aufstampfen fest an (achten Sie darauf, daß der Daumen nicht von den Fingern umschlossen wird). Geben Sie beim Aufstampfen einen „Huh-Laut" von sich. Achten Sie darauf, den ganzen Körper jedesmal beim Aufstampfen maximal anzuspannen. Lassen Sie den Oberkörper gerade, neigen Sie ihn eher noch etwas nach hinten. Variieren Sie die Intensität der Bewegung. Stampfen Sie zunächst ganz fest auf, so daß der Boden erzittert, und versuchen Sie es anschließend sehr behutsam.

Genießen Sie Ihre eigene Kraft und Vitalität. Versuchen Sie es danach bei einer leisen Musikstelle mit einem ganz vorsichtigen Auftreten (das Baby ist eingeschlafen). Treten Sie dabei zuerst mit den Zehen- und Zehenballen, um den Unterschied zu spüren, dann erst mit den Fersen. Bleiben Sie gerade aufgerichtet, und versuchen Sie ganz leise zu sein (sonst wacht das kleine Baby auf, das gerade schläft).

Wenn die Musik wieder lauter und rhythmischer wird, versuchen Sie, erneut fest aufzustampfen. Bleiben Sie während der Bewegung in den Knien gebeugt (variieren Sie von leichter Hockstellung bis zum Tief-in-die-Knie-Gehen).

Stellen Sie sich vor, daß Sie mit beiden Händen einen Baumstamm oder einen dicken Stock halten, mit dem Sie den Boden noch zusätzlich feststampfen. Stellen Sie sich vor, daß Sie körperlich sehr stark sind und daß es Ihnen sehr leichtfällt, den Stamm hochzuheben und ihn mit voller Kraft auf den Boden zu stoßen.

Stellen Sie sich nun vor, daß Sie im Takt der Musik während des Aufstampfens Laub, das Ihnen den Weg versperrt, mit beiden Händen nach außen zur Seite schieben, erst mit beiden Händen nach rechts, dann mit beiden Händen nach links, dann gleichzeitig mit beiden Händen nach außen zur Seite weg (mit der rechten Hand nach rechts und mit der linken Hand nach links).

Wenn Sie möchten, probieren Sie parallel zum Aufstampfen mit einem dikken Stampfer oder Stock, den Sie mit beiden Händen halten, den Boden vor Ihren Füßen festzustampfen, und dann anschließend das gleichzeitige Feststampfen des Bodens mit zwei dicken Stöcken, die Sie (in Ihrer Vorstellung) in der rechten und in der linken Hand halten. Lassen Sie dabei den Oberkörper gerade aufgerichtet.

Stehen Sie jetzt aufrecht mit andeutungsweise gebeugten Knien. Schließen Sie die Augen, und spüren Sie noch ein wenig nach. Wie fühlt sich dieses „starke Auftreten" an? Werden Sie an Situationen erinnert, in denen es Ihnen gut gelungen ist, selbst stark aufzutreten, oder in denen es gut gewesen wäre, einmal richtig stark aufzutreten?

Was fällt Ihnen noch ein, was spüren Sie, was sehen Sie vor dem inneren Auge usw.?

Versuchen Sie anschließend noch einmal, die Bewegung ganz behutsam und vorsichtig auszuführen und zum Schluß die Intensität des Aufstampfens sowie die Anspannung dabei nochmals maximal zu steigern.

2. Kognitiver Teil

2.1 Satzvollendungen

Für jeden Menschen bedeutet Streß etwas anderes. Manche Menschen fühlen sich von äußeren Umständen und Aufgaben überfordert und belastet, geängstigt oder geärgert, die für andere kein Problem darstellen. Diese Menschen fühlen sich dann wieder in anderen Bereichen fremd, hilflos, enttäuscht, verletzt usw. Jeder hat sein eigenes „Streßprofil". Denken Sie ein wenig über eigene Streßsituationen nach.
Während dieser Zeit werden fünf Poster aufgehängt.
Nehmen Sie einen der bereitliegenden Schreibstifte in die Hand, und ergänzen Sie schriftlich oder durch Symbole/Bilder auf den Postern, was Ihnen spontan zu den nachfolgenden Sätzen einfällt.

Poster:

- „Ich gehe vor Wut an die Decke, wenn ..."

- „Ich ziehe mich immer gleich zurück, wenn ..."

- „Es macht mich ganz kribbelig, wenn ..."

- „Es tut mir weh, wenn ..."

- „Ich weiß einfach nicht mehr weiter, wenn ..."

2.2 Typische Streßsituationen
Kurze Phantasiereise: (die Reise dient der Vorbereitung zur nächsten Posterübung)
Stellen Sie sich Ihre typische Streßsituation vor. Schließen Sie die Augen, und denken Sie an Situationen, in denen Sie sich gestreßt fühlen. Wählen Sie eine besonders typische aus, und erleben Sie für einige Augenblicke, was Sie dabei um sich herum sehen (Gegenstände, Menschen, Farben), hören (Geräusche, Stimmen), was Sie fühlen (Unterlage, Luft, Gegenstände usw.).

2.3 Gruppenübung: Was ist für mich Streß?

Poster :

- Was ist für mich Streß ?
- Was sind meine typischen Streßsituationen?

Stellen Sie der Gruppe kurz Ihre typische Streßsituaion vor.

2.4 Option: Streßursachen, Kognitionen, Streßfolgen

Der Gruppenleiter schreibt während der Vorstellungsrunde einige Stichpunkte auf dem vorbereiteten Poster (s.u.) mit und sortiert die Ergebnisse nach bestimmten Kriterien (Klassifizierung, Beispiele).

Poster:

Streßursachen Belastungen	Kognitionen	Streßfolgen Streßreaktionen
psychische • Zeitmangel • Hetze • Schwiegermutter • Streit • Konflikte • Soziale Isolation usw. **körperliche** • Lärm • Hitze • Nachtschicht • übervoller Magen • schwere Lasten • langes Autofahren usw.	• sich als Versager fühlen • es allen recht machen zu müssen • alles gleich erledigen müssen • immer nur Schlimmes erwarten • alle als Feinde erleben • sich nichts zutrauen • sich als nicht liebenswert einschätzen usw.	**psychische** • sich dauernd überlastet, hilflos, überreizt, innerlich unter Druck fühlen • nervös werden • ausgebrannt sein • pessimistisch sein usw. **körperliche** • Herzrasen • Schwitzen • Angst • Unruhe • Magendruck • Luftnot • Rotwerden usw.

3. Aktivierungs-/Vitalisierungsübungen

3.1 Kurzes Dehnen, Räkeln, Strecken

Dehnen, räkeln und strecken Sie sich kurz und nach Herzenslust. Stellen Sie sich vor, Sie sind eine Katze, die sich nach dem ersten und vor dem zweiten Mittagsschlaf noch einmal gemütlich durchstreckt. Schließen Sie die Augen, suchen Sie eine angenehme Körperhaltung und Spannungsintensität und dehnen, räkeln und strecken Sie sich in dieser Stellung. Welche Bewegung, Dehnung und Streckung würde Ihnen jetzt noch guttun? Führen Sie diese Bewegung aus. Wenn Sie möchten, lassen Sie immer wieder Gähnen zu, wenn es von selbst kommt. Kneifen Sie anschließend die Augen zu, blinzeln Sie und kommen dann mit Ihrer Aufmerksamkeit wieder zur Gruppe zurück.

3.2 Option: Fetzige Scheibe
(Musik: Paula Abdul, „Opposites attract")
Die folgende Übung kann je nach Verlauf des Gruppenprozesses bzw. je nach zur Verfügung stehender Zeit auch weggelassen werden. Vielen Gruppenteilnehmern gelingt es besser sich zu entspannen, nachdem sie eine Phase des Austobens und der körperlichen Aktivierung, wie z.B. bei der nachfolgenden Übung „Fetzige Scheibe", absolviert haben.

- Stellen Sie sich vor, Sie machen bei der Sendung „Spiel ohne Grenzen" mit oder sind beim Kindergeburtstag und nehmen an einem Wettspiel teil, betreten durch eine Tür einen großen Speicher, auf dem Sie eine Menge lustiger Aufgaben erledigen müssen. Zunächst fallen Ihnen von hinten kleine Styroporsäcke auf die Schultern, die Sie nach hinten oben mit den Ellbogen und den Schultern wegstoßen müssen. Führen Sie ruckartige Bewegungen nach hinten und oben im Takt der Musik durch. Stoßen Sie abwechselnd mit der linken und der rechten Schulter und anschließend gleichzeitig mit beiden Ellbogen und Schultern die Styroporsäcke nach hinten und nach oben weg.
- Stellen Sie sich vor, daß Sie große leere Kartons (oder mit Tennisbällen oder anderen leichten Gegenständen darin) um sich herum gestapelt vorfinden. Sie stoßen mehrere Kartons mit gespreizten Fingern nach seitlich außen, um sich Platz zu schaffen. Stoßen Sie ebenfalls abwechselnd mit der linken und rechten Hand und dann auch wieder mit beiden Händen im Takt der Musik die Kartons in alle Richtungen nach außen weg.
- Nun kommen von oben haufenweise Luftballons heruntergeflogen, die überall um Sie herum den Weg versperren. Die Aufgabe besteht darin, mit den Zeigefingern, an deren Spitze ein Reißnagel angebracht ist, die

Ballons anzupieksen und sie zum Platzen zu bringen. Es geht darum, möglichst schnell viele Luftballons platzen zu lassen. Stehen (oder sitzen) Sie aufrecht, und führen Sie eine plötzliche, nach vorne und später auch in andere Richtungen schnellende, stechende Bewegung mit jeweils einer Hand aus. Pieksen Sie zunächst nur mit der rechten Hand, danach nur mit der linken, dann abwechselnd und schließlich mit beiden Händen zugleich die Luftballons an. Führen Sie die Bewegungen im Takt der Musik aus. Nehmen Sie sich zuerst die Luftballons in Kopf- und Schulterhöhe vor, später auch die in Brust- und Bauchhöhe bis zu den Füßen.

- Als nächstes sollen Sie Knallerbsen durch Darauftreten zum Platzen bringen.
- Mohrenköpfe, die auf einem Fließband vorbeikommen, sollen Sie zusammendrücken, indem Sie auf sie klopfen (damit sie hinterher beim Transport weniger Platz einnehmen).
- Schließlich werden von der Seite Fußbälle hereingerollt, die Sie über eine kleine Mauer hinwegtreten sollen (viele Elfmeter aus dem Stand ins obere Toreck). Treten Sie die Bälle erst mit dem rechten und dann mit dem linken Fuß. Bleiben Sie bei dieser Bewegung gerade aufgerichtet stehen, und lassen Sie das Knie des Standbeines immer ein ganz klein wenig gebeugt.
- Spurten Sie nun auf der Stelle wie ein Hundertmeterläufer.
- Stellen Sie sich vor, Sie würden im Takt der Musik mit den Fäusten (oder mit einem schweren Hammer in jeder Hand) große Pflöcke (wie für die Pferdekoppel oder die Kuhweide) in den Boden schlagen.
- Schütteln Sie als nächstes Ihre Hände aus, so als wenn Sie nach dem Händewaschen Wasser abschütteln würden, da kein Handtuch vorhanden ist.
- Schütteln Sie Kopf, Schultern, Arme, Hände und schließlich den ganzen Körper durch. Finden Sie den für Sie richtigen Rhythmus und die richtigen Bewegungsmuster. Heben Sie abwechselnd das linke und das rechte Bein vom Boden, um die Beinmuskeln durchzuschütteln.

Sie können, wenn Sie möchten, nach dieser Übung eine kurze Ruhephase einlegen, gleich zur nachfolgenden Entspannungsübung kommen oder auch, wenn Sie diese Übung zu Hause durchführen, direkt vitalisiert und energiegeladen zu einer anderen Aktivität übergehen.

4. Kognitiver Teil

4.1 Gruppenübungen: Wie war es, als ich hier ankam? Wie geht es mir jetzt?

Es gibt drei Möglichkeiten, mit dem folgenden Poster zu arbeiten:
1. Der Gruppenleiter schreibt mit, oder
2. jeder Gruppenteilnehmer nimmt einen Schreibstift und schreibt eine kurze Bemerkung auf das Poster, oder
3. es erfolgt ein kurzer Bericht jedes Gruppenteilnehmers zu den Fragen auf dem Poster)

Poster:

- Wie war es, als ich hier ankam, wie ging es mir?
- Wie geht es mir jetzt?
- Was fällt mir auf?

5. Hausaufgabe

Bitte bearbeiten Sie jetzt bitte das Arbeitsblatt Nr. 2 (Anhang Seite A-3)

Arbeitsblatt Nr. 3: Streßanalyse
Tragen Sie im Zeitraum von einer Woche täglich auf Ihrem Arbeitsblatt ein, welche Streßsituationen Sie erlebt haben, und beantworten Sie die dazu gestellten Fragen. Arbeitsblatt Nr. 3 (Anhang Seite A-4)

6. Aktivierungs-/Vitalisierungsübungen

6.1 Dehnen und Schütteln

Stehen Sie irgendwo im Raum an einem Ort, an dem Sie jeweils eine Armlänge um sich herum Platz haben. Spreizen Sie die Finger, und strecken Sie die Hände nach seitlich außen, ganz nach oben und ein wenig hinter den Kopf. Drehen Sie die Daumen nach hinten, und strecken Sie die Arme weit nach hinten oben. Ziehen Sie dabei Grimassen, und drehen Sie den Kopf zunächst nach rechts und anschließend nach links und dehnen dabei den Nacken.

Bilden Sie mit den Händen Fäuste (die Daumen dürfen nicht von den Fingern umschlossen werden), und heben Sie die Arme nach seitlich außen bis in Schulterhöhe. Führen Sie die Fäuste zu den Schultern heran und die Ellbogen gleichzeitig möglichst weit nach hinten, so daß sich die Schulterblätter einander nähern.

Stehen Sie nun breitbeinig, und achten Sie darauf, daß die Wirbelsäule gerade aufgerichtet ist. Balancieren Sie den Kopf wie einen Ball auf einer Stange, und gehen Sie leicht in die Knie, das Becken sollte eher etwas nach vorne geschoben sein. Schütteln Sie nun - in dieser Haltung - den Kopf so, daß die Gesichtsmuskulatur sanft hin- und hergeschüttelt wird.

Heben Sie die Hände (die Fäuste sind noch geschlossen) etwas über Kopfhöhe, lassen Sie dann die Arme nach unten fallen, und öffnen Sie dabei die Hände wieder. Wiederholen Sie diese Bewegung mehrmals so, als würde jemand eine schwere Last von seinen Schultern heben und vor sich auf den Boden werfen.

Spüren Sie mit geschlossenen Augen nochmals nach, ob und wo in Ihrem Körper Sie noch Dehn- und Streckübungen benötigen und welche Muskeln wie am besten gestreckt werden können. Führen Sie diese Bewegung nun aus.

7. Entspannungsübung

7.1 Progressive Muskelentspannung (im Liegen)

Wenn die Zeit weit fortgeschritten ist, können Sie die Übung kürzer gestalten, indem Sie die Übungsteile für die verschiedenen Muskelgruppen der

Beine und der Arme nicht seitengetrennt nacheinander, sondern für beide Körperseiten gleichzeitig durchführen. Ebenso können Sie Zeit einsparen, indem Sie Anspannungsübungen zu Gesichts-, Gebiß-, Kinn- sowie Halsmuskulatur gleichzeitig durchführen. Die Anspannung der Rückenmuskeln kann ganz weggelassen werden.

Suchen Sie sich eine bequeme Liege- oder Sitzposition: Achten Sie darauf, daß Sie so bequem wie irgend möglich liegen, daß Sie nichts drückt oder einengt und daß Sie frei atmen können. Schließen Sie die Augen, und spüren Sie nach, wie Sie liegen. Haben Sie eine gute und bequeme Position, oder möchten Sie noch etwas ändern? Liegt Ihr Kopf bequem? Sind Rücken und die Beine entspannt? Spüren Sie Ihren ganzen Körper, wie er auf der Unterlage ruht. Lassen Sie sich von der Unterlage tragen. Spüren Sie Ihren Atem, wie Sie gleichmäßig ein- und ausatmen.

Vielleicht spüren Sie auch die Temperatur der Luft, die beim Einatmen langsam in den Brustkorb aufgenommen wird und beim Ausatmen wieder aus Ihnen herausfließt.

Während Sie einatmen, heben sich Brustkorb und Bauchdecke gleichmäßig, beim Ausatmen senken sie sich. Vielleicht hat sich schon von selbst die Bauchatmung eingestellt. Dies ist auch ein Zeichen eines sich vertiefenden Entspannungsprozesses.

Lassen Sie sich bei jedem Ausatmen ein wenig lockerer auf die Unterlage sinken. Stellen Sie sich vor, Sie geben das Gewicht des Körpers an die Unterlage ab und lassen sich tragen. Vielleicht wird die Ausatembewegung auch ein wenig länger und tiefer, je lockerer Sie werden.

Nehmen Sie wahr, wo ihr Körper Kontakt zur Unterlage hat und wie er sein Gewicht an die Unterlage abgibt. Gehen Sie die verschiedenen Körperregionen nacheinander in Ihrem eigenen Rhythmus durch. Welche Fläche berührt die Unterlage direkt? Was nehmen Sie sonst noch wahr, wenn Sie in sich hineinspüren, in sich hineinhören und Bilder vor Ihrem inneren Auge sehen? Nehmen Sie bewußt nacheinander den Hinterkopf, den Schulterbereich, Ellbogen, Unterarme, Hände, Rücken, Becken, Beine und Füße wahr.

Denken Sie nun an einen angenehmen Ort (z.B. einen Urlaubsort, den Sie schon einmal besucht haben), und lassen Sie mit geschlossenen Augen ein Bild von diesem Ort entstehen, wie Sie ihn in einem besonders schönen Augenblick erlebt haben. Wie haben Sie sich damals gefühlt? Standen, saßen oder lagen Sie beispielsweise auf einer Wiese, am Strand ...?

Wie fühlt sich die Unterlage (Gras, Sand o.ä.) an? Ist die Luft frisch und klar? Hören Sie Naturgeräusche, Stimmen, Stille?

Lassen Sie uns eine Reise durch den Körper unternehmen und nach und nach einzelne Körperteile fest anspannen (3-5 Sekunden).
Wir beginnen im rechten Fuß und rechten Unterschenkel. Bitte spannen Sie die Muskeln im rechten Fuß und Unterschenkel an, indem Sie die Zehen zur Fußsohle hin nach unten ziehen und die Fußsohle in Richtung Boden spannen, dabei den Wadenmuskel fest anspannen. Halten Sie diese Spannung, und verstärken Sie sie vielleicht noch etwas. Lassen Sie sie JETZT wieder los (nochmals wiederholen).
Spüren Sie, wie sich Unterschenkel und Fuß langsam wieder entspannen.
Nehmen Sie in Ihrer Phantasie (mit dem inneren Auge) die Bilder an Ihrem angenehmen Ort wahr. Spüren Sie, was es dort zu fühlen gibt, riechen Sie die Luft, und hören Sie die Geräusche oder die Stille an diesem Ort.
Spannen Sie nun den rechten Oberschenkel fest an, indem Sie das Bein im Kniegelenk strecken, ganz fest strecken, den Oberschenkelmuskel dabei hart werden lassen und diese Spannung halten (3-5 Sekunden), sogar noch ein wenig intensiver werden lassen. JETZT wieder fallenlassen und entspannen.
Gönnen Sie sich nun einen kleinen Moment Pause, und denken Sie an Ihren angenehmen Ort. Lassen Sie sich beim Ausatmen locker auf die Unterlage sinken, und spüren Sie noch einmal nach. Nehmen Sie das innere Bild deutlich wahr ...
Spüren Sie einen Unterschied zwischen dem rechten und dem linken Bein? Fühlt sich ein Bein im Vergleich zum anderen vielleicht ein wenig länger oder schwerer, kräftiger, leichter, lebendiger, wärmer usw. an? Kehren Sie immer, wenn Sie wollen, zur inneren Vorstellung von Ihrem angenehmen Ort zurück.
Wir kommen nun zum linken Fuß und Unterschenkel. Krümmen Sie die Zehen und ziehen Sie den Fuß mit aller Kraft nach unten zum Boden. Spannen Sie die Wadenmuskeln, und halten Sie die Spannung. Steigern Sie sie vielleicht noch ein wenig. Und lassen Sie JETZT wieder los (zweimalig).
Entspannen Sie sich, und kehren Sie in Ihrer Vorstellung zum angenehmen Ort zurück. Was wünschen Sie sich jetzt innerhalb dieser Szene? Was brauchen Sie, damit es für Sie noch angenehmer, entspannter usw. wird? Lassen Sie es in Ihrer Phantasie geschehen.
Wir kommen zum linken Oberschenkel. Hier wieder die Muskeln fest anspannen, indem Sie die Knie immer weiter strecken, die Spannung in den Oberschenkelmuskeln steigern, halten und JETZT wieder lösen.

Vergleichen Sie nochmals Ihre Wahrnehmung vom rechten und linken Bein. Sind jetzt noch Unterschiede feststellbar?
Gönnen Sie sich eine kleine Pause an Ihrem angenehmen Ort. Haben Sie noch einen Wunsch oder einen Traum in dieser Situation? Lassen Sie es in Ihrer Phantasie geschehen.
Wir kommen dann zum Becken und Gesäßbereich. Kneifen Sie die Gesäßmuskeln ganz fest zusammen, spannen Sie sie maximal an. Das Becken hebt sich etwas von der Unterlage ab. Halten Sie die Spannung, lassen Sie JETZT wieder los (zweimalig).
Lassen Sie den Körper mit der Ausatembewegung locker auf die Unterlage sinken. Beobachten und erspüren Sie, während Sie an Ihren angenehmen Ort denken, innere Bilder, Gefühle und vielleicht auch Geräusche, Klänge, oder nehmen Sie einfach nur Stille wahr, ob der Körper ganz von selbst einatmet, ohne daß Sie bewußt Luft zu holen brauchen.
Heben Sie nun die gestreckten Beine einige Zentimeter vom Boden ab (wenn Sie nicht genug Kraft dazu haben, lassen Sie so viel Spannung entstehen, wie Sie können. Achten Sie darauf, bei dieser Übung nicht ins Hohlkreuz zu kommen). Halten Sie die Spannung, auch wenn Muskelzittern in den Bauchmuskeln beginnt, und lassen Sie JETZT wieder los (zweimalig).
Erleben Sie bewußt Ihren angenehmen Ort.
Gehen Sie nun weiter zu den Schultern und Armen. Ziehen Sie beide Schulterblätter hinten auf dem Rücken zusammen, und spreizen Sie gleichzeitig die Finger. Ziehen Sie zusätzlich die Schultern nach unten, und drehen Sie die gestreckten Arme mit gespreizten Fingern nach außen, so daß die Daumen nach außen zeigen und die Handflächen zur Decke offen oder sogar noch weiter nach außen geneigt sind. Halten Sie die so aufgebaute Spannung, und lassen Sie JETZT wieder los (zweimalig).
Angenehmer Ort ... (Wenden Sie sich innerlich wieder Ihrem angenehmen Ort zu.)
Bilden Sie mit den Händen nun Fäuste (die Daumen sind außen), drehen Sie die nach unten gestreckten Arme nach innen (der Handrücken liegt dem Oberschenkel an), und strecken Sie sie maximal nach unten. Erzeugen Sie mit den seitlich am Rumpf anliegenden Armen Druck nach innen, so daß die Armmuskeln, die Schultergürtel- und die Brustmuskulatur angespannt werden. Lassen Sie JETZT wieder los.
Nehmen Sie Ihren angenehmen Ort nochmals ganz bewußt wahr.
Weiter geht die Reise zum rechten Arm. Beugen Sie den Arm, und spannen Sie den Bizeps, den Oberarmmuskel, fest an, während Sie gleichzeitig

Fäuste bilden und auch die Unterarmmuskulatur anspannen. Halten Sie die Spannung, und lassen Sie JETZT wieder los. Lassen Sie den Arm zu Boden sinken, und werden Sie ganz locker.
Angenehmer Ort ...
Vergleichen Sie zwischen rechtem und linkem Arm. Gibt es auch jetzt Unterschiede? Was nehmen Sie wahr? Ist der eine Arm schwerer, leichter, länger, kürzer, entspannter usw ...?
Spannen Sie jetzt auch den anderen Arm in gleicher Weise an. Halten Sie die Spannung noch, und lassen Sie sie JETZT wieder fallen. Lassen Sie den Arm erneut zu Boden sinken.
Erleben Sie den angenehmen Ort. Was sehen, hören, spüren Sie? Verändert, vertieft sich das Erlebnis?
Wir kommen nun zum Nackenbereich: Hier können Sie die Muskeln anspannen, indem Sie die Schultern bis fast zum Ohr hochziehen. Halten Sie die Spannung, und lassen Sie JETZT wieder los (zweimalig).
Strecken Sie sich, wenn Sie möchten, ein wenig im Schulter- und Nackenbereich.
Angenehmer Ort ...
Ziehen Sie nun die Augenbrauen mit aller Kraft hoch, und spannen Sie dabei die Kopfhaut. Kneifen Sie gleichzeitig die Augenlider fest zu, rümpfen Sie die Nase, spitzen Sie die Lippen (oder machen Sie, wenn dies für Sie angenehmer ist, einen „Breitmaulfroschmund"). Halten Sie die Spannung, und lassen Sie JETZT wieder los.
Lockern Sie das Gesicht anschließend, indem Sie verschiedene Grimassen ziehen.
Beißen Sie jetzt die Zähne fest aufeinander, und spannen Sie Kinn und Halsbereich gleichzeitig fest an. Ziehen Sie das Kinn in Richtung Brustkorb, und spannen Sie die Halsmuskulatur dabei an. Bilden Sie gleichzeitig Fäuste, beugen Sie die Arme etwas, dabei spannen Sie auch die großen Brustmuskeln an. Halten Sie die Spannung, und lassen Sie JETZT wieder los.
Angenehmer Ort ...
Spannen Sie die Rückenmuskulatur an, indem Sie den Hinterkopf gegen die Unterlage drücken. Wenn Sie sportlich geübt sind, können Sie einen Spannungsbogen zwischen dem Hinterkopf und dem Kreuzbein - wie eine kleine Brücke - bilden (achten Sie darauf, nicht ins Hohlkreuz zu kommen). Halten Sie diese Spannung im Rücken, und lassen Sie JETZT wieder los. Strecken Sie sich anschließend noch etwas.

Spannen Sie zum Abschluß noch einmal gleichzeitig alle Muskelgruppen des Körpers maximal an. Halten Sie die Spannung für eine Weile, und lassen Sie JETZT wieder los. Lassen Sie sich locker auf die Unterlage sinken. Nehmen Sie mit allen Sinnen Ihren angenehmen Ort wahr. Welche Veränderungen sind in Ihnen vorgegangen?
Was fühlen, was erleben, und was denken Sie jetzt? Wie fühlt sich der Körper jetzt an?
Kommen Sie allmählich und in der für Sie notwendigen Zeit aus dieser Übung zurück, indem Sie zunächst einmal die kleinen Finger- und Zehengelenke ein wenig bewegen, dann die größeren Gelenke, die Arme und die Beine strecken, tiefer atmen, sich räkeln und noch mehr strecken, gähnen, wenn Sie möchten, schließlich die Augen fest zusammenkneifen und alles das tun, was Sie auch nach einem langen erholsamen Schlaf unternehmen, um wieder wach und entspannt „aufzuwachen".

8. Anhang

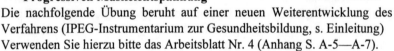

8.1 Informationsblatt zur Progressiven Muskelentspannung

Die nachfolgende Übung beruht auf einer neuen Weiterentwicklung des Verfahrens (IPEG-Instrumentarium zur Gesundheitsbildung, s. Einleitung)
Verwenden Sie hierzu bitte das Arbeitsblatt Nr. 4 (Anhang S. A-5—A-7).

Streß 2

1. Aktivierungs-/Vitalisierungsübungen
1.1 Dehnen, Räkeln, Strecken
1.2 Ellbogenschlag
1.3 Fußball
1.4 Einkaufswagen
1.5 Schulterdehnen
1.6 Volleyball
1.7 Radfahren zu zweit

2. Kognitiver Teil 2
2.1 Hausaufgabenbesprechung
2.2 Redensarten zum Thema Streß und Körper
　　Kleingruppenübung
　　Option: Gruppenübung
2.3 Kurze Phantasiereise
2.4 Option: „Blitzlicht" im Kreis
2.5 Informationsblätter zur Streßphysiologie: Reaktionen des Körpers und Ohm-Kurven
2.6 Vortrag: Streß - ein überlebensnotwendiger Mechanismus

3. Aktivierungs-/Vitalisierungsübungen
3.1 Wirbelsäule dehnen
3.2 Rücken- und Bauchdehnung im Stehen
3.3 Nacken dehnen

4. Hausaufgabe
4.1 Zeit- und Energieverteilung

5. Aktivierungs- / Vitalisierungsübungen
5.1 Im Stehen und Liegen
5.2 Schüttelsieb

6. Entspannungsübung / Phantasiereise
6.1 Vater, Sohn und Esel

Sitzung 2

1. Aktivierungs-/Vitalisierungsübungen

1.1 Dehnen, Räkeln, Strecken

Dehnen Sie sich nach Herzenslust, wie eine Katze nach dem Mittagsschlaf. Strecken Sie beide Arme ganz nach oben, spreizen Sie die Finger, und drehen Sie die Hände maximal nach innen und nach außen. Dehnen Sie die Arme in dieser Stellung nach hinten. Gehen Sie dabei leicht in die Knie.

Bilden Sie mit beiden Händen Fäuste, beugen Sie die Ellbogen, und räkeln Sie den ganzen Oberkörper durch, indem Sie die Arme vor und hinter den Kopf, zur Seite und nach außen ziehen und die gesamte Oberkörpermuskulatur dehnen und spannen.

Drehen Sie den Kopf, die Schultern und den Rumpf in die verschiedenen möglichen Richtungen. Drehen Sie auch einmal Kopf und Schulter gegeneinander, und führen Sie alle möglichen Bewegungen aus, die jetzt angenehm für Sie sind. Drehen Sie, breitbeinig und leicht in den Knien gebeugt stehend, das Becken nach links und rechts, und drehen Sie dabei den Rumpf gegenläufig. Dehnen Sie bei dieser Bewegung erneut Rumpf, Schultern, Nacken und Arme.

Schließen Sie für einen Moment die Augen, und finden Sie Dehnbewegungen, die Ihnen jetzt guttun.

Stellen Sie sich mit leicht gebeugtem Knie auf das linke Bein, beugen Sie das rechte Knie und heben den Fuß an, bis Sie mit der rechten Hand den Fußrücken ergreifen können. Dehnen Sie nun die Muskeln des Beckens und des rechten Beines, indem Sie den Fuß mit der Hand noch ein wenig nach hinten oben und vielleicht auch seitwärts ziehen.

Balancieren Sie, weiter mit leicht gebeugtem linkem Knie stehend, mit dem linken Arm den Körper aus. Stellen Sie sich vor, Sie wären mit dem linken Bein ein wenig in den Boden eingewachsen.

Führen Sie die gleiche Bewegung auch mit der anderen Seite aus.

Schließen Sie die Augen, stehen Sie leicht breitbeinig, mit gebeugten Knien da, und spüren Sie nach, welche weitere Bewegung, Dehnung und Streckung jetzt noch angenehm wäre.

1.2 Ellbogenschlag

(Musik: Paula Abdul, „Opposites attract")
Stellen Sie sich vor, Sie stehen in einer Schlange vor der Kinokasse (Lebensmittelmarkt, Skilift, Fußballstadion usw.). Jemand hinter Ihnen drängelt und schiebt Sie immer wieder von hinten. Sie möchten sich am liebsten wehren und haben vielleicht sogar den Impuls, die andere Person durch einen Ellbogenstoß mit aller Macht nachhaltig abzuwehren (aber das wagt man ja oft nicht einmal zu denken).

Stellen Sie sich vor, Sie können eine solche Bewegung (ohne daß andere beteiligt sind und ohne daß jemand zu Schaden kommt) nach Herzenslust und mit Genuß ausführen.

Schlagen Sie mit dem angewinkelten rechten Ellbogen kräftig nach hinten, und stellen Sie sich vor, wie der Drängler zu Boden geworfen wird usw. Vielleicht genießen Sie auch einfach nur die Bewegung und die Kraft, die Sie in dieser Bewegung erleben.

Folgen Sie in der Abfolge der Schläge dem Rhythmus der Musik. Stehen Sie jetzt leicht breitbeinig und (insbesondere im Bereich der Brustwirbelsäule gestreckt) aufrecht, während Sie die Bewegungen ausführen. Das Kinn wird etwas zum Brustbein und der Hinterkopf nach hinten oben gezogen. Drehen Sie dabei den Nacken. Versuchen Sie die Übung zunächst mit möglichst viel Kraft und Schnelligkeit.

Schlagen Sie zuerst mit dem rechten Ellbogen (Linkshänder mit dem linken) und dann mit dem linken (Linkshänder mit dem rechten) Ellbogen. Achten Sie nochmals ganz bewußt auf Ihre Körperhaltung. Bleiben Sie im Bereich der Brustwirbelsäule, des Halses sowie des Kopfes gerade aufgerichtet.

Wechseln Sie nun zwischen Schlägen der linken und der rechten Seite im Rhythmus der Musik ab.

Experimentieren Sie mit unterschiedlicher Intensität der Schläge und mit verschiedenen Richtungen. Treffen Sie in etwa in Schulterhöhe oder noch höher mit dem Ellbogen nach hinten auf einen gedachten Sandsack o.ä., falls Sie diese Vorstellung (dem Drängler) vorziehen.

Versuchen Sie dann auch Schläge etwa in Brusthöhe und in Nabelhöhe.

Führen Sie die Bewegung in verschieden schneller Abfolge (doppelt so schnell im gleichen Musikrhythmus) nacheinander aus. Versuchen Sie möglichst viele Schläge in kurzer Zeit auszuüben, und versuchen Sie anschließend mehr die Kraft und die Intensität jedes einzelnen Schlages für sich zu betonen.

Boxen Sie nun auch noch eine Weile abwechselnd mit der linken und rechten Faust auf einen gedachten Sandsack (oder einen Sack mit Styroporflokken, der viel Lärm beim Draufboxen erzeugt), und stellen Sie fest, ob auch diese Bewegung Spaß macht.
Welche Gedanken, welche Phantasien entstehen? Wie fühlen Sie sich?
Legen Sie sich anschließend noch auf den Boden oder auf eine Liege, und schließen Sie die Augen. Empfinden Sie nach, was sich verändert hat, wie sich der Körper jetzt anfühlt, welche inneren Bilder Sie wahrnehmen. Ist es eher ein Zustand der Ruhe, der Kraft, des Gelassenseins, oder eher der Vitalität, der Ausgelassenheit o.ä?
Beginnen Sie Bewegungen mit den Finger- und Zehengelenken, anschließend mit den größeren Gelenken. Recken, dehnen, räkeln Sie sich, atmen Sie tief ein. Gähnen Sie, wenn Sie möchten, und beenden Sie die Übung.
Zur intensiven Durchführung der Übungen zu Hause benötigen Sie einen Hocker, eine Bank oder auch beispielsweise einen Küchenstuhl. Zusätzlich brauchen Sie einen Schaumstoffkeil oder eine Matratze. Diese stellen Sie gegen die Wand und davor einen Stuhl. Setzen Sie sich mit dem Rücken zur Matratze bzw. zu dem Schaumstoffkeil auf den Stuhl.
Winkeln Sie den rechten Ellbogen (bei Linkshänder den linken) etwas an, und führen Sie den Ellbogen nach vorne bis vor den Brustkorb. Führen Sie nun im weiten Bogen nach hinten einen Stoß gegen die Matratze aus. Stellen Sie fest, ob die Wand noch weiter gepolstert werden muß. Möglicherweise ist aber auch ein anderer Platz in der Wohnung noch besser geeignet. Falls dies der Fall sein sollte, wechseln Sie zu diesem Platz.

1.3 Fußball
(Musik: Paula Abdul, „Opposites attract")
Stellen Sie sich vor, Sie sind ein Fußballer (Matthäus, Müller, Beckenbauer) und befinden sich im gegnerischen Torraum. Sie wollen den Fußball ins Tor treten. Stellen Sie sich weiterhin vor, Sie treten den von rechts seitlich etwa in Nabelhöhe hereingespielten Ball mit der Ferse ins direkt vor Ihnen stehende Tor.
Treten Sie jetzt den Fußball mit den Zehenballen ins Tor.
Treten Sie einen Freistoß oder Elfmeter zunächst aus dem Stand, später mit einem Schritt Anlauf und voller Wucht ins Tor.

1.4 Einkaufswagen
Stellen Sie sich vor, Sie sind im Einkaufsladen. Die hinter Ihnen in der Schlange Stehenden drängeln mit Ihren Einkaufswagen und schieben Ihnen den Wagen in die Hacken oder ins Kreuz. Führen Sie mit Ihrem Becken ei-

ne stoßende Bewegung nach hinten aus, um den anderen Einkaufswagen wieder nach hinten wegzustoßen.
Versuchen Sie auch eine stoßende Bewegung nach rechts und anschließend auch nach links.
Die Hände bleiben am eigenen Wagen.

1.5 Schulterdehnen
(Musik: Paula Abdul, „Forever your girl")
Nehmen Sie die Fechterstellung ein (das linke Bein nach vorne, Knie gebeugt, das rechte nach hinten gestreckt). Spreizen sie die Finger der rechten Hand, und strecken Sie den Arm seitwärts in Schulterhöhe von sich weg nach außen. Strecken Sie nun den Arm mehr und mehr nach hinten, während Sie auch die Schulter immer weiter nach hinten dehnen. Achten Sie darauf, daß das Schultergelenk selbst nicht schmerzhaft überdehnt wird, sondern daß lediglich die Schultergürtelmuskulatur und insbesondere auch der große Brustmuskel gedehnt wird.
Führen Sie die Dehnung jetzt mit schräg nach oben gerichtetem rechtem Arm aus, und ziehen Sie dabei auch das Kinn maximal nach rechts, so daß die Halsmuskulatur ebenfalls gedehnt wird.
Gehen Sie nun in die Fechterstellung: Das linke Bein ist nach hinten gestreckt, das rechte Bein nach vorne geführt und gebeugt.
Dehnen Sie anschließend die linke Körperseite.

1.6 Volleyball
(Musik: Wham, „Club tropicana")
Stehen Sie gerade und entspannt mit den Füßen etwa schulterbreit auf dem Boden, beugen Sie die Knie, und schieben Sie das Becken etwas nach vorne, um die Standfestigkeit noch weiter zu verbessern. Stehen Sie mit parallel ausgerichteten Füßen oder die Großzehen sogar leicht nach innen gewendet vielleicht sogar noch sicherer? Suchen Sie einen möglichst stabilen Stand.
Stellen Sie sich vor, es käme von vorn, ungefähr in Scheitelhöhe, ein großer Gummiball auf Sie zugeflogen, den Sie mit einem Volleyballstoß (Daumen und Zeigefinger bilden in Stirnhöhe ein Dreieck, gleichzeitig die Finger leicht beugen, so daß mit beiden Händen ein Körbchen geformt wird. Die Ellbogen sind in Schulterhöhe gebeugt und nach außen gerichtet) mit den Fingerspitzen nach schräg oben ruckartig von sich weg zurückstoßen.
Atmen Sie bei dieser Bewegung aus (möglicherweise bilden Sie mit Ihrer Stimme einen Ton, Laut oder Schrei), und spannen Sie, wenn die Arme fast gestreckt sind, den gesamten Körper maximal an, um den imaginären Ball

in dieser Stellung zu treffen. Achten Sie darauf, bis zum Moment des Anspannens vollständig auszuatmen.

Experimentieren Sie mit der innerlichen Vorstellung: ich Spiele den Ball zurück, ich weise zurück, ich gebe zurück, ich gebe weiter.

1.7 Radfahren zu zweit

Suchen Sie sich in der Gruppe einen Partner, der ungefähr gleich groß ist wie Sie. Legen Sie sich beide jeweils gegenüber auf den Rücken, so daß sich die Zehen berühren, wenn Sie die Beine etwa 45° gebeugt haben und die Füße auf dem Boden stehen. Heben Sie die Füße in die Luft, und stützen Sie Ihre rechte Fußsohle gegen die linke des Partners und die linke Fußsohle gegen die rechte. Stellen Sie sich nun vor, Sie treten gemeinsam liegend ein Fahrrad an.

Führen Sie die gemeinsamen Pedalbewegungen in der Luft zunächst in eine Tretrichtung und anschließend in die andere aus.

Stellen Sie sich als nächstes vor, Sie kämpfen beide gegen einen großen Widerstand (Bergstrecke) an und müssen sehr viel Kraft aufwenden, um Ihr Gefährt weiterzubewegen. Bilden Sie, um mehr Kraft zu entwickeln, mit den Händen Fäuste, wobei Sie den Daumen nicht von den Fingern umschließen lassen, sondern außen behalten. Spannen Sie die Schultern fest an, und drücken Sie sie gegen den Boden. Drücken Sie die Schultern gleichzeitig weiter fußwärts nach unten.

Stellen Sie sich jetzt vor, daß das ganz leicht und locker geht. Die Arme liegen entspannt neben dem Körper, die Hände sind geöffnet.

Gönnen Sie sich zwischendurch eine Pause, und suchen Sie eine Stellung, die für beide Partner möglichst angenehm ist (z.B. beide Füße in gleicher Höhe).

Drehen Sie sich nun auf die linke Seite, und bleiben Sie, jeder für sich, ruhig auf dem Boden liegen. Lassen Sie sich beim Ausatmen tief in den Boden sinken. Dehnen, strecken und räkeln Sie bestimmte Körperpartien, die jetzt vielleich noch ein wenig verspannt sind, oder sich einfach nur ein wenig angenehmer fühlen, wenn Sie den Körper etwas durchbewegen.

Kneifen Sie die Augen fest zusammen, schneiden Sie Grimassen, wenn Sie möchten, dehnen Sie den Nacken, die Schultern und die Arme. Liegen Sie dann einfach locker und ruhig auf dem Boden und ruhen sich ein wenig aus.

2. Kognitiver Teil

2.1 Hausaufgabenbesprechung
Die Hausaufgabe aus Sitzung 1 wird besprochen, während der Gruppenleiter die Ergebnisse auf dem Poster „Streßursachen, Kognitionen, Streßfolgen" aus der letzten Sitzung mitschreibt.

Poster:

Streßursachen	Kognitionen	Streßfolgen
Belastungen		**Streßreaktionen**
psychische		psychische
körperliche		körperliche

2.2 Redensarten zum Thema Streß und Körper
Kleingruppenübung
Die Gruppe teilt sich in zwei Kleingruppen auf, es wird für jede Gruppe ein Poster aufgehängt. Sammeln Sie Beispiele für Redensarten zum Thema Streß, die im Alltag vorkommen.
Option: Gruppenübung
Die Teilnehmer sammeln die Beispiele gemeinsam auf dem folgenden Poster:

Poster: Redensarten zum Thema Streß

Allgemeine Beispiele:

Kopf
Kopf in den Sand
Kopf durch die Wand
Kopf zerbrechen
Kopflos
Geht mir der Hut hoch

Nase
Nase voll
Nicht riechen können
Nase rümpfen
Hochnäsig

Gesicht
Schlag ins Gesicht
Augenwischerei
Gesicht verlieren
Saures Gesicht

Bewegungsapparat
Buckel runter rutschen
Kein Rückgrad
Weiche Knie
Last auf den Schultern

Haut
Auf die Pelle rücken
Aus der Haut fahren
Haare zu Berge
Dickfellig
Unerträglich

Innere Organe
Schwer im Magen
An die Nieren
Galle hoch
Werde sauer
Geht mir die Luft aus

Herz
Rutscht mir das Herz in die Hose
Herzlos
Versteinertes Herz
Ums Herz eng

Beispiele aus der Gruppe:

2.3 Kurze Phantasiereise

(zur Vorbereitung der nächsten Übung)
Stellen Sie sich Ihre typische Streßsituation vor. Schließen Sie die Augen, und denken Sie an Situationen, in denen Sie sich gestreßt fühlen. Wählen Sie eine besonders typische Situation aus, und erleben Sie für einige Augenblicke, was Sie dabei um sich herum sehen (Gegenstände, Menschen, Farben), hören (Geräusche, Stimmen), was Sie fühlen (Unterlage, Luft, Gegenstände usw.), was Sie riechen (siehe auch letzte Sitzung).
Verändern Sie nun alles, was Ihnen in Ihrer Streßsituation nicht gefallen hat. Sehen Sie in Ihrer Phantasie z.b. Sonne, Strand, Meer und Palmen oder Berge, Wälder, Wiesen, bunte Blumen. Hören Sie in Ihrer Phantasie die schönste Musik, angenehme Naturgeräusche und Klänge, fühlen Sie sich wohl, z.B. im Gras, auf dem Sandstrand usw., und spüren Sie, wie angenehme Luft Ihrer Haut schmeichelt. Riechen Sie die angenehmsten Düfte und Wohlgerüche, die Sie sich vorstellen können.
Kommen Sie nun aus dieser Übung zurück, indem Sie sich dehnen, räkeln und strecken.
Stellen Sie sich die Fragen: Was würde ich gerne in dieser Gruppe erreichen? Was wünsche ich mir?

2.4 Option: „Blitzlicht" im Kreis

Thema: Was will ich in der Gruppe erreichen?
Der Gruppenleiter schreibt auf dem Poster mit. Die Fragen können auch im Partnerinterview bearbeitet werden.
Variationsmöglichkeit: Die Gruppe teilt sich in zwei Kleingruppen auf. Es wird für jede Gruppe ein Poster aufgehängt, auf das die einzelnen Teilnehmer selbst ihre Beiträge schreiben.

Poster:

- **Was will ich in der Gruppe erreichen?**

2.5 Informationsblätter zur Streßphysiologie

Die Informationsblätter (vgl. Anhang Seiten A-8—A-9) werden an die Gruppenteilnehmer ausgegeben. Es folgt der Vortrag „Streß - ein überlebensnotwendiger Mechanismus". Jeder, der möchte, kann zu Hause noch weiter über das Thema Streßphysiologie nachlesen (s.u. Literatur). Das in Sitzung 1 in der Gruppe angefertigte Poster „Streßursachen, Kognitionen, Streßfolgen" wird für den folgenden Vortrag im Gruppenraum aufgehängt.

2.6 Vortrag: Streß - ein überlebensnotwendiger Mechanismus

Die Streßreaktion, auch Alarm- und Notfallreaktion, ist eine entwicklungsgeschichtlich alte Funktion, die der Mensch mit höherentwickelten Tieren gemeinsam hat. Sie war und ist lebenswichtig. Ohne diese Reaktion wäre das Überleben der Gattung Mensch nur schwer möglich gewesen.

Hierzu ein **Beispiel**: Stellen Sie sich einen unserer Vorfahren in der Steinzeit vor. Nur mit Fellen bekleidet liegt er an seinem Feuer irgendwo im Busch und ruht sich von der Jagd aus. Plötzlich hört er ein Knacken, sieht den Schatten eines sich nähernden Raubtieres, nimmt dessen Geruch wahr. Ohne nachzudenken, springt er auf und läuft blitzschnell zu seiner Höhle. Dort packt er seinen Speer, greift nun seinerseits das Tier an und verjagt es. Nach dieser aufregenden und anstrengenden Aktion zieht sich unser Steinzeitmensch in seine Höhle zurück, wo er sich nun zum wohlverdienten Erholungsschlaf niederlegt.

An diesem Beispiel läßt sich gut der vollständige Ablauf der Streßreaktion nachvollziehen. Durch einen bedrohlichen Reiz - nämlich das Wahrnehmen des Raubtieres - wird die Alarmreaktion ausgelöst. Der gesamte Organismus ist nun auf zwei mögliche Verhaltensweisen vorprogrammiert: Flucht oder Angriff. Ohne weiteres Nachdenken wird unwillkürlich die Entscheidung für eine der beiden möglichen Verhaltensweisen getroffen und diese dann ausgeführt. In unserem Beispiel sind es beide Reaktionen hintereinander. Nach der erfolgten körperlichen Handlung ist eine Ruhepause notwendig, in der der Organismus sich regeneriert.

Welche Vorgänge innerhalb unseres Körpers sind nun für den Ablauf dieser Reaktion verantwortlich? Die von den Sinnesorganen aufgenommenen Wahrnehmungen lösen zunächst Angst aus, und es wird Adrenalin frei. Daraufhin beschleunigt sich der Herzschlag, und der Blutdruck erhöht sich. Wir atmen schneller. Die Durchblutung der Muskeln wird erhöht, Zucker- und Fettreserven im Körper werden freigesetzt.

Da jedes Nachdenken Zeitvergeudung wäre, reagiert der Organismus blitzartig und vollkommen automatisch mit Flucht oder Angriff. Erst später kommen wir zur Besinnung und werden uns bewußt, was geschehen ist. Der Organismus ist während der Streßreaktion zu Höchstleistungen fähig. Gleichzeitig wird viel Energie mobilisiert und verbraucht. Anschließend ist eine Erholungszeit nötig.

Dieser Ablauf gilt nicht nur für den Steinzeitmenschen, sondern genauso auch für uns heute.

Hierzu ein **Beispiel**: Ein Fußgänger läuft gedankenverloren über eine verkehrsreiche Straße. Plötzlich hört er das Hupen und die Bremsgeräusche eines Autos. Mit einem schnellen Sprung bringt er sich auf dem Gehsteig in Sicherheit. Die durch das Hupen ausgelöste Alarmreaktion hat bewirkt, daß er, ohne nachzudenken, blitzschnell der Gefahr ausweichen konnte. Nimmt sich unser Fußgänger anschließend auch noch die Zeit, um sich von dem Schrecken zu erholen, vielleicht indem er sich einige Minuten hinsetzt oder mehrmals tief durchatmet, bis sich sein Herzschlag und seine Atmung wieder beruhigt haben, so ist die Streßreaktion auch hier vollständig und ohne schädliche Spätfolgen abgelaufen.

Wenn Streß und seine Folgen, ursprünglich und auch in der heutigen Zeit noch ganz natürlich sind, wo liegt dann der Unterschied zu dem Streß, den wir heute erleiden und als negativ erleben und der angeblich krankmachen soll?

Sehen wir uns hierzu zunächst die Reize an, die alltägliche Streßreaktionen heutzutage auslösen können. Ein Streßverursacher erster Ordnung ist der Straßenverkehr mit hohem Lärmpegel, vielen optischen Eindrücken und Signalen sowie angstauslösenden und vielleicht gefahrverursachenden Situationen. Am Beispiel des Straßenverkehrs läßt sich auch deutlich erkennen, warum diese Streßreaktionen krankmachen.

Nehmen wir an, aus einer Seitenstraße schießt eine Fahrzeug hervor, das uns die Vorfahrt nimmt. Wir können gerade eben noch rechtzeitig ausweichen oder bremsen.

Im Körper spielt sich in dieser Gefahrensituation exakt die gleiche Reaktion ab, wie bei unserem Steinzeitmenschen - die Muskulatur wird blitzartig auf Hochleistung gebracht, andere Funktionen, die wir nicht brauchen, werden abgeschaltet, wir reagieren reflexartig.

Es wäre aber nun verhängnisvoll, wenn wir wie der Steinzeitmensch mit einer extremen Muskelleistung reagieren würden (wohin auch, hinterm Steuer eingezwängt, mit einer großen heftigen Bewegung?). Es ist im Gegenteil wichtig, möglichst kühl und ruhig zu bleiben und gleichermaßen schnell als auch richtig zu reagieren. Nehmen wir an, wir haben durch ein geschicktes Ausweichmanöver die Situation gemeistert und fahren weiter (anstatt wie beim Steinzeitmenschen durch Gebrüll - wir alle kennen Menschen die so reagieren - und Kampf oder durch schnelles Weglaufen körperlich zu reagieren und uns anschließend auszuruhen). Wenn uns diese oder ähnliche Situationen mehrmals begegnen, wird der Blutdruck auf Dauer erhöht bleiben, die nicht körperlich verbrauchten Stoffe, wie Fettsäuren und Cholesterin, werden im Blut verbleiben und schließlich in die Gefäßwände eingelagert und zu Arteriosklerose führen. Angst und innere Anspannung, auf die wir nicht mit körperlicher Aktivität reagieren, werden nicht vollständig abgebaut und führen zu steigender körperlicher und seelischer Anspannung.

Autofahren ist eine typische streßauslösende Tätigkeit. Es gibt viele andere täglich vorkommende Situationen, die ebenfalls Streß auslösen können, aber nicht müssen. Je nach Reaktionstyp ist es sehr unterschiedlich, welche Situationen bei einem bestimmten Menschen Streß auslösen.

Auch die Toleranzgrenze für Streß scheint individuell sehr verschieden zu sein.

Neben äußeren Faktoren, wie beispielsweise Enge, Lärm, Hektik, können auch seelische Vorgänge Streß auslösen, z.B. die bloße Anwesenheit eines als dominant erlebten Chefs oder in der Familie „die Anwesenheit der Schwiegermutter".

So verschieden die Streßreize auch sein mögen, sie führen immer zur selben körperlichen Reaktion. Wir können zwar kaum verhindern, daß immer wieder Streßreize auf uns treffen, aber wir haben es in der Hand zu verhindern, daß sie sich addieren und uns schließlich krankmachen.

Es gibt viele Möglichkeiten, mit Streß so umzugehen, daß wir davon nicht krank werden, angefangen beim Sport, über Spaziergänge, kreative Hobbys, Entspannungstechniken bis hin zur Mediation. Einige für Sie vielleicht neue Möglichkeiten möchten wir Ihnen während dieses Kurses vorstellen.

Streß-Physiologie und Entspannungszyklen

In der heutigen Zeit besteht im allgemeinen weniger eine körperliche Überlastungssituation als vielmehr Überlastungssituationen im geistig-seelischen Bereich. Die meisten Menschen leiden unter massiver Reizüberflutung, der Hektik des Alltags bei gleichzeitig geringerem sozialen Kontakt (wenig Zeit für Gespräche und andere Unternehmungen in der Familie, Familie sitzt viel vor dem Fernseher, Vater selten zu Hause, Kinder leiden unter Schulstreß, innerer Zwang zu vielen Hobby-Tätigkeiten).Körperlich

besteht ein chronischer Unterforderungszustand. Im Durchschnitt bewegen wir uns zu wenig.
Um all das zu kompensieren, versucht man sich z.B. am Fernseher zu entspannen, was oftmals gerade zur Anspannung führt (spannende Krimiszenen oder innere und damit auch äußere Anspannung beim Fußball-Länderspiel: „... gib ab, gib ab ..., schieß doch ..., schieß doch ..."). Viele Menschen rauchen oder essen mehr, um sich eine Entspannungssituation zu verschaffen. Gerade diese Bewältigungsstrategien tragen dann noch vermehrt zum eigenen Streß bei. Die Situation schaukelt sich auf, man versucht, diesen Teufelskreis durch Medikamente zu kompensieren.
Als Reaktion auf den Streß folgt nicht Entspannung, sondern sogar noch mehr Anspannung. Später kommt es zu funktionellen Störungen und schließlich zu organischen Erkrankungen (Herzinfarkt, Magengeschwür usw.).

Die „rechte" Spannung
Für verschiedene Alltagssituationen ist eine unterschiedliche körperliche Grundanspannung sinnvoll und adäquat. In den meisten Situationen ist weder völliges körperliches (und damit auch seelisch-geistiges) Abschlaffen noch ein mit allen Fasern (wie beim Start eines Hundert-Meter-Laufes) Gespanntsein angebracht. Menschen aus unserem Kulturkreis reagieren auf die bei uns weitverbreitete Reizüberflutung mit unwillkürlicher muskulärer Daueranspannung, die man auch in Erholungspausen nicht mehr ganz los wird, weil man sie nicht bewußt wahrnimmt. Abends fühlt man sich völlig erschöpft und wundert sich sogar noch darüber: „Eigentlich war ja gar nichts los, wieso macht mich das so fertig?"
Heutzutage gibt es im Berufsleben üblicherweiser weniger körperliche Belastungen als vielmehr seelisch-geistige. Auf eine Streßsituation reagieren wir meist mit zusätzlicher innerer und gleichzeitig körperlicher Anspannung, anstatt zunächst einmal besonnen und ruhig zu werden, die Sache zu überdenken und dann konstruktiv eine Lösung zu finden (Wechsel zu einer neuen Strategie anstelle immer stärkeren Bemühens in immer gleicher Weise, mit der alten Strategie).
Wir sind uns dieser Abläufe meist überhaupt nicht bewußt. Durch die Bewältigungsstrategie entsteht gerade noch ein zusätzlicher Schaden. Die Anspannung schaukelt sich noch weiter hoch (noch mehr Spannung statt der notwendigen Muße und Entspannung).
Chronische Überforderung, aber auch Unterforderung (was soll ich denn tun, ich bin schon fertig mit der Arbeit, ich kann doch jetzt nicht einfach herumsitzen) führen zu innerer und gleichzeitig körperlicher Anspan-

nung. Wenn man in dieser Situation sein Heil in Medikamenten sucht, kann alles nur noch schlimmer werden. Anstatt eine Lösung in sich selbst zu suchen, verläßt man sich auf Hilfe von außen. Die Situation gerät außer Kontrolle. Ein Teufelskreis entsteht. Es ist in unserer Zivilisation schon mehr als üblich, anstelle von in den Alltag integrierten Erholungsphasen ein Medikament einzunehmen, das einem den Schlaf ermöglicht, und morgens ein Medikament einzunehmen, das die Wirkung des Schlafmittels vertreibt und uns besser aufwachen läßt. Innere Unruhe wird verdrängt, statt sich zu erholen oder eine Entspannungsphase, noch besser eine Entspannungsübung einzuschalten, oftmals auch durch Alkohol oder indem man Tranquilizer einnimmt.

Für manche Menschen ist es üblich, Nervosität durch Rauchen oder durch vermehrtes Essen zu überdecken, denn sie glauben, sich dadurch etwas Gutes zu tun. Wer sich abgespannt und erschöpft fühlt, mag sich vielleicht ebenfalls angewöhnt haben, dies durch Rauchen, vermehrtes Essen oder auch durch Kaffee und aufputschende Medikamente zu bekämpfen, anstatt vielleicht durch Sporttreiben oder eine aktivierende und vitalisierende Körperübung, wie wir sie in diesem Kursprogramm durchführen, „wieder in die Gänge zu kommen".

Insgesamt ist es jedoch wichtig, in diesen Situationen wieder sensibel für den eigenen Körper und seine Signale zu werden und auch sensibel damit umzugehen.

(Nach Knörzer und Krüger, IPEG-Institut Heidelberg 1991, sowie Olschewski 1992, Dürckheim 1988)

3. Aktivierungs-/Vitalisierungsübungen

3.1 Wirbelsäule dehnen

(Musik : Jonathan Butler, „I miss your love tonight")
Legen Sie die rechte Hand an den linken Beckenkamm, spreizen Sie die Finger der linken Hand, strecken Sie den Arm etwa in Schulterhöhe weit nach außen und drehen die linke Schulter nach hinten. Drehen Sie zusätzlich das Kinn maximal nach links, so daß Sie die gesamte Wirbelsäule dehnen. Sie können jetzt wie beim Einparken ganz nach hinten schauen. Halten

Sie die Spannung für ein paar Augenblicke und pendeln dann wieder zurück in die Ausgangsstellung. Lassen Sie beide Arme locker hängen.

Legen Sie jetzt die linke Hand an den rechten Beckenkamm, und drehen Sie zunächst in der Lendenwirbelsäule und anschließend mit nach außen gestreckten Armen und Fingern die Brustwirbelsäule ganz nach rechts. Drehen Sie schließlich auch das Kinn nach rechts und dehnen dadurch die Halswirbelsäule, Sie können jetzt hinter sich blicken.

Diese Übung kann auch in der „Degenfechterstellung" ausgeführt werden. Machen Sie wie ein Fechter einen weiten Schritt mit dem rechten Bein nach vorne, lassen Sie das linke Bein gestreckt, das rechte Bein ist dabei im Knie etwa 90° gebeugt, der Oberkörper bleibt aufrecht. Legen Sie jetzt die rechte Hand an den linken Beckenkamm, und führen Sie die Übung wie oben beschrieben aus.

Machen Sie nun den Ausfallschritt nach vorne, das linke Bein ist im Knie etwa 90° gebeugt, das rechte bleibt gestreckt. Legen Sie die linke Hand an den rechten Beckenkamm, und führen Sie die Bewegung wie oben aus.

3.2 Rücken- und Bauchdehnung im Stehen

(Musik : Jonathan Butler, „I miss your love tonight")

Stehen Sie etwa schulterbreit, und halten Sie die Füße fast parallel, und zwar ein wenig nach innen gedreht, dabei die Knie leicht gebeugt und das Becken etwas nach vorne geschoben.

Lassen Sie den Oberkörper ganz nach unten sinken. Der Kopf sollte locker hängen und die Hände frei pendelnd den Boden berühren. Überprüfen Sie, ob die Nackenmuskeln entspannt sind, indem Sie den Kopf in verschiedene Richtungen bewegen und ihn anschließend wieder frei pendeln lassen.

Wenn es Ihnen nur schwer gelingt, den Nacken zu lockern, kann ein Partner den Kopf am Hinterhaupt anfassen und sanft in verschiedene Richtungen bewegen. Anschließend wieder locker pendeln lassen.

Umgreifen Sie mit den Händen jetzt die Unterschenkel (oder die Kniekehlen), und ziehen Sie den Oberkörper etwas näher an die Knie heran. Erzeugen Sie eine eben noch angenehme Dehnung des gesamten Rückens. Lassen Sie dann wieder los und Oberkörper, Kopf und Arme frei pendeln.

Richten Sie sich nun auf. Greifen Sie zwei Finger der einen Hand mit der anderen Hand, und heben Sie beide Arme gestreckt über den Kopf nach hinten, während Sie leicht in die Knie gehen. Lassen Sie den Oberkörper etwas nach hinten sinken, das Becken schiebt sich bei dieser Bewegung

leicht nach vorne. Kippen Sie das Becken so, daß der Rücken nicht belastet wird. Die Bauchmuskeln sollten gedehnt werden. Durch die gleichzeitige Haltearbeit der Bauchmuskeln können diese zu zittern und vibrieren beginnen.
Lassen Sie anschließend den Oberkörper wieder nach vorne unten fallen (s. Vorübung).

3.3 Nacken dehnen
(Musik: Jonathan Butler, „Holding on")
Konzentrieren Sie sich nun ganz auf Ihre Nacken- und Halsmuskulatur. Drehen Sie das Kinn maximal nach links über die Schulter, und strecken Sie den Hinterkopf zur Decke, während Sie das Kinn bis zur Schulter ziehen. Neigen Sie anschließend den Hinterkopf nach hinten und in Richtung zur anderen Schulter. Können Sie Ihr Kinn jetzt weniger weit nach links drehen, oder ist kein Unterschied feststellbar?
Dehnen und strecken Sie jetzt Ihre Nacken- und Halsmuskulatur noch ein wenig nach, indem Sie den Kopf in alle möglichen Richtungen bewegen.
Drehen Sie Ihr Kinn jetzt maximal nach rechts, und ziehen Sie es anschließend herunter zur Schulter, während Sie den Hinterkopf nach oben strecken. Beugen Sie den Hinterkopf anschließend nach hinten zur linken Schulter.
Strecken und dehnen Sie die Halsmuskulatur noch ein wenig nach, indem Sie die Stellung Ihres Kopfes variieren.
Führen Sie jetzt im eigenen Rhythmus weitere Dreh- und Streckbewegungen nach links und rechts durch. Spannen und dehnen Sie dabei die Muskeln des gesamten Schultergürtels sowie auch der Arme und Hände. Probieren Sie die verschiedenen möglichen Arm- und Fingerstellungen aus, und suchen Sie sich möglichst angenehme Positionen heraus, während Sie gleichzeitig die Hals- und Nackenmuskulatur dehnen.
Stellen Sie sich während dieser Übung vor, daß Sie gerade aufgewacht sind und sich besonders viel Zeit nehmen, um sich zu räkeln und zu strecken. Lassen Sie immer auch Gähnen zu, wenn es von selbst entstehen will.
Schütteln Sie Ihre Hände wie nach dem Händewaschen, wenn kein Handtuch da ist. Bewegen Sie dabei auch Arme und Schultern. Sie können sich zum Takt der Musik bewegen und bei den Ausschüttelbewegungen nach unten auch gleichzeitig ausatmen. Bewegen Sie zusätzlich das Becken etwas hin und her, und lassen Sie schließlich den ganzen Körper mitschwingen. Zwischendurch immer wieder den Oberkörper für ein paar Augenblicke vornüberhängen, dabei etwa schulterbreit stehen.

4. Hausaufgabe

4.1 Zeit- und Energieverteilung

Den Teilnehmern werden die Arbeitsblätter (Anhang Seiten A-10—A-14), die sie zu Hause bearbeiten sollen, ausgeteilt und erklärt.

5. Aktivierungs-/Vitalisierungsübungen

5.1 Im Stehen und Liegen

(Musik: Nick Kershaw „Wouldn't it be nice", und Paula Abdul „The Way that You love me")
- Schütteln Sie die Hände seitlich nach unten, so als würden Sie Wasser abschütteln: nach vorne unten, seitlich nach unten und nach hinten.
- Schaffen Sie um sich herum Platz - „eigene Aura befreien", sich vom Gefühl befreien, jemand rückt mir zu nahe, auf die Pelle (Straßenbahn, Kaufladen).
- Schieben Sie alles um sich herum mit gespreizten Händen weg.
- Boxen Sie mit Ihren Fäusten zur Seite und in alle Richtungen.

5.2 Schüttelsieb
(Musik: Mother's finest, „Baby love")
Stellen Sie sich vor, Sie sind eine Schüttelsiebanlage in einem Kieswerk. Von oben fällt der Sand aus dem Baggersee hinein und wird dann durch immer feinere Siebe geschüttelt. Im obersten Sieb bleiben die größeren Kieselsteine hängen und werden durch die Rüttelbewegungen weitergeschoben, bis sie auf den zugehörigen Haufen mit den groben Kieselsteinen fallen.

Stellen Sie sich vor, Sie sind ein solches Schüttelsieb. Führen Sie mit dem Kopf, dem Nacken, den Schultern, den Armen, dem Brustkorb, der Bauchregion, dem Becken, den Ober- und Unterschenkeln und schließlich auch den Füßen Schüttel- und Rüttelbewegungen in alle möglichen Richtungen durch. Lassen Sie in den verschiedenen Körperregionen Ihre Rüttelbewegungen unterschiedlich stark werden, von ganz sanftem Hin- und Herschwingen bis zum festen kräftigen Rütteln.

(Musik: Mother's finest, „Love changes")
Strecken und räkeln Sie sich anschließend, stehen Sie für einige Augenblicke locker und aufrecht mit geschlossenen Augen da, und stellen Sie sich vor, Sie befinden sich irgendwo in der Natur an einem schönen Ort und blicken in die Ferne. Sie genießen die schöne Aussicht, die angenehme Sommerluft und die Geräusche in der Natur.

Legen Sie sich anschließend bequem auf den Boden, und räkeln Sie sich noch etwas durch. Lassen Sie sich ganz locker auf die Unterlage sinken, die Ausatembewegung lang werden, und beobachten, spüren, hören Sie in sich hinein, ob die Einatembewegung allmählich auch von selbst kommt, ohne daß Sie bewußt Luft holen müssen. Wie fühlt sich das an, wie erleben Sie die Veränderung innerlich? Sie können eine Hand auf den Rippenwinkel oder eine Hand auf den Unterbauch legen, wenn Sie möchten. Vielleicht ist es so besser möglich, die Atembewegung entstehen und sich vertiefen zu lassen.

Bemerken Sie, wie sich der Unterbauch hebt, der Beckenboden ein wenig nach unten gespannt wird, das Becken sich vielleicht weiter anfühlt usw., wenn Sie einatmen.

Bei vielen Menschen tritt jetzt ein innerer Zustand der Ruhe, der Gelassenheit, des Ganz-bei-sich-Seins auf. Wie erleben Sie es?

6. Entspannungsübung / Phantasiereise

6.1 Vater, Sohn und Esel

Vorwort bei Einsatz unmittelbar nach Aktivierungsphase:

Wenn Sie möchten, lassen Sie die Eindrücke nach der vorausgegangenen Körperübung noch nachwirken. Vielleicht möchten Sie die verschiedenen Übungen in Ihrer Erinnerung noch einmal nacherleben oder sich auf eine oder zwei der Übungen besonders konzentrieren.

Es kann sein, daß Ihnen beim Nachempfinden noch etwas einfällt. Vielleicht erinnern Sie sich an ähnliche Erfahrungen, die Sie schon einmal gemacht haben. Stellen Sie sich kurz vor, wie es wäre, diese Übungen oder bestimmte Teile daraus (z. B. Wegschieben, Wegboxen) im Alltag durchzuführen. Allein die amüsante Vorstellung von einer solchen Szene kann sich eventuell erleichternd und entlastend für den Alltag auswirken.

Liegen Sie bequem auf Ihrer Unterlage. Strecken und räkeln Sie sich etwas durch, gähnen Sie auch, wenn Sie möchten. Nehmen Sie eine möglichst angenehme Liegeposition ein. Vielleicht brauchen Sie noch ein Kissen oder Polster. Lassen Sie Ihren Körper ganz entspannt und ruhig auf die Unterlage sinken. Spüren Sie die Schwere der einzelnen Körperteile, spüren Sie den Druck auf die Unterlage. Nehmen Sie das Gewicht der Beine, des Rückens, des Beckens, der Arme, der Schultern und des Kopfes wahr. Lassen Sie die Ausatemluft tief aus sich herausfließen, und lassen Sie sich zunehmend lockerer auf die Unterlage heruntersinken.

Vielleicht stellen Sie fest, daß Sie bei jedem Ausatemzug noch entspannter werden und das Gewicht Ihres Körper mehr und mehr an die Unterlage abgeben können.

Atmen Sie nun ganz lange aus. Nehmen Sie sich Zeit dafür, auch eine kleine Pause am Ende der Ausatembewegung entstehen zu lassen. Vielleicht beginnt die Einatembewegung ganz von selbst.

Wenn Sie möchten, dann folgen Sie mir gleich auf eine kleine Phantasiereise. Sie können jedoch auch Ihren eigenen Gedanken, inneren Bildern sowie Eindrücken nachgehen oder sich auf die Geräusche und auf die Musik, die zu hören sind, konzentrieren, sich innerlich angenehme Klänge und Musik vorstellen oder einfach nur Ihren Körper wahrnehmen, wie er locker auf dem Boden liegt.

Rahmengeschichte I
Wenn Sie mir auf eine kleinen Phantasiereise folgen möchten, stellen Sie sich vor, daß Sie in der Natur spazierengehen. Vielleicht scheint die Sonne, und der Himmel ist ganz klar, während die angenehm frische Frühlingsluft über Ihre Wangen streicht. Vielleicht haben Sie nur ein leichtes T-Shirt mit kurzen Ärmeln an und genießen es, wie die Sonne Ihren Körper durchwärmt. Ist es um Sie herum vollkommen still, oder hören Sie Geräusche aus der Natur, wie das Rascheln des Laubes, das durch den Wind bewegt wird? Vielleicht sind auch Vogelstimmen zu hören. Wie klingen Ihre Schritte auf einem Wiesenweg, sind sie durch Laub auf dem Boden gedämpft, laufen Sie auf einem Sandweg? Wie fühlt sich der Boden unter Ihren Füßen an?
Was sehen Sie um sich herum, gibt es Wiesen, Wälder, vielleicht einen kleinen plätschernden Bach?
Stellen Sie sich vor, daß Sie nun einen flachen Hügel hinaufsteigen und von der Spitze des Hügels aus im Tal eine kleine Wanderhütte vor sich sehen, vielleicht 400 oder 500 Meter entfernt. Stellen Sie sich weiterhin vor, daß Sie auf die Hütte zugehen, um sich dort gleich ein wenig auszuruhen und

vielleicht etwas zu trinken und zu essen. Während Sie näherkommen, werden Ihre Schritte vielleicht ein wenig schneller. Sobald Sie die Hütte erreicht haben, drücken Sie die Klinke herunter, lehnen sich mit dem ganzen Gewicht gegen die Tür, bis sie aufgeht.
Nachdem Sie nun die Tür geöffnet und einen gemütlichen Raum betreten haben, sehen Sie einen Kamin, in dem ein lustiges Feuer brennt, worüber ein Suppenkessel hängt. Jemand bereitet gerade für einen der Gäste, und zwar für den Förster des Ortes, der draußen vor dem Haus auf der Bank sitzt, eine Gemüsesuppe zu. Die brennende Buchenscheite knistern, und zwischen ihnen steigen lustige kleine Flammen zum Suppentopf empor. Eine angenehme, beschauliche Atmosphäre verbreitet sich im ganzen Raum. Sie gehen auch nach draußen. Auf der Bank, an einem Tisch sitzt ein freundlicher, Sie willkommen heißender älterer Herr, der Förster, der sich ausruht und auf seine Suppe wartet. Er hat einen gekräuselten Bart und lädt Sie ein, am Tisch Platz zu nehmen. Er fragt, ob er eine kleine Geschichte erzählen darf - er erzählt Besuchern gerne seine netten Geschichten, um ihnen eine Freude zu bereiten. Die Geschichten enthalten meist viel Weisheit und altes Wissen. Erfahrungen, die sonst nur in langen Abhandlungen erklärt werden könnten, werden in einer solchen Geschichte durch ein Bild oder eine Metapher einfach begreifbar und anschaulich dargestellt.
Während Sie sich setzen, öffnet er seinen Rucksack und holt eine Frühstücksdose heraus. Er hebt den Deckel der Dose ab, und es kommt eine Menge frischer Birnen- und Apfelstücke, Beeren und Trauben zum Vorschein. Er bietet Ihnen davon an, und wenn Sie möchten, nehmen Sie ein, zwei oder auch mehrere Früchte und genießen den herrlichen Geschmack. Er selbst nimmt auch ein paar Birnenschnitze und eine Traube.
Dann beginnt er seine Geschichte.

Rahmengeschichte II

Die Geschichte, die ich Ihnen erzählen will, spielt vor 150 bis 200 Jahren in der alten, ehrwürdigen Universitätsstadt zu Freiburg. Dort lebten ein jüngerer und ein älterer Philosoph, die an der Universität lehrten.
Nach getaner Arbeit trafen sich die zwei Philosophen entweder im Hause des einen oder des anderen oder, wie heute, in einer kleinen Weinstube. Sie saßen an diesem Tage an einem schweren Eichenholztisch, in den schon viele Generationen von Studenten Zeichen eingeschnitzt hatten, so daß man aufpassen mußte, wie man den vollen Weinkrug abstellte, damit nicht etwas Wein verschüttet wurde, denn der Wirt schenkte immer gut ein. Während sie so dasaßen, ihre Weinbecher gefüllt hatten, waren um sie herum Gespräche von Studenten zu hören, die sich ebenfalls hier eingefunden

hatten und an anderen Tischen zusammensaßen. Doch die beiden waren ganz vertieft. Sie erzählten sich gerne Geschichten und unterhielten sich dann über den tieferen Sinn oder Symbolgehalt. Der Jüngere von beiden war gespannt, welche Geschichte der Ältere ihm heute erzählen würde. Da begann der Ältere und sagte:
„Ich will dir eine Geschichte erzählen, die ich von einem Kollegen aus dem Morgenland gehört habe, dem ich auf einer Reise in das alte Wien bei einem Treffen von weisen Männern begegnet bin."

Geschichte vom Vater, Sohn und Esel
Im alten Morgenland lebten vor vielen, vielen Jahren ein Vater und sein Sohn und hatten ihr Auskommen damit, daß sie in einer Oasenstadt mitten in der Wüste ihre Datteln und Feigen verkauften. Eines Tages begaben sie sich mit ihren Früchten wieder wie gewohnt zum Markt. Diesmal jedoch hatten sie beschlossen, sich vom Erlös ihrer Erzeugnisse einen Esel zu kaufen, damit sie fortan mehr Früchte leicht und bequem zum Markt bringen konnten.
In der Oasenstadt herrschte ein buntes Markttreiben. Es waren Leute aus aller Herren Länder zu sehen, die in bunten Gewändern herumliefen, teilweise sich nur umschauten oder auch lautstark ihre Waren anpriesen, die verschiedenen Früchte, die zum Verkauf angeboten wurden, probierten, buntes Geschirr aus Ton, Keramik, Messing oder anderem edlem Metall an den Ständen ansahen und die exotischen Gerüche der Früchte, Gewürze und Parfüms z.T. mit Begeisterung aufnahmen.
Der Vater und der Sohn genossen die vielen bunten und lebendigen Eindrücke. Sie gingen zu einem Händler und verkauften ihre Früchte zu einem guten Preis. Danach kauften sie sich bei einem Eselhändler ein gesundes, starkes, junges Tier, nahmen es an der Leine und verließen den Markt in Richtung Stadttor. Auf ihrem Weg kamen sie an einem Caféhaus vorbei, in dem zwei Handlungsreisende draußen auf der Terrasse saßen und ihren Mokka tranken.
Die beiden beobachteten alles, was auf der Straße geschah, und kommentierten es lautstark. Als sie den Vater und den Sohn mit dem Esel sahen, sprach der eine der dort sitzenden Männer lautstark zum anderen: „Seht nur, seht diese beiden dummen Bauern, jetzt ziehen sie den Esel hinter sich her, so dumm können doch eigentlich nur Bauern sein. Wenn sie schlau wären, würde wenigstens einer auf dem Tier reiten. So haben sie doch gar nichts davon, daß sie jetzt einen Esel besitzen."
Da errötete der Vater vor Scham, und er ließ seinen Sohn auf den Esel sitzen und zog das Tier hinter sich her weiter zum Stadttor. Am Stadttor be-

gegneten sie einer Karawane. Der Karawanenführer schimpfte laut und sagte zu seinen Begleitern: „Seht nur, der verwöhnte Bengel, er sitzt faul und bequem auf dem Esel, und der arme alte Vater muß sich abrackern. Er könnte besser seine müden Knochen ausruhen, und der Junge, der doch stark und gesund ist, könnte das Tier hinter sich herziehen." Der Vater errötete wieder, sagte zu seinem Sohn: „Laß uns wechseln, laß mich auf dem Esel sitzen, und zieh' du ihn hinter dir her."
Als sie die Stadt verlassen und die nächste Sanddüne überquert hatten, begegneten sie wieder einer Karawane. Diesmal rief einer der Reisenden: „Seht nur, seht, der faule alte Kerl sitzt bequem auf dem Esel, und der arme Junge muß arbeiten. Das ist doch Kinderarbeit, daß es so etwas heute noch gibt, ist doch einfach unglaublich." Wieder errötete der Vater und ließ den Sohn zu sich herauf auf den Esel steigen.
Hinter der nächsten Sanddüne begegneten sie zwei einzelnen Reisenden. Da rief der eine lautstark zum anderen: „Seht nur, seht, die beiden dummen Bauern da mit dem Esel, sie werden das Tier noch zuschanden reiten, das arme, arme Tier! Sich zu zweit auf einen Esel zu setzen, ist doch eine unglaubliche Tierquälerei." Da errötete der Vater und ließ seinen Sohn wieder absteigen, und auch er selbst stieg ab, so daß sie beide wieder den Esel hinter sich herzogen.
Als ihnen die nächste Karawane begegnete, meinten die Leute: „Seht nur die beiden dummen Bauern. Da haben sie sich einen Esel gekauft, und was geschieht? Sie laufen vor dem Tier her. So ist es doch zu gar nichts nütze. Wenigstens einer von beiden könnte reiten." Da war der Vater ganz ratlos, und er war froh, daß sie alsbald nach Hause kamen. Die nächste Nacht verbrachte der Vater sehr unruhig. Immer wieder wurde er wach und dachte über das Problem nach, das sich ihm gestellt hatte. Doch ganz früh am Morgen hatte er eine Idee, und nun konnte er wieder gut schlafen. Am Morgen des nächsten Tages beluden sie den Esel mit Datteln und anderen Früchten und machten sich wieder auf in die Oasenstadt zum Markt, um ihre Früchte zu verkaufen.
Der Vater war innerlich immer noch etwas ärgerlich und erlaubte es sich, das auch nach außen zu zeigen. So geschah es, daß er noch erfolgreicher als am Vortag verhandelte und einen unglaublich guten Erlös erzielte. Der Händler meinte: „Jetzt habt ihr schon einen Esel und könnt viel mehr transportieren und verlangt dennoch einen noch höheren Preis. Wenn es so weitergeht, werdet ihr bald steinreich sein." Doch der Vater war mit den Gedanken schon woanders, und nachdem sie ihre Geschäfte erfolgreich getätigt hatten, machten sie sich wieder auf zum Caféhaus, vor dem sie tags zu-

vor den dummen Kommentar über sich hatten anhören müssen. Sie wußten, daß alle Handlungsreisenden, denen sie tags zuvor begegnet waren, dort saßen, um ihren Mokka zu trinken. Kaum waren sie vor dem Caféhaus angekommen, begann der Vater lauthals mit dem Sohn zu sprechen: „Weißt Du, gestern haben uns ein paar kluge Leute gesagt, wie wir mit unserem Esel umgehen müssen. Wir müßten unbedingt etwas von dem Esel haben, sagten sie. Also müßten wir auf jeden Fall auf dem Esel reiten, denn wenn wir nur so vor ihm daherlaufen, ist er ja zu nichts nütze. Also steig Du auf den Esel, und ich werde ihn ziehen." Nachdem der Sohn auf dem Esel saß, rief der Vater: „Nein halt, irgendetwas ist falsch, denn am Stadttor begegnete uns ein Karawanenführer, der meinte, wenn Du auf dem Esel sitzt, bist du ein fauler verwöhnter Bengel, und ich armer alter Mann muß den Esel führen und mich abrackern. Also laß es uns umgekehrt machen." Kaum saß der Vater auf dem Tier und der Sohn wollte den Esel ziehen, meinte der Vater: „Moment mal, verkehrt, da sind uns doch Reisende begegnet, die sagten: Seht nur, der faule alte Kerl sitzt auf dem Esel, und das arme Kind muß arbeiten. Kinderarbeit, wie rückständig! Daß man heute so etwas noch sieht..."
Kaum saßen der Sohn und der Vater auf dem Esel, rief der Vater lauthals: „Wieder falsch! Es begegneten uns doch zwei Reisende, die sagten, es sei Tierquälerei, zu zweit auf dem Esel zu sitzen. Also laß uns wieder absteigen." Kaum waren sie beide wieder abgestiegen, meinte er: „Moment mal, verkehrt! Da begegnete uns doch gestern eine andere Karawane, und ein Reisender sagte, das Tier sei zu gar nichts nütze und wir seien dumme Bauern, wenn nicht wenigstens einer auf dem Esel reite."
Nach einer langen Pause, und nachdem sich die beiden verschmitzt angesehen hatten, nahmen sie den Esel auf ihre Schultern, trugen ihn um die nächste Straßenecke, ließen die verdutzt dreinblickenden Handelsleute und die vielen schadenfroh auf die Händler blickenden Zaungäste hinter sich, setzten den Esel dann wieder ab, suchten das nächste Caféhaus auf, wo sie vergnügt und erleichtert ihren Mokka tranken und viel Spaß dabei hatten, sich selbst die Geschichte immer und immer wieder aufs neue zu erzählen.
Seither erlaubte sich der Vater, immer so hart zu verhandeln, daß er beim Verkauf seiner Früchte einen sehr guten Preis erzielte.

Rahmengeschichte II
Als der ältere der beiden Philosophen diese Geschichte zu Ende erzählt hatte, lächelten sie beide amüsiert für eine Weile vor sich hin.

Anschließend meinte der Jüngere von beiden: „Das erinnert mich an die Geschichte vom Pfarrer Meier." Da fragte der Ältere: „Was ist das für eine Geschichte?"

Da sagte der Jüngere: „Der Pfarrer Meier machte es immer so wie der Pfarrer Huber."

Da fragte der Ältere: „Und wie machte es der Pfarrer Huber?"

Da sagte der Jüngere: „Der Pfarrer Huber machte es immer so wie der Pfarrer Müller."

Da fragte der Ältere: „Und wie machte es der Pfarrer Müller?"

Da sagte der Jüngere: „Der Pfarrer Müller machte es immer so wie der Pfarrer Schmitt."

Da fragte der Ältere: „Und wie machte es der Pfarrer Schmitt?"

Da sagte der Jüngere: „Der Pfarrer Schmitt machte es immer so wie der Pfarrer Bolte."

Da meinte der Ältere: „Na, nun sag schon, und wie machte es der Pfarrer Bolte?"

Da sagte der Jüngere: „Der machte es, wie er es wollte.

Auch wenn man sich noch so bemüht, allen kann man es doch nicht gleichzeitig recht machen, und wenn ich ehrlich bin, meine ich, man braucht es auch nicht allen gleichzeitig recht zu machen. Am besten handelt man so,wie man es für sich am besten findet."

Rahmengeschichte I

Als der Förster seine Geschichte beendet hat, bringt der Wirt die Suppe, auf die der Förster gewartet hat. Dieser löffelt sie mit viel Genuß auf. Anschließend ruht er sich schweigend, den Blick auf die Wiese und den Wald gerichtet, den blauen Himmel genießend, noch ein wenig aus. Er schließt für einen Moment die Augen, hört dem Plätschern des kleinen Bächleins in der Nähe zu, ebenso den Vogelstimmen und genießt die frische Frühlingsluft. Dann nimmt er noch rote Beeren und einen Apfelschnitz aus seiner Frühstücksdose. Stellen Sie sich vor, daß er Ihnen auch wieder von den Früchten anbietet und daß Sie, wenn Sie möchten, eine oder mehrere nehmen und den köstlichen Geschmack genießen. Anschließend schließt er den Deckel der Dose, packt sie in den Rucksack und bindet ihn zu. Dann nimmt er seinen Rucksack auf, verabschiedet sich freundlich lächelnd, steht auf und stapft wieder vergnügt seines Weges in den Wald hinein.

Wenn Sie möchten, können Sie noch ein wenig liegen bleiben und den entspannten Zustand genießen. Wenn Sie später wieder zurückkommen und ganz wach werden wollen, beginnen Sie zunächst vorsichtig die kleinen

Finger- und Zehengelenke zu bewegen, dann die größeren Gelenke wie Fuß,- Hand,- und Ellbogen. Fangen Sie an, sich ein wenig zu strecken, sich dann zu räkeln, zu dehnen wie nach einem langen erholsamen Schlaf, vielleicht auch zu gähnen, weiter nach allen Seiten zu strecken, wieder Spannung aufzunehmen, weitere Körperstellen zu dehnen und sich nochmals zu räkeln. Tun Sie alles, was Sie tun, um nach einem langen erholsamen Schlaf wieder völlig entspannt zurückzukommen. Spüren Sie nach, ob Körperregionen sich jetzt noch nicht ganz wach anfühlen. Wenn Sie möchten, spannen Sie anschließend erneut den ganzen Körper fest an und strecken sich noch einmal. Beginnen Sie dann, auch die Augen fest zusammenzukneifen und ein wenig zu blinzeln, sich nochmal zu strecken, und kommen Sie schließlich wieder ganz in die Gruppe zurück.

Streß 3

1. Aktivierungs-/Vitalisierungsübungen
1.1 Dehnen, Strecken, Räkeln, Schütteln
1.2 Handtuch
1.3 Holzfäller
1.4 Eigene Streßhaltung
1.5 Option: Partnerübung
1.6 Option: Gruppenübung
1.7 Atemübung im Liegen

2. Option: Entspannungsübung / Phantasiereise
2.1 NLP - Streßwahrnehmung

3. Kognitiver Teil
3.1 Hausaufgabenbesprechung: Zeit-, Energie-, Angstverteilungskuchen, Wunschkuchen
3.2 Vortrag: Biorhythmen
3.3 Option: Arbeitsblatt zum eigenen Leistungsniveau
3.4 Option: Rundfrage zum eigenen Biorhythmus in der Großgruppe
3.5 Option: Gruppengespräch zum täglichen Leistungstief
Typ-A-Verhalten und Typ-B-Verhalten-Option
Kurzvortrag mit Fragebogen
Gruppenübung

4. Aktivierungs-/Vitalisierungsübungen
4.1 Kurzes Dehnen, Räkeln, Strecken
4.2 Option: Fetzige Scheibe

5. Kurze Entspannungsphase
5.1 Unterbauch- und Beckenentspannung im Liegen (PM)

6. Kognitiver Teil
6.1 Option: Kurzvortrag zu Streß und Persönlichkeitsebenen
6.2 Gruppengespräch:
Streß/Persönlichkeitsebenen/Lösungsmöglichkeiten
6.3 Gruppenübung: „Blitzlicht"

7. Hausaufgabe
7.1 Arbeitsblatt: Stimmungsbarometer für die ganze Woche
7.2 Option: Bewertung für jeden Tag (Arbeitsblatt)

8. Aktivierungs-/Vitalisierungsübungen
8.1 Verbesserung der eigenen Standfähigkeit
8.2 Gleichgewichtsübung

9. Entspannungsübung / Phantasiereise
9.1 Entspannungs- und Zentrierungsübung im Stehen
9.2 Das Wasserrad

SITZUNG 3

1. Aktivierungs-/Vitalisierungsübungen

1.1 Dehnen, Strecken, Räkeln, Schütteln
(Musik: Allanah Myles, „Black velvet")
Dehnen, räkeln und strecken Sie sich wie eine Katze beim Aufwachen nach einem erholsamen Mittagsschlaf.

1.2 Handtuch
(Musik: Allanah Myles, „Black velvet")
Diese Übung kann im Stehen oder Sitzen auf einem bequemen Stuhl oder Hocker durchgeführt werden. Sie benötigen dazu ein Handtuch.
Im **Sitzen**: Sitzen Sie bequem und gleichzeitig aufrecht, breitbeinig auf dem Stuhl oder Hocker. Die Hüftgelenke sollten etwas weiter vom Boden entfernt sein als die Kniegelenke.
Im **Stehen**: Stehen Sie breitbeinig, leicht in den Knien gebeugt, schieben Sie das Becken eher etwas nach vorne, und stehen Sie ganz aufrecht, mit geradem Rücken, aber lockeren Rückenmuskeln. Wählen Sie eine Haltung, in der Sie den Rücken nicht halten müssen, sondern in der Sie von selbst gerade aufgerichtet stehen. Die einzelnen Wirbel der Wirbelsäule sollen sich wie bei einer Säule aus Bauklötzen übereinander befinden. Balancieren Sie den Kopf wie einen Ball locker auf der Wirbelsäule.
Falten Sie das Handtuch ein-, zweimal, und verdrehen oder wringen Sie es etwa so, daß Sie daraus einen festen Strang bilden.
Umgreifen Sie diesen Strang mit beiden Händen, und drehen Sie mit der linken Hand in die eine und mit der rechten Hand in die andere Richtung, als wenn man ein Marmeladenglas, das unter Druck steht, mit viel Kraft öffnet oder ein nasses Handtuch auswringt. Spannen Sie hierbei alle Armmuskeln und die Muskulatur des Schultergürtels fest an, und setzten Sie alle Kraft ein, die Sie haben. Atmen Sie dabei aus.
Ziehen Sie die Schultern eher etwas nach unten, und halten Sie das Handtuch etwa in Nabelhöhe bzw. auch leicht darunter vor dem Unterbauch.

Wringen Sie mit aller Kraft, lassen Sie nach einigen Sekunden wieder los und stehen entspannt da bzw. sitzen ganz locker und entspannt mit gerader Haltung auf dem Hocker.
Schließen Sie für einen Moment die Augen, und stellen Sie fest, wie Sie sich fühlen, wie der Körper sich anfühlt, welche Gedanken, inneren Bilder usw. Ihnen durch den Kopf gehen. Vielleicht haben Sie sich auch vorgestellt, jemandem „den Hals umzudrehen". Wenn Ihnen bei dieser oder einer anderen Übung auffällt, daß entsprechende innere Impulse beim Gedanken an bestimmte Personen entstehen, dann können Sie in der nächsten Zeit einmal beobachten, ob Sie in der realen Situation besser zurechtkommen, wenn Sie den Impuls in der Übungssituation einmal genau kennengelernt und ausgelebt haben.

1.3 Holzfäller
(Musik: Allanah Myles, „Rock this joint")
Stellen Sie sich vor, Sie sind ein Holzfäller oder ein Bauer, der für das Lagerfeuer oder den Kamin viele Holzscheite spalten möchte. Sie haben eine Axt in der Hand und ein Stück Holz auf einem Klotz vor sich liegen. Sie können sich auch vorstellen, Sie würden mit einem Stock auf einen hohlen Holzblock schlagen, um wie auf einem Bauernhof mit einem lauten Signal die Leute, die noch auf dem Feld arbeiten, zum Essen zu rufen.
Heben Sie die Arme ganz hoch über den Kopf, und strecken Sie sie nach hinten oben.
Strecken Sie die Schultern etwas nach oben, und richten Sie die Brustwirbelsäule auf, so daß das Brustbein gestreckt und gedehnt wird. Gleichzeitig hebt sich beim Einatmen die Brust sichtbar an. Sie können diese Bewegung intensivieren, indem Sie das Kinn etwas in Richtung Brustbein neigen und den Hinterkopf möglichst weit nach hinten und nach oben ziehen.
Am Endpunkt der Bewegung sind die Arme hinter dem Kopf nach oben gespannt. Sie halten die Axt mit beiden Händen fest. Auch der Kopf, der Hals und der Brustkorb sind kräftig nach oben und zum Rücken hin gespannt und gerade aufgerichtet. Dies ist die Stellung, die man beim Holzspalten mit einer Axt einnehmen würde.
Verrichten Sie nun die Axtschläge (oder Signal-Stockschläge) mit großer Kraft, und atmen Sie während der Bewegung die ganze Atemluft aus. Atmen Sie beim Heben der Axt in die Ausgangslage bis zur vollständigen Dehnung des Oberkörpers tief ein und mit dem Beginn des Schlages wieder aus. Sie können beim Schlagen auch spontan einen Ton oder Laut ausstoßen ("Huh"). Meistens spannt sich der Körper beim Auftreffen des Stockes

auf den gedachten Holzklotz unwillkürlich leicht an. Steigern Sie die Ganzkörperspannung in diesem Augenblick für einen Sekundenbruchteil maximal. Achten Sie darauf, mit dem Oberkörper nicht nach hinten, nach vorne oder seitlich auszuweichen. Behalten Sie den Punkt, auf dem der Stock am Ende des Schlages auftreffen wird, während des gesamten Bewegungsablaufes im Auge.

Können Sie nach jeder Schlagbewegung die verschiedenen Muskelgruppen wieder lockerlassen? Welche Muskeln werden während der Bewegung angespannt?

Variieren Sie die Schnelligkeit und Intensität der Bewegungen. Versuchen Sie beispielsweise, möglichst viele Schläge in kurzer Zeit auszuführen und anschließend mehr die Stärke jedes einzelnen Schlages für sich zu betonen. Welche Gedanken, welche Phantasien entstehen bei Ihnen während dieser Übung?

Legen Sie sich anschließend noch auf den Boden, auf Ihre Decke oder auf eine Liege, und schließen Sie die Augen. Empfinden Sie nach, was sich jetzt verändert hat, wie sich der Körper anfühlt, welche inneren Bilder Sie wahrnehmen, welche innere „Musik" Sie hören, woran Sie spontan denken. Ist es eher ein Zustand der Ruhe, der Kraft, des Gelassenseins oder eher der Vitalität, der Ausgelassenheit?

Beginnen Sie Bewegungen mit den Finger- und Zehengelenken, danach mit den größeren Gelenken. Recken, dehnen, räkeln Sie sich, atmen Sie tief ein, gähnen Sie, wenn Sie möchten, und beenden Sie dann die Übung.

Zur Durchführung dieser Übung zu Hause benötigen Sie einen Holzstab (anstelle der Axt) etwa von Daumendicke, der ca. 1 Meter lang ist. Sie können beispielsweise auch einen alten Besenstiel verwenden.

Zusätzlich brauchen Sie einen Küchenstuhl (anstelle des Holzklotzes), auf den Sie mehrere Sitzkissen oder Schaumstoffpolster legen.

Knien Sie auf dem Boden nieder. Sollten Sie keinen Teppichboden haben, oder sollte die Unterlage trotz des Teppichbodens für Sie zu hart sein, legen Sie eine gefaltete Decke auf den Boden. Knien Sie zunächst so, daß die Unterschenkel und die Fußrücken auf dem Boden liegen und die Oberschenkel und der Rumpf senkrecht zum Boden stehen, und setzten Sie sich später langsam auf die Fersen ab. Legen Sie möglicherweise noch ein Kissen oder eine weitere gefaltete Decke zwischen Fersen und Gesäß.

Greifen Sie nach dem vorher bereitgelegten Stab. Umfassen Sie ihn in der Nähe des einen Endes mit der rechten Hand (Linkshänder mit der linken Hand) und etwas weiter oben mit der linken Hand (Linkshänder mit der rechten Hand). Heben Sie den Stab nun mit gestreckten Armen nach oben,

und führen Sie ihn wie eine Axt oder ein Schwert über Ihren Kopf nach hinten. Strecken Sie die Schultern dabei leicht nach hinten. Rücken Sie, wenn erforderlich, den Stuhl zurecht. Es empfiehlt sich, die Stuhllehne parallel zur Schlagrichtung zu stellen.
Führen Sie nun in einer langsamen halbkreisförmigen Bewegung mit den Armen den Stab nach vorne unten, bis er auf die vorbereiteten Polster der Sitzfläche des Küchenstuhls auftrifft. Haben Sie nicht genügend Platz, um diese Bewegung auch in schneller Abfolge ausführen zu können, wechseln Sie möglicherweise den Standort oder die Richtung des Schlages, indem Sie sich etwas umsetzen. Achten Sie darauf, daß Ihnen genügend Platz für diese weiträumige Bewegung zur Verfügung steht.

1.4 Eigene Streßhaltung
Stehen Sie so, wie Sie normalerweise stehen, wenn Sie z.B. schon für längere Zeit ungeduldig auf etwas warten (Bus, Straßenbahn, Zahnarztbehandlung, Gespräch mit Chef).Wenn Sie möchten, können Sie zusätzlich im Raum einen besonders unliebsamen Ort suchen und sich dorthin stellen.
Schließen Sie die Augen, und gehen Sie Ihren Körper von oben nach unten durch. Spüren Sie in den verschiedenen Abschnitten nach, ob einzelne Muskelgruppen verspannt sind oder ob Sie sich gerade generell innerlich verspannt fühlen und deshalb auch der Körper angespannter ist als sonst.

1.5 Option: Partnerübung
Suchen Sie sich in der Gruppe einen Partner, und lassen Sie sich dessen eigene Streßhaltung einmal vorführen. Ahmen Sie diese Haltung ganz genau nach. Lassen Sie sich dabei von Ihrem Partner „korrigieren".
Empfinden Sie jetzt, wie Sie sich fühlen, wenn Sie die extreme Streßhaltung Ihres Partners eingenommen haben. Was geht Ihnen durch den Kopf, welche inneren Bilder nehmen Sie wahr, wenn Sie Ihre Augen schließen? Was nehmen Sie sonst noch wahr?
Jeder Partner sollte zwei Minuten lang die Gelegenheit erhalten, über seine Eindrücke von der eigenen ins Extrem übertriebenen Streßhaltung sowie auch von den Wahrnehmungen, die er beim Durchführen der „Streßhaltung des anderen" hatte, kurz zu berichten. Lösen Sie nun die Streßhaltung wieder bewußt auf, indem Sie sich dehnen, räkeln, strecken... s.o.

1.6 Option: Gruppenübung
Ahmen Sie reihum die extreme Streßhaltung eines einzelnen Gruppenmitgliedes nach. Der Gruppenteilnehmer, dessen extreme Streßhaltung gerade

von den anderen Gruppenteilnehmern ausprobiert und nachempfunden wird, sollte die anderen genau beobachten und eventuell „korrigieren", um jedem Gruppenteilnehmer einen möglichst genauen Eindruck (Gefühl/inneres Bild) von seiner eigenen spezifischen Streßsituation zu ermöglichen.

Anschließend die Streßhaltung wieder bewußt auflösen (s.o.).

Führen Sie danach in der Gruppe ein kurzes „Blitzlicht" durch, bei dem jeder Gruppenteilnehmer von seinen Erfahrungen und Erlebnissen bei dieser Übung berichtet.

1.7 Atemübung im Liegen
(Musik: Stephen Halpern, „Dawn")
Sie liegen einfach auf dem Boden, Ihr Körpergewicht sinkt locker auf die Unterlage. Sie lassen sich möglichst schwer sein und geben Ihr Gewicht an die Unterlage ab, von der Sie getragen werden. Atmen Sie tief aus, lassen Sie die Ausatembewegung ganz lang und fließend werden. Danach, wenn es geht, eine kleine Pause. Warten Sie ab, ob der Einatemimpuls von selbst kommt.

Müssen Sie noch etwas nachhelfen? Wenn ja, wie groß ist der Anteil der Atembewegung, der von selbst kommt?

Versuchen Sie den Beckenboden möglichst lockerzulassen, so daß er sich auch mit kleineren Atembewegungen beim Einatmen nach unten wölbt und beim Ausatmen wieder nach oben zurückfedert.

Legen Sie, wenn Sie möchten, eine Hand auf den Rippenwinkel, in die Magengegend, auf den Bauch oder auf den Unterbauch. Wenn Sie möchten, legen Sie eine Hand auf den Rippenwinkel und die andere auf den Unterbauch.

Fühlt es sich so angenehmer an, können Sie noch mehr loslassen? Atmet der Körper ganz von selbst? Von „Es atmet mich" spricht man im Autogenen Training. Fühlt es sich an, als würden Sie sich ganz von der Unterlage tragen lassen und Ihr ganzes Gewicht abgeben, oder fühlen Sie sich fast so, als würden Sie ganz leicht wie eine Flaumfeder schweben?

Viele Menschen erleben sich in diesem entspannten Zustand als innerlich ganz ruhig, ganz ausgeglichen, ganz bei sich selbst, im Gleichgewicht.

Wie ist dieser Zustand für Sie? Vielleicht ist das Umfeld etwas in den Hintergrund getreten und im Augenblick weniger wichtig. Vielleicht nehmen

Sie angenehme innere Bilder wahr. Lassen Sie die Eindrücke für einige Zeit auf sich wirken.

2. Entspannungsübung / Phantasiereise

Sie können jetzt nachfolgende Wahrnehmungsübung durchführen.
Es ist möglich, die Schritte „Wahrnehmung einer Streßsituation" sowie die weiterführende Übung (2. Schritt) wegzulassen oder sie zu einem späteren Zeitpunkt durchzuführen, wenn die Gruppenteilnehmer durch weitere Erfahrungen leichter in der Lage sind, sich auf diese Übung einzulassen.

2.1 NLP-Streßwahrnehmung
Wahrnehmungsübungen

Während wir im alltäglichen Leben unseren Routinetätigkeiten, unseren Pflichten und Freizeitbeschäftigungen nachgehen, sind wir nebenbei, meist ohne es bewußt wahrzunehmen, mehr oder weniger stark mit inneren Gedankengängen, Bildern und ähnlichem beschäftigt. Dies ist beispielsweise auch der Grund, weshalb Menschen, die sich gleichzeitig am selben Ort befinden und das gleiche tun, etwas völlig Verschiedenes erleben können. Sorgen, Hoffnungen, Wünsche, Ansprüche an uns selbst und andere bestimmen unser Erleben, so daß schöne Erlebnisse (angenehmer Abend, schöner Sonnenuntergang, ein Urlaubstag, eine Wanderung durch die Natur oder das Zusammensein mit einem Partner) durch diese inneren Vorbedingungen „verdorben" oder sogar noch bereichert werden können. Ein anderer fragt nun, was los ist, oder man selbst beginnt sich zu fragen, was an der Situation nicht stimmt, und schon gerät man unter inneren Druck, jetzt „doch nicht so komisch zu sein" o.ä. und endlich zu genießen, worauf man sich schon sehr lange gefreut hat (das schöne Wochenende, die Wanderung usw.). Umgekehrt kann es sein, daß sich andere Menschen wundern, warum ich in einer Situation von ständigem Dauerstreß immer fröhlich und ausgeglichen sein kann.

Die meisten Menschen fühlen sich diesen inneren Abläufen hilflos ausgeliefert. Indem Sie diese Gedanken- und Erlebniswelt einmal bewußt wahrnehmen und kennenlernen, wird es Ihnen mehr und mehr gelingen, auf diese Dinge bewußt Einfluß zu nehmen.

Vorübung
Schließen Sie kurz die Augen, liegen Sie bequem bzw. setzen oder stellen Sie sich bequem hin.
Denken Sie an eine angenehme Situation, in der Sie sich vor kürzerer Zeit, vielleicht vor ein, zwei Wochen, befunden haben. Was haben Sie um sich herum erlebt ..., was haben Sie gesehen ..., was gehört ..., wie haben Sie sich gefühlt ..., wie hat sich Ihre unmittelbare Umgebung (Luft, Kleidung, Unterlage) angefühlt? Haben Sie mit den Händen etwas berührt?
Lassen Sie diese Eindrücke noch einen Augenblick auf sich wirken, kneifen Sie dann die Augen ganz fest zusammen. Strecken und räkeln Sie sich, blinzeln Sie ein wenig, und kommen Sie aus dieser Erinnerung ganz ins Hier und Jetzt zurück.
Ist es Ihnen gut gelungen, sich auf diese Übung einzulassen?
Denken Sie jetzt weiter zurück, und vergegenwärtigen Sie sich eine angenehme Situation z.B. während Ihres letzten Urlaubs.
Gehen Sie genau wie eben vor: Schließen Sie die Augen, und stellen Sie sich vor, was Sie in Ihrer Erinnerung sehen ..., hören ..., fühlen ... . Lassen Sie sich ein wenig Zeit, um sich alle Sinnesqualitäten bewußtzumachen. Nehmen Sie anschließend noch einmal für einige Augenblicke den Gesamteindruck wahr, so als wären Sie gerade an dem Ort und in der Zeit dieses Erlebnisses.
Kneifen Sie anschließend die Augen zusammen. Dehnen, strecken und räkeln Sie sich, und gähnen Sie auch ein wenig. Kehren Sie dann wieder aus diesem inneren Erleben zurück.
Ist es Ihnen gelungen, sich das weiter zurückliegende Erlebnis zu vergegenwärtigen?
NLP-Übung
Wir werden jetzt eine Übung durchführen, bei der Sie Möglichkeiten kennenlernen, wie Sie mit Streßsituationen neu und anders umgehen können.
Schließen Sie erneut die Augen, und sitzen oder stellen Sie sich bequem hin. Lassen Sie in Ihrer Phantasie eine für Sie möglichst angenehme Situation entstehen, die Sie noch nicht selbst erlebt haben, z.B. ein Naturerlebnis, eine Urlaubssituation.
Nehmen Sie vor Ihrem inneren Auge wahr, was Sie in dieser Situation sehen möchten, und konzentrieren Sie sich auch darauf, was Sie hören möchten (Meeresrauschen, Harfenmusik, Rockmusik, Stimme eines lieben Menschen). Welche Gefühle wünschen Sie sich in diesem Augenblick?
Überprüfen Sie jetzt die Situation noch einmal, und verändern Sie sie, wenn Ihnen noch etwas Angenehmeres, Schöneres einfällt. Nehmen Sie jedoch

nicht nur weitere Gegenstände, Personen und äußere Umstände hinzu oder weg, sondern spielen Sie mit den sogenannten „Submodalitäten" unserer Wahrnehmungskanäle.

Visueller Wahrnehmungskanal
Wählen Sie aus den verschiedenen Möglichkeiten, die für Sie angenehmste. Spielen Sie mit der Helligkeit des Bildes, das Sie vor dem inneren Auge sehen. Lassen Sie es um sich herum heller und dunkler werden. Lassen Sie die Farbe so wie beim Farbfernseher intensiver werden, und nehmen Sie anschließend die Farbe zurück.

Nehmen Sie nun das, was Sie in dieser Situation um sich herum sehen, etwas verschwommen und unscharf wahr, und lassen Sie das Bild anschließend wieder schärfer werden, bis sie „glasklar" und mit scharfen Konturen sehen.

Lassen Sie das, was Sie um sich herum sehen, etwas zurücktreten, sich weiter von Ihnen entfernen und dann wiederum ganz nah herantreten, so daß Sie alle Einzelheiten aus unmittelbarer Nähe betrachten können. Sehen Sie Ihre optischen Eindrücke wie ein Bild in einem Rahmen vor sich. Nehmen Sie anschließend den Rahmen weg, und sehen Sie das, was um Sie herum geschieht, dreidimensional und ohne Grenzen. Seien Sie mitten in der Situation.

Auditive Submodalitäten
Wählen Sie die angenehmste Qualität für Ihren Höreindruck.
Lassen Sie das, was Sie um sich herum hören, lauter und anschließend wieder leiser sein. Verändern Sie die Klangfarbe, indem Sie wie beim Verstärker zunächst die Höhen und dann die Bässe in Ihrer Vorstellung aufdrehen und wieder zurücknehmen. Lassen Sie es wie „Micky Maus" klingen und dann wie ein ganz langsam ablaufendes Tonband. Gehen Sie über zu reinen, klaren Klängen, dann zu wuchtigen und sogar dröhnenden. Wenn jemand um Sie herum spricht oder Musik läuft, lassen Sie ihn schneller sprechen oder die Musik ein klein wenig schneller und dann wieder langsamer laufen.

Kinästhetische Submodalitäten (auf Gefühle und Empfindungen)
Liegen (oder sitzen) Sie in einer möglichst angenehmen Weise ruhig auf Ihrer Unterlage. Lassen Sie sich von Ihrer Unterlage tragen, ruhen Sie auf ihr. Stellen Sie sich in Ihrer Phantasie vor, daß Sie federleicht sind, so daß Sie sich jetzt vielleicht ganz langsam von Ihrer Unterlage lösen und frei in der Luft schweben.

Stellen Sie sich vor, daß die Temperatur ganz leicht ansteigt und es wärmer wird und sie dann wieder sinkt. Legen Sie fest, welche Temperatur für Sie am angenehmsten ist.
Wenn sich etwas bewegt in Ihrem inneren Bild, Ihrer Phantasie von der Situation, die Sie innerlich wahrnehmen, lassen Sie es schneller und dann ganz langsam wie in Zeitlupe bewegen.
Legen Sie fest, was für Sie am angenehmsten ist, und verändern Sie die Situation, die Sie innerlich wahrnehmen, in dieser Weise.
Welches emotionale Gefühl (Freude, Begeisterung, Gelassenheit, Wut, Trauer usw.) haben Sie im Augenblick? Wo im Körper spüren Sie dieses Gefühl besonders deutlich? Verändern Sie diese Gefühlsqualität ein wenig. Empfinden Sie für einige Momente auch andere Gefühle, die jetzt nicht spontan vorhanden waren, und vergegenwärtigen Sie sich dann den für Sie angenehmsten Gefühlszustand.

Mentale Schritte zur Streßbewältigung

Nachdem Sie mit den sogenannten Submodalitäten unserer Wahrnehmungskanäle experimentiert haben, überprüfen Sie alles noch einmal, und verändern Sie Ihre Empfindungen so weit, bis Sie sich mit ihnen wohlfühlen. Nehmen Sie den angenehmen Zustand noch für ein paar Augenblicke wahr, und kehren Sie dann aus diesem Zustand wieder zurück, indem sie die Augen fest zusammenkneifen, ein wenig blinzeln, sich strecken, räkeln, dehnen und, wenn Sie möchten, auch gähnen.
Notieren Sie sich zu Hause die soeben gemachten Erfahrungen.

1. Schritt
Wahrnehmung einer Streßsituation
Stellen Sie sich eine Situation vor, in der Sie „Streß" empfunden haben. Was sehen, hören, fühlen, riechen und schmecken Sie? Empfinden Sie die Situation mit allen Sinnen genau nach. Stellen oder setzen Sie sich in der gleichen Stellung hin, in der Sie in dieser Situation waren.
Nehmen Sie nun auch die Submodalitäten (s.o.) genau wahr. Manche Menschen erleben ihre typische Streßsituation beispielsweise innerlich als „grau in grau", „dumpf" oder fühlen sich „wie abgestorben". Ein negatives emotionales Erlebnis kann in dieser Weise z.B. auch „die Sinne trüben".

2. Schritt
Erfahrung mit eigenen Fähigkeiten und Potentialen
Stellen Sie sich nun für Ihre Streßsituation eine Lösung vor, also einen Zustand, den Sie erreichen möchten. Sie können sich hierzu auch eine andere

Situation aus Ihrem eigenen Leben vorstellen, in der Ihnen beispielsweise etwas gut gelungen ist, in der Sie Ihr Ziel ganz einfach erreicht haben. Es ist auch möglich, sich als Beispiel die Erlebnisse anderer Menschen vor Augen zu führen, die eine vergleichbare Situation erfolgreich bewältigt haben, und sich mit allen Sinnen einen Eindruck hiervon zu verschaffen. (Vielleicht experimentieren Sie jetzt oder auch später einmal mit dem vertieften Lernen an der Erfahrung eines anderen Menschen).

Schließen Sie die Augen, und erleben Sie diese Szene als inneres Bild, als Gefühl und mit den in der Situation vorkommenden Geräuschen. Übertragen Sie die Lösung aus der anderen Situation in Ihrer Phantasie auf die Streßsituation. Sollte Ihnen dies nicht gleich gelingen, wenden Sie sich zunächst ausschließlich der positiven Szene zu, und erleben Sie sie bewußt in allen Wahrnehmungsmodalitäten. Lassen Sie sich ein wenig Zeit, um den damit verbundenen angenehmen inneren Zustand zu genießen. Wenden Sie sich vielleicht nochmals der Streßsituation zu, und versuchen Sie erneut, diese Situation positiv zu verändern. Ändern Sie die Farben, das Licht, die Gegenstände des Umfeldes, die Klänge und Geräusche und das, was Sie um sich herum und innerlich fühlen.

Vielleicht fällt Ihnen für diese Szene, die Sie zuvor als belastend erlebt und für die Sie jetzt eine Lösung gefunden haben, noch eine Geste oder Gebärde ein (in die Luft springen, „sägen", nach Schießen eines Fußballtors Arme in die Höhe reißen und aufspringen, jemanden umarmen...), die den inneren Zustand ausdrückt und neu verstärkt.

Führen Sie diese Geste mit geschlossenen Augen aus, und erleben Sie, wie sich Ihr innerer Zustand dadurch verändert. Wie verändern sich die inneren Bilder und auch die Gefühle in Ihrer inneren Wahrnehmung dieser Szene?

Finden Sie nun eine „Verkleinerungsform" für diese Geste oder Gebärde, die es Ihnen ermöglicht, die Bewegung auszuführen, ohne daß es jemand in der Umgebung merkt.

Nehmen Sie sich vor, diese Szene in Zukunft immer wieder einmal im Alltag anzuwenden und damit zu experimentieren.

Können Sie durch die „verkleinerte" Bewegung den Gefühlszustand und die Erinnerung hervorrufen oder verstärken?

Bleiben Sie noch ein wenig innerlich in dem angenehmen Gefühlszustand, kommen Sie dann wieder zurück, indem Sie sich dehnen, räkeln, strecken usw.

3. Kognitiver Teil

3.1 Hausaufgabenbesprechung
Zeit-, Energie-, Angstverteilungskuchen, Wunschkuchen
In einem Gruppengespräch wird die Hausaufgabe, Arbeitsblätter I bis V, unter Berücksichtigung folgender Fragen besprochen: Was haben Sie erlebt? Was ist Ihnen neu aufgefallen? Was setzen Sie neu um?

3.2 Vortrag: Biorhythmen
Eigene Arbeitsrhythmen beobachten, Leistungskurve finden und akzeptieren
Die Kurven von Selye (vgl. Anhang Seite A-9) hängen während des Vortrags an der Wand.

Es ist inzwischen vielen bekannt, daß auch wir Menschen den in der Natur vorkommenden Biorhythmen, also monatlichen, wöchentlichen und täglichen Leistungs- und Funktionszyklen, unterworfen sind, die uns zu bestimmten Zeiten mit einer besseren und zu anderen Zeitpunkten mit einer schlechteren Leistungsfähigkeit für bestimmte Tätigkeiten ausstatten. Alle unsere körperlichen Funktionen sind natürlichen Schwankungen unterworfen.
Man erlebt es im Alltag immer wieder, daß sich manche Leute z.B. morgens „fit wie ein Turnschuh" und abends kurz vor Feierabend wie ausgelaugt fühlen. Andere blühen abends eher auf und sind morgens so müde, daß sie fast nicht ansprechbar sind. Solche Leistungskurven/Biorhythmen sind nur wenig durch eine Änderung bestimmter Lebensgewohnheiten (schlafen, essen) zu verändern. Manche Leute sind eben beispielsweise einfach Nachtarbeiter und andere Frühaufsteher, die in den frühen Morgenstunden am produktivsten sind. Für eine durchschnittliche mitteleuropäische Bevölkerung gilt, daß der Leistungshöhepunkt am Vormittag, etwa zwischen 9 und 10 Uhr liegt. Unmittelbar vor dem Essen gibt es einen Leistungsabfall. Nach dem Mittagessen erfolgt ein Leistungstief. Die anschließend ansteigende Leistungsfähigkeit erreicht nicht mehr das vormittägliche Niveau, und unmittelbar vor Feierabend sinkt dann die Leistungskurve erneut stark ab.
Wenn Sie Ihre eigene individuelle Leistungskurve kennen, können Sie sich auf sie einstellen.Verlegen Sie wichtige, dringende und schwierige Aufgaben am besten in den Zeitpunkt der größten persönlichen Leistungsfähig-

keit.Verlegen Sie Routinetätigkeiten, bei denen kein besonderes geistiges und körperliches Leistungsniveau verlangt wird, in Zeiten ihres biologischen Leistungstiefs.Auf diese Weise werden Sie Leistungshochs optimal nutzen und durch Leistungstiefs keinen unnötigen Schaden erleiden.
Noch ein Tip am Schluß: Lassen Sie sich zu Zeiten Ihres Leistungshochs, also während Sie wichtige Arbeiten ausführen, nicht unterbrechen oder ablenken. Nach einer Störung brauchen Sie immer eine erneute Anlaufzeit, um sich wieder auf Ihre Aufgabe zu konzentrieren. Nach vielen Unterbrechungen sinkt die Konzentrationsfähigkeit. Vergleichen Sie dies mit der Situation, wenn Sie immer wieder nach einer Unterbrechung anfangen, den gleichen Abschnitt im gleichen Buch zu lesen.

3.3 Option: Arbeitsblatt zum eigenen Leistungsniveau
Vielleicht kennen Sie Ihre Leistungskurve durch Selbstbeobachtung schon genau. Wenn Sie noch keine Vorstellung von Ihrer Leistungskurve haben, beginnen Sie doch einfach damit, sich selbst zu beobachten. Wann gelingt mir einfach alles, oder wann geht es besser und wann schlechter. Wenn Sie möchten, benutzen Sie das vorliegende Arbeitsblatt, um Ihre eigene Leistungskurve einmal über mehrere Tage aufzuzeichnen:
Denken Sie an eine bestimmte besondere Höchstleistungssituation, und schreiben Sie einer solchen Situation den Wert 20 zu. Denken Sie dann an einen Zustand der völligen Erschöpfung, und setzen Sie für einen solchen Zustand die Zahl 0. (Sie können auch mit Werten 0 - 10 arbeiten).
Machen Sie sich stündlich Gedanken über Ihr Leistungsniveau, und schätzen Sie sich dabei selbst nach der vorgegebenen Skala ein.Tragen Sie nun in die Tabelle, in der zur jeweiligen Uhrzeit gehörenden Spalte ein Zeichen im Kästchen für das entsprechende Leistungsniveau ein.
Wenn Sie möchten, können Sie jetzt einmal das nachfolgende Arbeitsblatt für den heutigen Tag ausfüllen.
Um das gleiche Blatt die ganze Woche lang benutzen zu können, tragen Sie z. B. als Zeichen für den Montag ein Kreuz, den Dienstag ein Dreieck, den Mittwoch einen Kreis, den Donnerstag ein Karo, den Freitag einen Punkt ein. So können Sie den Kurvenverlauf sofort erkennen, auch wenn Sie zu einer bestimmten Zeit immer den gleichen Wert eintragen.
Bearbeiten Sie bitte das Arbeitsblatt 6 (Anhang Seite A-15)

3.4 Option: Rundfrage zum eigenen Biorhythmus in der Großgruppe
Der Gruppenleiter liest die Fragen des Posters vor und notiert die Antworten eventuell auf dem Poster.

> Gruppengespräch:
> - Welche Beobachtungen haben Sie zu Ihrem eigenen Biorhythmus gemacht?
> - Wie geht es Ihnen als Früh-/Spätaufsteher (Erfahrungen, Probleme)?
> - Wie sieht Ihre Tagesleistungskurve aus? Wann haben Sie Hoch- und wann Tiefpunkte?

3.5 Option: Gruppengespräch zum täglichen Leistungstief
Wie gehen Sie mit Ihren tagtäglichen Tiefpunkten/Leistungstiefs um?
Vergleichen Sie auch die lange Mittagspause (Siesta) oder andere Pausen in südlichen Ländern.

Typ-A-Verhalten und Typ-B-Verhalten
Kurzvortrag mit Fragebogen
Menschen, die vom Verhalten her vorwiegend dem sogenannten Typ A zugehören, haben oft einen scharfen und aggressiven Sprachstil. Sie lachen lieber über andere, als über sich selbst, sie verbergen ihre Anspannung nach außen, zeigen Ungeduld oder Konkurrenzdenken nicht offen. Sie können Gefühle nicht zeigen und keine Schwächen offenbaren.
Menschen, die dem Typ B angehören, sind eher besonnen, ruhig und zu Kompromissen bereit, ohne unbedingt bequem, faul oder weniger leistungsfähig zu sein. Sie fühlen sich selten unter Zeitdruck gesetzt, haben Spaß am Spiel und können sich ohne Schuldgefühle entspannen. Sie geben weniger auf die äußeren Zeichen von Erfolg und stehen nicht unter dem Zwang, immer und überall recht haben zu müssen. Ständige Hektik und Kampfbereitschaft fehlen.
Da das Verhaltensmuster des A-Typs z. B. eine besondere Gefährdung für Erkrankungen (Herzinfarkt) beinhaltet, sollten Sie sich eine grobe Vorstellung vom Ausmaß Ihres eigenen Typ-A- Verhaltens machen. Bearbeiten Sie dafür den Fragebogen Seite A-16 (Anhang).
Die zum Typ A gehörenden Fähigkeiten sind besonders in unserer Zivilisation in manchen Situationen sehr sinnvoll. Wenn eine Person, meist ausgelöst durch starke Belastungssituationen (Manager, leitender Angestellter), das Typ-A-Verhalten in seiner Persönlichkeit so stark ausprägt, daß anderes Verhalten kaum mehr möglich ist - dies fällt dann besonders im privaten Bereich auf - , kann sich diese Strategie des Umgangs mit den Dingen für

den Betreffenden auf Dauer insgesamt ungünstig und sogar schädlich auswirken. Das bei diesen Menschen meist verbreitete "Sich-immer-unter-Druck-fühlen" und „Gehetzt-sein" wirkt sich auf Dauer auch in Form von funktionellen Störungen und Krankheiten wie Magengeschwür, Bluthochdruck, Herzkranzgefäßerkrankungen usw. aus.
Menschen mit mittelmäßig bis stark ausgeprägtem Typ-A-Verhalten sollten ein Entspannungsverfahren lernen und regelmäßig im Alltag anwenden. Zunächst sollte es ein erstes Ziel sein, die bei Menschen mit vorwiegendem Typ-A-Verhalten oft vorliegende Daueranspannung zu unterbrechen. Durch die regelmäßige Erfahrung von Entspannungszuständen soll eine verbesserte Wahrnehmung für den eigenen inneren und körperlichen Zustand im Alltag erlernt werden. Die Schulung und die weitere Verbesserung dieser inneren Wahrnehmungsfähigkeit führt dann dazu, daß man seine Bedürfnisse besser erkennt und danach handelt. Man wird innerlich flexibler und lernt, Typ-B-Verhalten und die entsprechenden inneren Einstellungen bei sich zu entwickeln und auch mehr und mehr in bestimmten Alltagssituationen zuzulassen. Dies führt nachweislich zur Vermeidung von Krankheiten.

Gruppenübung
Kurze Diskussion und Austausch in der Gruppe (eventuell in zwei Kleingruppen)

Poster:

Wo und wie mache ich mir selbst Streß?
(Typ-A-, Typ-B-Verhalten)

Wo finde ich Entspannung (innere Gelassenheit)?

Wie mache ich das?

Wie gut gelingt es mir?

4. Aktivierungs-/Vitalisierungsübungen

4.1 Kurzes Dehnen, Räkeln, Strecken
Nehmen Sie ein Übungsbeispiel aus den vorherigen Sitzungen.

4.2 Option: Fetzige Scheibe
(s. Sitzung 1)

5. Kurze Entspannungsphase

5.1 Unterbauch- und Beckenentspannung im Liegen (PM)
Legen Sie sich lang ausgestreckt auf eine Matte oder eine gefaltete Decke auf den Rücken. Strecken Sie die Arme seitlich nach oben, und spreizen Sie die Finger. Strecken Sie gleichzeitig die Zehen ganz weit nach unten weg.
Heben Sie nun die gestreckten Beine etwa 15 cm vom Boden ab, und halten Sie sie für 5-20 Sekunden oder, wenn Sie sehr sportlich sind, 20-30 Sekunden. Legen Sie sie anschließend ab, und lassen Sie sich einige Ein- und Ausatemzüge lang ganz schwer in die Unterlage sinken. Lassen Sie die Atemluft aus sich heraussinken, und geben Sie dabei gleichzeitig das Gewicht an die Unterlage ab. Lassen Sie sich von der Unterlage tragen. **Heben Sie die Beine nochmals für einige Zeit gestreckt vom Boden ab,** und legen Sie sie anschließend wieder auf die Matte.
Es kann sein, daß Sie ein zusätzliches Polster im Lendenwirbelsäulenbereich oder im Nacken benötigen. Es kann auch sein, daß die Wirbelsäule durch die erfolgte Lockerung der Muskulatur gestreckt werden möchte.
Ziehen Sie die Knie etwas an, und stellen Sie die Füße auf den Boden. Heben Sie nun das Becken vom Boden ab und ziehen es etwas fußwärts. Wenn Sie die Beine jetzt ablegen, wird die Wirbelsäule weiter gestreckt.
Kneifen Sie die Gesäßmuskeln fest zusammen. Das Becken hebt sich durch diese Anspannung. Halten Sie die Spannung für 5-10 oder, wenn Sie sportlich geübt sind, für 15-20 Sekunden. Lassen Sie die Spannung dann fallen, und liegen Sie locker auf der Unterlage. Spüren Sie Ihr Körpergewicht ganz bewußt.

Wiederholen Sie die Übung, nachdem Sie einige Atemzüge lang pausiert haben, und lassen Sie sich dann nochmals bewußt auf die Unterlage sinken. Vielleicht spüren Sie jetzt, wie sich unwillkürlich die Bauchatmung eingestellt hat. Atmen Sie tief aus, und lassen Sie sich dabei immer lockerer auf die Unterlage sinken, während der Ausatemzug von Mal zu Mal vielleicht noch länger wird.

Nehmen Sie wahr, wie der Beckenboden sich mit dem Einatmen nach unten verschiebt und mit dem Ausatmen wieder zurückfedert, wie sich der Unterbauch ganz langsam beim Einatmen hebt und beim Ausatmen wieder senkt. Ganz automatisch stellt sich dabei für die meisten Menschen mehr und mehr die Bauchatmung ein. Vielleicht nehmen Sie auch gleichzeitig eine zunehmende Lockerung der Muskulatur in allen Körperregionen wahr.

Sie können, wenn sie möchten, eine Hand auf den Rippenwinkel (Magengegend) und/oder die andere Hand auf den Unterbauch legen, um noch genauer nachzuspüren und dadurch die Entspannung eventuell sogar noch zu verstärken. Stellen Sie fest, ob der Körper von selbst atmet oder ob Sie „Luft holen". Lassen Sie die Luft ganz aus sich herausfließen. Machen Sie nach dem Ausatmen eine kleine Pause, und achten Sie darauf, ob der Körper danach von selbst einatmet oder ob zumindest ein Einatemimpuls entsteht.

Spüren Sie mit geschlossenen Augen Ihren Körper, nehmen Sie wahr, welche Bilder Sie vor Ihrem inneren Auge sehen, was Sie sonst noch empfinden.

Viele Menschen haben jetzt das Gefühl „ganz bei sich selbst" zu sein, ganz gelassen, innerlich friedlich, fast schwerelos schwebend und locker. Was nehmen Sie selbst wahr?

6. Kognitiver Teil

Nachfolgendes Infomationsblatt zu Streß, Persönlichkeitsebenen und Lösungsmöglichkeiten wird verteilt oder als Poster aufgehängt.

Poster und Informationsblatt:

Persönlichkeits-ebenen	Problemaussagen	Zielaussagen	Lösungsmöglichkeiten
Zugehörigkeit zu größeren (z.B. sozialen) Systemen und Umfeldern	Ich habe keine Freunde, meine Familie trägt zum Streß noch bei, das berufliche Umfeld belastet mich.	Mein Umfeld nimmt mich an, so wie ich bin, kennt und fördert meine Potentiale.	Lösung der „Kommunikationsknoten", Eindeutigkeiten der Botschaften, Wahrnehmungen über den wirklichen Stellenwert des Angenommenseins und der Wertschätzung. Zielfrag klären: Will ich mit diesem Beruf weitermachen? Eventuell Wechseln des sozialen Systems, suchen einer neuen Bezugsgruppe.
Identität	Ich bin eben ein nervöser Mensch.	Ich bin ruhig und gelassen.	Integration neuer positiver Erfahrungen in die eigene Persönlichkeit (Persönlichkeitswachstum, innere Gelassenheit).
Glaubenssätze	Arbeiten ist einfach stressig. Ohne Anstrengung geht nichts. Ohne Fleiß kein' Preis. Arbeit kann doch nicht auch noch Spaß machen.	Auch unter Streß ist innere Ruhe und Gelassenheit möglich. Auch in der Arbeit kann ich mich verwirklichen (das macht auch Spaß).	Bewußtes Wahrnehmen der eigenen Werte und Vorstellungen. Zulassen neuer positiver Glaubenssätze als neue Alternativen.

Fähigkeiten	Ich stehe immer unter Streß, aber ich habe nicht gelernt, mich zu entspannen oder den Streß anders abzubauen.	Ich habe Fähigkeiten, den (an sich stressigen) Alltag ruhig und gelassen zu bewältigen.	Integration von Entspannungszuständen und Entwicklung entsprechender Fähigkeiten zur Anwendung im eigenen beruflichen Umfeld.
Verhalten	Im Beruf (Sport, Privatleben) setze ich mich einfach immer unter Streß. Ich weiß nicht, was ich da anders machen soll.	Um mich zu entspannen, wende ich ein Entspannungsverfahren an.	Einüben von Entspannungsverfahren (für zu Hause).
Umgebung	Meine Arbeitsumgebung ist einfach stressig. Man kann da keinen Moment mal abschalten oder sich für einen Augenblick entspannen.	Auf den griechischen Inseln am Strand kann ich mich am besten entspannen. Aller Streß fällt von mir ab.	Veränderung der äußeren Umgebung, innere/äußere Distanzierung, Schaffung angenehmer innerer Räume.

(Bei diesem von W. Knörzer und A. Olschewski entworfenen Modell nach G. Bateson und R. Dilts zum Thema Streß wurde die oberste Ebene, Spiritualität, Meditation und Transzendenz, ausgelassen. Die Fragen nach dem Sinn des Lebens und dem Sinn des eigenen, auch beruflichen Tuns sind in dieser Ebene angesiedelt. Das Streben nach der eigenen Ganzheit, dem Integriertsein in das Umfeld und die Sinnfindung aus dieser Ganzheit heraus wäre ein Beispiel für die Möglichkeit, von dieser Persönlichkeitsebene her streßarm oder streßfrei, auch bei größeren Außenbelastungen, zu leben.)

6.1 Option: Kurzvortrag zu Streß und Persönlichkeitsebenen

6.2 Gruppengespräch: Streß / Persönlichkeitsebenen / Lösungsmöglichkeiten
Diskussion und Austausch in der Gruppe über das Informationsblatt/Poster bzw. den Kurzvortrag.

6.3 Gruppenübung: „Blitzlicht"

Jeder Kursteilnehmer berichtet nacheinander in Form einer kurzen Rückmeldung, wie es ihm jetzt geht, was er vielleicht beobachtet oder festgestellt hat.

7. Hausaufgabe

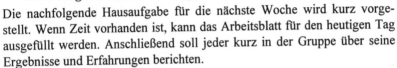

7.1 Arbeitsblatt
Stimmungsbarometer für die ganze Woche

Die nachfolgende Hausaufgabe für die nächste Woche wird kurz vorgestellt. Wenn Zeit vorhanden ist, kann das Arbeitsblatt für den heutigen Tag ausgefüllt werden. Anschließend soll jeder kurz in der Gruppe über seine Ergebnisse und Erfahrungen berichten.

- **Systematisches Beobachten** (Aufschreiben des **Tagesablaufes**) nach den Gesichtspunkten:

- **Was** mache ich?

- **Wie** geht es mir dabei (bzw. wie fühle ich mich dabei)?

- Wichtig: differenzieren! (Und zwar nach Situationen und Empfindungen)
  Einschätzen der Stimmung auf einer Skala zwischen 0 und 10.

- 0 = Es geht mir schlecht, ich fühle mich mies, stark unter Druck, sehr angespannt usw.
  10 = Ich fühle mich sehr gut, bin guter Stimmung, fröhlich, glücklich, ausgelassen, freue mich usw.

- So entsteht im Laufe eines Tages ein Stimmungsbarometer, welches sich in Form einer Kurve (ähnlich der Wetterbeobachtung) darstellen läßt.

- Es besteht die Möglichkeit, Tageskurven zu sammeln und daraus eine Wochenkurve zu entwerfen. Auch eine längerfri-

stige Einschätzung (bzw. Jahreskurve) wäre denkbar, ebenso ein rückblickendes Lebensbarometer!
◆ Beim näheren Hinsehen erstellen wir alle unwillkürlich innerlich solche „Stimmungsbarometer", nur weniger systematisch:

Beispiele:
"Ich hatte eine unbeschwerte Kindheit."
"An meine Schulzeit erinnere ich mich nur ungern."
"Mein Hochzeitstag war der schönste Tag in meinem Leben."
"Seit ich Kinder habe, hat sich mein Leben völlig verändert!"

Das Vorgehen soll anhand eines Beispiels erläutert werden.

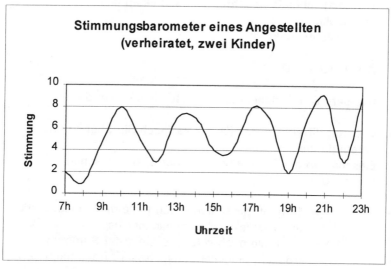

Typischer Werktag :
Uhrzeiten: Stimmung

7 Uhr Aufgestanden (halbe Std. verschlafen), unter Zeitdruck, 2
       muß mich sehr beeilen.
8-9 Uhr Kurz nach 8.00 Uhr angekommen, zu spät, unterwegs 1
       Stau.

9 Uhr	Frühstück, erste Pause, war doch alles nicht so schlimm, etwas „abgeregt".	5
10 Uhr	Abteilungsbesprechung, konnte konstruktive Vorschläge machen, die allgemeine Zustimmung fanden, Erfolgsgefühl, zufrieden.	8
11-12 Uhr	Büroalltag, nichts Außergewöhnliches (weder gut noch schlecht).	5
12-13 Uhr	Mittagspause, mäßiges Kantinenessen, Kollegen unterhalten sich über ein Thema, das mich nicht interessiert, langweilig, froh, wenn die Arbeit wieder anfängt.	3
13-15 Uhr	Knifflige Arbeit, die mich fordert aber gerade deswegen Spaß macht, klappt gut.	7
15-16 Uhr	Unangenehme Kunden am Telefon, unhöflich, ärgerte mich über sie.	4
17-18 Uhr	Feierabend, freue mich auf Kinder, Frau und Abendessen, Verkehr gut.	8
18-19 Uhr	Festgestellt, Geldbeutel mit 800 DM verloren, sehr aufgeregt und ärgerlich.	2
20 Uhr	Mich um die Kinder gekümmert, etwas herumgealbert, ins Bett gebracht, Verlust des Geldbeutels nicht mehr so schlimm, bedeutend ruhiger (findet sich bestimmt bald wieder).	7
21 Uhr	Geldbeutel wieder gefunden (hurra!), mit meiner Frau eine gute Flasche Wein getrunken (das muß gefeiert werden).	9
22 Uhr	Leider ist der Tag schon zu Ende, morgen wird ein schwerer Tag im Büro.	3
23 Uhr	Nach gutem Gespräch wieder zufrieden und ruhig, zu Bett gegangen.	9

Bearbeiten Sie bitte das Arbeitsblatt Nr. 7 (Anhang S. A-17)

7.2 Option: Bewertung für jeden Tag
Verwenden Sie, falls Sie möchten, als Alternative das Arbeitsblatt Nr. 8 (Anhang S. A-18—A-20)
Nehmen Sie eine insgesamte Bewertung für jeden Tag vor.

8. Aktivierungs-/Vitalisierungsübungen

8.1 Verbesserung der eigenen Standfähigkeit

Stehen Sie etwa schulterbreit, leicht in den Knien gebeugt, schieben Sie das Becken etwas nach vorne. Verlagern Sie Ihr Körpergewicht zunächst ganz langsam und vorsichtig auf das linke Bein und anschließend auf das rechte. Wechseln Sie noch einige Male zwischen dem linken und dem rechten Bein. Heben Sie dann allmählich das Bein, auf dem Sie gerade nicht stehen, leicht vom Boden ab. Stellen Sie sich vor, Sie sind wie ein Baum im Boden verwurzelt, und setzen Sie das Bein vorsichtig wieder auf, verlagern Sie das Gewicht darauf, heben das andere Bein ab und setzen auch dieses wieder vorsichtig auf. Wechseln Sie einige Male hin und her, und beginnen Sie dann, die Füße zunehmend fester aufzusetzen und schließlich ganz fest aufzustampfen.

8.2 Gleichgewichtsübung

Stehen Sie für die nächste Übung mit geschlossenen Beinen und leicht in den Knien gebeugt da. Das Becken sollte etwas nach vorne geschoben sein. Achten Sie darauf, daß die Wirbelsäule gerade aufgerichtet ist (die einzelnen Wirbel sind wie Bauklötze, die zu einer Säule übereinander geschichtet sind, der Kopf balanciert wie eine Kugel auf dieser Säule).

Verlagern Sie das Gewicht zunächst auf das rechte Bein, und heben Sie das linke Bein vom Boden ab, heben Sie die Arme nach seitlich oben und außen und gleichzeitig das Knie etwa bis in Hüfthöhe an. Stehen Sie dann auf dem linken Bein und wiederholen die Übung.

Führen Sie anschließend pendelnde Bewegungen mit den Armen und den Beinen nach vorne und nach hinten aus.

Beobachten Sie, ob Sie jetzt vielleicht eine bessere Balance haben als zuvor. Wenn Sie noch etwas Mühe mit dem Gleichgewicht haben, stehen Sie noch ein wenig mit geschlossenen Beinen da, und beklopfen Sie mit den Handknöcheln und teilweise auch mit Fäusten locker Ihre Gesäßmuskulatur und auch die Oberschenkelmuskulatur. Stampfen Sie nochmals ganz fest, mit gebeugten Knien stehend, mit dem rechten Fuß auf den Boden und anschließend mit dem linken Fuß, und versuchen Sie die Gleichgewichtsübung noch einmal.

9. Entspannungsübung / Phantasiereise

9.1 Entspannungs- und Zentrierungsübung im Stehen

Stehen Sie mit den Füßen etwa schulterbreit oder noch weiter gespreizt, leicht in den Knien gebeugt, und lassen Sie den Oberkörper locker nach unten hängen. Der Handrücken berührt dabei den Boden. Achten Sie darauf, daß der Kopf nicht festgehalten wird, sondern frei pendeln kann. Schieben Sie Ihr Becken nach rechts und anschließend nach links, und lassen Sie den Oberkörper weiterhin locker mitschwingen. Finden Sie einen Rhythmus der Bewegung nach links und rechts, der ein sanftes Hin- und Herschwingen des Oberkörpers ermöglicht. Lassen Sie die gesamte Rückenmuskulatur sich locker passiv dehnen. Richten Sie anschließend den Oberkörper wieder auf. Achten Sie darauf, den Rücken gerade aufzurichten und ihn so zu halten, daß er ohne Muskelanstrengung von selbst aufrecht bleibt. Balancieren Sie den Kopf auf der Wirbelsäule wie einen Ball auf einer Stange, und suchen Sie eine angenehme Position des Kopfes. Schieben Sie den Hinterkopf etwas nach hinten, und ziehen Sie ihn nach oben, das Kinn nähert sich gleichzeitig dem Brustbein. Vielleicht stehen Sie jetzt stabiler. Vielleicht fühlen Sie sich nun kräftig und gleichzeitig locker.

9.2 Das Wasserrad
Rahmengeschichte I

Wenn Sie möchten, können Sie jetzt gleich einer kleinen Phantasiereise folgen, die ich vortragen werde. Sie können während der Geschichte jedoch auch Ihren eigenen Gedanken nachgehen, innere Bilder wahrnehmen, vielleicht noch ein wenig über die Übungen dieser Gruppensitzung nachdenken und alles mögliche tun, was für Sie jetzt angenehm ist. Verändern Sie, wenn Sie möchten, noch Ihre Liegeposition, bis Sie eine ganz bequeme, angenehme Position gefunden haben.

Sie können an jeder Stelle meiner Geschichte mit Ihren Gedanken abschweifen und auch wieder zurückkommen, so wie es angenehm für Sie ist. Wenn Sie meiner Geschichte folgen wollen, dann stellen Sie sich vor, daß Sie irgendwo, z. B. in einer schönen Schwarzwaldlandschaft im Frühsommer, zwischen Blumen und Gräsern auf einer Wiese sitzen, den blauen Himmel und die angenehm wärmende Sonne genießen. Sie freuen sich am kräftigen Grün der Wälder etwas weiter von sich weg und an bunten Farben der Wiesenblumen um Sie herum, während Sie dem Plätschern eines Bächleins, das in der Nähe vorbeifließt, und dem Zwitschern der Vögel zuhören. Wenn Sie möchten, können Sie sich auch Kühe oder Schafe auf einer Weide in Ihrer Nähe vorstellen, die friedlich vor sich hin grasen. Stellen Sie sich, wenn Sie möchten vor, daß aus dem Wald ein Mann heraustritt, der einen Rucksack und einen grauen Filzhut trägt. Sein grauer Bart ist gekräuselt. Er grüßt schon von weitem freundlich lächelnd. Als er näherkommt, fragt er, ob er sich ein wenig zu Ihnen auf die Wiese setzen, es sich bequem machen und sich ausruhen darf. Ebenso möchte er gerne eine schöne kleine Geschichte erzählen, wenn Sie nichts dagegen haben. Da Sie einverstanden sind, setzt sich der Mann, der sich als Förster des Ortes vorstellt, zu Ihnen, nimmt seinen Rucksack vom Rücken und stellt ihn neben sich ab. Er holt eine kleine Frühstückdose aus dem Rucksack heraus, öffnet sie und bietet Ihnen daraus ein paar frische Beeren und andere Früchte an und nimmt auch selbst davon. Als er es sich bequem gemacht hat, schaut er sich noch etwas um, genießt den Anblick der bunten Wiesenblumen, des wunderschönen Tales und des Waldes in der Nähe, hört ein wenig dem Bachgeplätscher und dem Zwitschern der Vögel zu und beginnt schließlich mit seiner Geschichte.

Rahmengeschichte II

Vor vielleicht 150 oder auch 200 Jahren lebten in der alten ehrwürdigen Universitätsstadt zu Freiburg zwei Philosophen, die sich immer nach getaner Arbeit in einer kleinen Weinstube am Rande der Stadt trafen. Zu dieser Zeit des Jahres hatte der Wirt Tische und Stühle nach draußen gestellt, wo man im Garten am kleinen Flüßchen, unter Bäumen sitzend, die Sonne und die angenehme Frühsommerluft genießen konnte. Der Jüngere von beiden hatte sich die Schuhe ausgezogen und streckte die bloßen Füße ins kühlende Gras, während sie beide den im leisen Wind rauschenden Blättern, dem Vogelgezwitscher, dem ruhigen Vorbeirauschen des Flüßchens und den weiter entfernt hörbaren Stimmen anderer Gäste in der Weinstube lauschten. Als der Wirt einen Krug mit Wein und einen mit Wasser brachte, schwappte ein wenig vom Wein über, denn der Wirt hatte den Krug gut eingeschenkt, und als er ihn auf den Tisch stellte, der auf dem unebenen Boden etwas schief stand, floß etwas Wein die Tischplatte herunter und tropfte dem jüngeren der beiden Philosophen auf den Fuß. Dieser freute sich über das kühlende Naß. Nachdem beide Wein und Wasser in ihre Becher gegossen und ein paar Schlucke genossen hatten, begann der ältere Philosoph eine Geschichte zu erzählen, die er auf einer seiner Reisen ins ferne Venedig von einem Kollegen aus dem Morgenland gehört hatte.

Geschichte vom Wasserrad

Vor vielen, vielen Jahren lebte im Zweistromland, zwischen Euphrat und Tigris, ein Bauer mit seiner ganzen Familie zusammen und den Feldern, die sein Urgroßvater an den Großvater, der Großvater an den Vater und der Vater an ihn vererbt hatten. Aus dem Fluß, der ruhig und majestätisch an den Feldern vorbeiströmte, entnahm er mit Hilfe eines Wasserrades, das sich auch schon seit Generationen ruhig und stetig im Wasser vor sich hindrehte, Wasser für seine Felder. Tönerne Schöpfgefäße, die an der Seite des Wasserrades angebracht waren, füllten sich im Fluß, wurden dann mit der Drehung des Wasserrades aus dem Wasser nach oben gehoben, bis sie sich an der höchsten Stelle über eine dort angebrachte Wasserrinne entleerten, die das Wasser in den Hauptkanal führte.

Immer wenn ein bestimmtes Feld bewässert werden sollte, mußte man am Hauptkanal an einer bestimmten Stelle ein paar Schaufeln Erde weggraben, um den Zugang zu der jeweiligen Zuflußrinne freizumachen. Dann konnte das kostbare Naß frei fließen und das gewünschte Feld bewässern. Der Bauer und seine Familie saßen nach getaner Arbeit oft am Fluß und ließen den Blick schweifen über die grünen Felder mit den bunten Blüten, darin die Bäume mit den reifen Früchten, dem breiten, ruhig dahinströmenden Fluß, der ihnen das kostbare Naß spendete, und die bunten Farben der untergehenden Sonne, die ihren Feldern Tag für Tag die Kraft zu wachsen und zu gedeihen gab.

Eines Tages jedoch stand das Wasserrad still, als der Bauer am Morgen auf das Feld kam. Und da es sich nicht mit dem fließenden Wasser mitdrehte, bildete sich ein kleiner Strudel um das Rad herum. Der Bauer schob das Wasserrad an. Es setzte sich quietschend in Bewegung und blieb alsbald wieder stehen. Auch beim zweiten und dritten Anschieben geschah dasselbe. Da sich der Bauer nicht anders zu helfen wußte, rüttelte und zerrte er an seinem Wasserrad. Da sich nichts änderte, sagte er zu einem seiner Söhne, er solle sich an den Fluß stellen und das Rad immer wieder anschieben. Nachdem der Sohn den ganzen Tag über das Wasserrad angeschoben hatte, überlegte auch er, was er tun könnte, um den alten Zustand wiederherzustellen.

Auch er zog und zerrte an dem Wasserrad, ohne daß sich irgend etwas änderte. In den nächsten Tagen war die ganze Familie mit dem Problem beschäftigt, aber niemandem gelang es, etwas Entscheidendes zu ändern.

Zur gleichen Zeit war in der nahegelegenen Stadt ein fahrender Handwerksmeister eingetroffen, der die Lande bereiste und umfangreiche

Kenntnisse von den mechanischen Dingen und der Funktion von Geräten erlangt hatte. Er verdiente sich sein Auskommen, indem er überall, wohin er kam, technische Gerätschaften baute oder Defekte reparierte. Auch der Bauernfamilie war das Eintreffen dieses Mannes bekannt geworden, und so ließ man ihn zu der Stelle am Fluß rufen, an der das Wasserrad stand.

Der Handwerksmeister, ein großer, kräftiger Mann mit freundlichem Blick, trug einen schweren hölzernen Kasten mit allerlei Werkzeug, den er am Fluß abstellte, nachdem er die Bauernfamilie begrüßt hatte. Er stieg ins Wasser, um sich das Wasserrad genauer anzusehen. Er betrachtete das Wasserrad von allen Seiten, fühlte den Widerstand, der sich einer Bewegung entgegensetzte, schob es schließlich an und hörte sich genau den quietschenden Klang des Wasserrades an, während es sich bewegte. Dann stieg er, ganz konzentriert und auf keinen der Umstehenden achtend, wieder aus dem Wasser und holte aus seinem hölzernen Kasten einen dicken Metallklumpen, durch den ein hölzerner Stiel hindurchgesteckt war (Hammer). Dann stieg er wieder in den Fluß, holte aus und versetzte der Nabe des Rades mit seinem Werkzeug einen kräftigen Schlag.

Die Umstehenden waren erstaunt, fast glaubten sie an Zauberei und waren glücklich, als sich das Wasserrad von selbst und ohne fremdes Zutun wieder in Bewegung setzte. Nachdem der Handwerker sein Werkzeug wieder eingepackt hatte, sagte er zu dem Bauern: „So das wär's, das kostet jetzt drei Goldstücke." Da fing der Bauer lautstark zu zetern und zu jammern an und meinte: „Drei Goldstücke, das ist unmöglich, dafür muß ich mit meiner Familie mindestens drei Monate arbeiten und siehe, Du allein hast nicht mal zwei Minuten gebraucht, um das Wasserrad zu reparieren."

Da meinte der Handwerksmeister: „Ich habe aber 20 Jahre gebraucht, um zu lernen, wie ich es in zwei Minuten reparieren kann. Was es so teuer macht, ist nicht meine Arbeitszeit, sondern mein Wissen und meine Erfahrung."

Da der Bauer tatsächlich nicht so viel besaß, um den Handwerker bezahlen zu können, gingen sie beide gemeinsam in die Stadt und suchten den alten Josua auf, der sich als weiser Berater in allen möglichen Schwierigkeiten bewährt hatte, weil er es verstand, den Leuten gut zuzuhören, und immer wieder in der Lage war, einen richtigen Rat zu finden.

Nachdem die beiden ihm berichtet hatten, was vorgefallen war, kratzte sich der alte Josua am Kinn, blickte gedankenverloren in die Luft, überlegte und überlegte und sagte schließlich: „Nun, ich habe da eine Idee." Und er schlug dem Handwerksmeister vor, von der Bauernfamilie nur zwei Kup-

ferstücke für seine Arbeit zu verlangen und sich noch Vorräte für seine Wanderschaft geben zu lassen. Produkte in solcher Qualität werde er nicht so schnell finden. In Zukunft solle er von den Reichen und Wohlhabenden fünf, sechs, sieben, acht oder neun Goldstücke verlangen, je ihrem Vermögen entsprechend. Er werde dem Handwerker noch am gleichen Tag eine Arbeit besorgen, für die er diesen Preis verlangen könne. Der Handwerksmeister überlegte eine Weile und meinte dann: „Gut, so wollen wir es machen." Der Alte begleitete ihn zu seinem Nachbarn, einem reichen Handelskaufmann, der soviel an Besitz angehäuft hatte, daß er sich in seinem Haus nicht mehr sicher fühlte. So hatte er sich ein Schloß gekauft, wußte es aber nicht zu gebrauchen, weil es defekt war. Der Mann war heilfroh, daß Josua den Handwerker zu ihm gebrachte hatte, und war, obwohl das Schloß schnell repariert war, von selbst bereit, zehn Goldstücke zu bezahlen.
So gingen sie zum Anwesen des Bauern zurück. Der Bauer bezahlte gerne den vereinbarten Preis und überhäufte den Handwerksmeister noch mit Brot, Früchten und konserviertem Fleisch, das der Handwerksmeister auf seinem Weg gut gebrauchen konnte. Dieser war überglücklich über den Verlauf der Dinge, denn so war die Sache für den Bauern und ihn selbst gut gelöst worden. Er schenkte die Kupferstücke den Kindern des Bauern, bedankte sich herzlich und ging weiter auf seiner Wanderschaft.
Auch im nächsten Jahr und im Jahr darauf besuchte der Handwerker die Bauernfamilie, er und der Bauer waren inzwischen gute Freunde geworden. Jedesmal, wenn denm Handwerksmeister sein Weg in die Gegend führte, kam er auch bei der Bauernfamilie vorbei, blieb ein paar Tage, reparierte, was auch immer zu reparieren war, und machte sich ein wenig nützlich. Immer wenn der Tag dann zur Neige ging, saß er zusammen mit dem Bauern am Fluß, betrachtete mit ihm die untergehende Sonne, und sie erzählten sich gemeinsam Geschichten.

Rahmengeschichte II
Nachdem der ältere der beiden Philosophen seine Geschichte zu Ende erzählt hatte, schmunzelten beide zufrieden vor sich hin. Der Ältere von beiden sagte zum Jüngeren: „Siehst du, es kommt immer auf das richtige Maß der Dinge an, und ein jeder hat das Recht, sein eigenes Maß für sich zu bestimmen. Jeder Mensch ist einmalig und besonders, jeder hat etwas für den anderen Wertvolles zu geben. Und so, wie der Rat, die Hilfe, die Tat, das Erzeugnis und auch die Person des einen für den anderen wichtig ist, ist es auch umgekehrt. Also sollte man, so wie man den anderen schätzt, auch den eigenen Wert erkennen und schätzen.

Rahmengeschichte I
Als der Förster diese Geschichte zu Ende erzählt hat, nimmt er noch eine rote Beere aus der Dose. Anschließend schließt er seine Frühstücksdose wieder, packt sie in den Rucksack und bindet ihn zu. Er steht auf, verabschiedet sich freundlich, nimmt seinen Rucksack auf die Schultern und stapft wieder weiter vergnügt seines Weges in den Wald hinein.
Wenn Sie möchten, ruhen Sie sich noch ein wenig aus. Wenn Sie jetzt oder später zurückkommen möchten, dann beginnen Sie zunächst die kleinen Finger- und Zehengelenke zu bewegen, anschließend Hand- und Fußgelenke und dann Ellbogen- und Kniegelenke und, schon tiefer einatmend, die Hüft- und Schultergelenke. Beginnen Sie, sich zu dehnen, räkeln und zu strecken, und lassen Sie vielleicht auch Gähnen zu, wenn es von selbst kommt, und tun Sie alles, was Sie z.B. nach einem langen erholsamen Schlaf tun, um wieder wach und entspannt ins Hier und Jetzt zurückzukommen, wie z. B. Dehnen und Räkeln des Rückens und des Nackens, Zusammenkneifen und Blinzeln der Augen und alles, was jetzt sonst noch angenehm für Sie ist.

Streß 4

1. Aktivierungs-/Vitalisierungsübung
1.1 Dehnen, Räkeln, Strecken, Schütteln
1.2 Johnnie Guitar Watson

2. Kognitiver Teil
2.1 Hausaufgabenbesprechung
2.2 Gedankenmeditation, Kurzerfahrung
2.3 Kurzvortrag: Streßgedanken/„innere Antreiber"
2.4 Option: Gruppenübung zu eigenen Streßgedanken
2.5 Kurzvortrag: Weitverbreitete irrationale Annahmen (nach Beck und Ellis)
2.6 Kurzaustausch in der Gruppe
2.7 Streßkognitionen

3. Aktivierungs/Vitalisierungsübung
3.1 Aura-Cleaning
3.2 Strampeln und Stampfen
3.3 Partnerübung: „Rückengespräch"

4. Kognitiver Teil
4.1 Verzerrtes Denken (nach Ellis und Beck)
4.2 Option: Partnerübung
4.3 Option: Gruppen-"Blitzlicht"

5. Aktivierungs-/Vitalisierungsübungen
5.1 Kurzes Dehnen, Räkeln, Strecken, Schütteln
5.2 Herrscherpose: „Alles mein's"
5.3 Schreibtisch (Geschirr) abräumen
5.4 Option: Fetzige Scheibe

6. Entspannungsübung / Phantasiereise
6.1 Kurze Muskelentspannung nach Jacobson
6.2 Der koreanische Bauer

7. Hausaufgabe
7.1 Streßgedanken

SITZUNG 4

1. Aktivierungs-/Vitalisierungsübungen

1.1 Dehnen, Räkeln, Strecken, Schütteln

Räkeln und strecken Sie sich wie eine Katze beim Aufwachen zwischen dem zweiten und dritten Mittagsschlaf. Spreizen Sie die Finger, strecken Sie dabei die Arme in Schulterhöhe und anschließend ganz weit nach oben. Neigen Sie nun, breitbeinig stehend, den Oberkörper nach links, rechts, vorne und hinten, bewegen Sie ihn kreisförmig in verschiedene Richtungen. Bilden Sie mit Ihren Händen Fäuste (Daumen nicht mit den Fingern umschließen). Erspüren Sie gleichzeitig mit geschlossenen Augen, welche Dehn- und Räkelbewegungen Ihnen jetzt guttun würden, und führen Sie diese gleich aus. Umgreifen Sie mit der rechten Hand die linke Faust, und üben Sie mit beiden Händen Druck nach innen aus, so daß die Arm-, Schulter- und Brustmuskulatur maximal angespannt werden. Achten Sie bei dieser Übung darauf, etwas breitbeinig, leicht in den Knien gebeugt und gerade aufgerichtet zu stehen. Insbesondere die Brustwirbelsäule sollte gut gestreckt bleiben.

Bilden Sie anschließend mit der rechten Hand eine Faust, die die linke Hand umschließt, und drücken Sie die Hände erneut fest zusammen.

Erspüren Sie nun mit geschlossenen Augen, welche Dehn- und Räkelbewegungen Ihnen guttun würden. Räkeln und strecken Sie sich im Stehen, und nehmen Sie dabei auch zeitweise den Zehenballenstand ein. Strecken Sie zunächst mehr den linken Arm ganz nach oben zur Decke und dann mehr den rechten Arm. Lassen Sie hierbei auch Gähnen zu, wenn es spontan entsteht.

Beginnen Sie nun die Hände auszuschütteln, so als wollten Sie Honig, Marmelade oder eine andere zähe Flüssigkeit von den Fingern abschütteln. Beugen Sie die Ellbogen zu einem 90°-Winkel, und bewegen Sie diese gleichzeitig in schnellem Rhythmus nach vorne und nach hinten, so daß die Oberarm- und Schultermuskulatur leicht durchgeschüttelt werden. Schütteln Sie ein wenig den Kopf, und entspannen Sie dabei die Gesichtsmuskulatur.

Gehen Sie noch mehr in die Knie, und winkeln Sie die Ellbogen etwas an. Schütteln Sie das Becken hin und her, so daß die Gesäßmuskulatur locker bewegt wird. Stellen Sie sich anschließend auf das linke Bein, und schütteln Sie Ihre rechte Oberschenkel- und Unterschenkelmuskulatur durch. Verfahren Sie in gleicher Weise mit dem linken Bein. Stellen Sie sich nun wieder auf das linke Bein, heben den rechten Fuß etwa 5 -10 cm vom Boden ab und lassen ihn dann locker auf den Boden fallen. Die Fußsohle sollte hierbei entspannt auf den Boden auftreffen. Üben Sie ebenso mit dem linken Fuß.

Stehen Sie mit leicht gebeugten Knien, die Füße etwa schulterbreit voneinander entfernt, locker und aufrecht da. Schließen Sie die Augen, und spüren Sie ein wenig nach. Würde Ihnen eine weitere Dehn- oder Räkelbewegung guttun? Führen Sie diese aus.

Was empfinden Sie jetzt? Wie geht es Ihnen? Welche inneren Bilder tauchen auf? Und was fällt Ihnen auf, wenn Sie in sich hineinhören?

1.2 Johnnie Guitar Watson

(Musik: Johnnie Guitar Watson, „Gangster of love")

Als Vorübung sollten Schultern und Brustkorb gedehnt werden. Führen Sie die nachfolgenden Übungen im Takt der Musik aus (alle 8 Takte Bewegungswechsel).

- Springen Sie im Takt der Musik mit beiden Beinen vom Boden ab, und landen Sie leicht in den Knien federnd.
- Ziehen Sie beim Absprung die Schultern hoch, und lassen Sie beim Aufkommen die Schultern wieder locker nach unten fallen.
- Mit beiden Beinen noch kräftiger vom Boden abstoßen und weit nach oben springen.
- Mit dem rechten Bein vom Boden abspringen, mit dem rechten Bein aufkommen und wieder hochspringen.
- Mit dem linken Bein vom Boden abspringen, mit dem linken Bein aufkommen und wieder vom Boden wegspringen.
- Mit beiden Beinen abspringen. Strecken Sie beim Sprung die Arme nach seitlich oben (mit weit gespreizten Fingern), beugen Sie sie dann leicht beim Wieder-auf-den-Boden-Aufkommen, und lassen Sie die Hände bis etwa in Kopfhöhe zurückfedern.
- Ganz in die Hocke gehen, dabei mit rudernden Arm- und Schulterbewegungen immer wieder vom Boden hochfedern. Die Bewegung entsteht durch den Schwung der Arme und Schultern.

- Hocken Sie mit gebeugten Beinen und fast aufrechtem Oberkörper auf dem Boden, und „rudern" Sie mit den Armen im Takt der Musik. Spüren Sie, wie sich der Druck, den Sie mit den Fußsohlen auf den Boden ausüben, steigert und anschließend schwächer wird und Sie durch die Bewegung der Arme und Schultern vom Boden abgehoben werden. (Nicht aus den Knien heraus abstoßen, das würde den Meniskus belasten, allenfalls ganz leicht zusätzlich die Bewegung aus dem Fußgelenk heraus unterstützen).
- Im Stehen: Die Hacken, Arme und Schultern werden im Takt der Musik angehoben und wieder nach unten fallengelassen. Heben Sie beim Nach-oben-Federn nur die Hacken vom Boden ab, und lassen Sie Zehen und Zehenballen am Boden.
- Mit beiden Beinen kräftig abspringen und dabei versuchen, mit ganz nach oben gestreckten Armen die Decke des Raumes zu erreichen.
- Auf beiden Beinen stehen und sanft nach oben abstoßen, federnd auf dem Boden aufkommen.
- Im Takt der Musik federnde Bewegungen ausführen, dabei Hacken vom Boden abheben (Zehen und Zehenballen bleiben am Boden), gleichzeitig die Schultern anheben. Mit dem Aufkommen der Fersen Schultern nach unten fallenlassen.
- Nur ganz leicht in den Knien wippen.
- Wieder mit beiden Beinen vom Boden abspringen.
- Wenn die Musik zu Ende ist, bleiben Sie noch ein wenig aufrecht und gleichzeitig entspannt und locker stehen. Beugen Sie dabei leicht die Knie, und schieben Sie das Becken etwas nach vorne. Balancieren Sie den Kopf auf der Wirbelsäule wie einen Ball auf einer Stange, und stehen Sie gerade, ohne sich gerade halten zu müssen.
- In welcher Verfassung sind Sie jetzt?
- Fühlen Sie sich z. B. einerseits etwas erschöpft durch die Übung, andererseits so, als könnten Sie Bäume ausreißen? Stehen Sie anders da? Spüren Sie, wenn Sie möchten, mit geschlossenen Augen nach.

2. Kognitiver Teil

2.1 Hausaufgabenbesprechung

In einem Gruppengespräch stellen die Teilnehmer ihr wöchentliches Stimmungsbarometer vor.

2.2 Gedankenmeditation, Kurzerfahrung

Es wird eine Vase oder Kerze in der Mitte des Raumes aufgestellt, so daß alle Gruppenteilnehmer sie sehen können. Der Gruppenleiter erklärt den Ablauf der Übung:

Bei der folgenden Übung - sie dauert 10 bis 15 Minuten - geht es darum, die vielfältigen, uns begleitenden Gedanken möglichst intensiv zu verfolgen. Wenn man darauf achtet, wird man feststellen, daß uns ständig eine Vielzahl von Gedanken, Bildern, Phantasien wie ein innerer Film unbewußt durch den Kopf geht.

Dieses Gedankenmaterial kann eine wertvolle Informationsquelle für unser Handeln und unsere Lebensgestaltung sein. Zu diesem Zweck werden wir in vier Phasen die inneren Vorgänge kurz schriftlich festhalten.

Wir werden zweimalig, jeweils für eine Minute, bewußt auf alle Gedanken, die uns in den Sinn kommen, achten und diese jeweils hinterher protokollieren, und zweimalig, jeweils während einer weiteren Minute, gleich jeden vorkommenden Gedanken aufschreiben.

Ohne daß wir uns dessen immer ganz bewußt sind, werden wir auch bei einer so ruhigen Betätigung wie dem Betrachten einer Kerze meist nicht vollständig innerlich ruhig. Viele Gedanken gehen uns auf einmal durch den Kopf. Dinge, die wir vergessen haben, melden sich plötzlich, ungelöste Probleme, die wir mit uns herumtragen, innere Phantasien und Bilder, neue Assoziationen zu diesem Gedankenmaterial tauchen auf usw.

Es gelingt in unserer Zivilisation nur wenigen Menschen, in dieser Situation einfach für einen Augenblick ganz „abzuschalten". Es treten dabei ständig innere Bilder, Phantasien und kommentierende Gedanken auf, die wir einerseits zur Informationsverarbeitung, andererseits zum Vergleich brauchen. Tagträume können jedoch auch Denkanstöße geben und auf neue Lösungsmöglichkeiten hinweisen. Häufig sind wir zu sehr in Gedanken und schenken dem Alltag zu wenig Aufmerksamkeit. Manchmal haben wir Assoziationen und Gedankensplitter, die wir nicht richtig einordnen können. Oftmals ist keine Verbindung zu Bekanntem erkennbar.

Die Übung

Sitzen Sie bequem auf dem Boden (wenn Sie mit älteren Personen oder einem Personenkreis, der dies nicht gewohnt ist, arbeiten, kann die Übung auch auf einem Stuhl oder Hocker sitzend durchgeführt werden). Dehnen, räkeln und strecken Sie sich. Sitzen Sie möglichst locker und entspannt, und geben Sie sich etwas Zeit, um innerlich zur Ruhe zu kommen. Lassen Sie Ihre Atmung ruhig und regelmäßig werden. Ein Blatt und ein Schreibstift

sollen vorbereitet vor Ihnen liegen (bzw. ein Blatt Papier, eine Schreibunterlage und ein Schreibgerät).
Der Gruppenleiter gibt nun ein vereinbartes Zeichen (= Beginn der ersten Minute).

Erste Minute
Betrachten Sie für eine Minute eine Kerze, die im Raum steht (oder einen anderen Gegenstand im Raum, z. B. eine Vase), und nehmen Sie wahr, was geschieht.
Registrieren Sie für eine Minute bewußt alle Gedankensplitter, inneren Bilder, Gefühle, Begleitgedanken, von selbst ablaufende Gedanken usw. Der Gruppenleiter gibt erneut das vereinbarte Signal (= Ende der ersten Minute).
Schreiben Sie alles auf, was Sie wahrgenommen haben!

Zweite Minute
Sobald alle Gruppenteilnehmer ihre Notizen abgeschlossen haben, gibt der Gruppenleiter kurz danach erneut das Signal (=Beginn der zweiten Minute).
Betrachten Sie nun die Kerze (den Gegenstand oder die Vase) für eine Minute, und schreiben Sie direkt mit, was Sie innerlich an Gedanken, Gefühlen und inneren Bildern wahrnehmen.
Anschließend gibt der Gruppenleiter wieder das vereinbarte Signal (= Ende der zweiten Minute).
Eventuell beides noch einmal wiederholen (erste Minute und zweite Minute).
Austausch in der Gruppe:
Welche Beobachtungen und Erfahrungen haben Sie gemacht?

2.3 Kurzvortrag:
Streßgedanken/„innere Antreiber"
Ohne daß wir es immer merken, tragen wir selbst zu unserem eigenen Streß bei. Amerikanische Psychologen haben typische, bei allen Menschen vorkommende Muster von streßverursachenden Gedanken festgestellt, diese gesammelt und systematisch erfaßt. Jeder Mensch kennt diese Gedankenmuster mehr oder weniger stark ausgeprägt auch bei sich selbst.
Es handelt sich unter anderem um Forderungen, die jeder in seiner Kindheit von seiten seiner Eltern oder des für die frühkindlichen Einflüsse wichtigen sozialen Umfeldes erlebt hat. Um Konflikten aus dem Weg zu gehen, haben wir diese Forderungen zu unserer eigenen Sache gemacht und Verhaltensstrategien ausgebildet, die die Transaktionsanalyse **„innere Antreiber"**

nennt. Weil wir wissen, was das Umfeld von uns will, und wir Konflikten aus dem Weg gehen wollen, ordnen wir uns diesen Forderungen freiwillig und bedingungslos unter. Oftmals übertreiben wir dabei. Später gelingt es uns immer weniger, zu differenzieren und bewußt zu entscheiden, ob wir uns heute immer noch so verhalten wollen, wie es vielleicht in der Kindheit in einer bestimmten Situation am besten war.

Poster:

Innere Antreiber/typische Streßgedanken
(verinnerlichte elterliche Forderung, Transaktionsanalyse)
Mach' es allen recht (please me).
Beeil' dich, mach' schneller (hurry up).
Sei perfekt (be perfect).
Streng' dich an (try hard).
Sei in jeder Lage stark, zeig' keine Schwächen (be strong).

2.4 Option: Gruppenübung zu eigenen Streßgedanken

Poster:

Sammeln Sie Ihre Streßgedanken in der Gruppe

Der Gruppenleiter schreibt die Gedanken der Teilnehmer auf das Poster. Bestimmte Grundannahmen darüber, wie die Welt funktioniert und welche Rolle wir in ihr einnehmen müssen, haben sich verfestigt und sind als ständige Handlungsvorschrift vorhanden, ohne daß wir das bewußt geplant oder uns je überlegt haben, ob das auch alles richtig und vernünftig ist.

Viele der Einflüsse, die zum Entstehen der sogenannten „inneren Antreiber" geführt haben, sind teilweise auch die Ursache von Streß. Ellis und andere Psychologen haben diese weitverbreiteten streßmachenden irrationalen Annahmen einmal zusammengestellt.

2.5 Kurzvortrag: Weitverbreitete irrationale Annahmen (nach Beck und Ellis)

- Die Vorstellung, daß es für einen erwachsenen Menschen unbedingt notwendig ist, von jeder Person in seiner sozialen Umwelt geliebt und akzeptiert zu werden.

- Die Vorstellung, daß Sie unter allen möglichen Bedingungen kompetent und erfolgreich sein müssen, damit Sie sich selbst als angemessen einschätzen können.

- Die Vorstellung, daß bestimmte Menschen schlecht, boshaft, schurkisch sind und daß sie streng verurteilt und bestraft werden müßten für ihre Schlechtigkeit.

- Die Vorstellung, daß es eine Katastrophe ist, wenn die Dinge nicht so sind, wie Sie sie sehr gerne haben möchten.

- Die Vorstellung, daß Sie über ein Geschehen, das gefährlich und furchterregend ist, äußerst besorgt zu sein haben und ständig an die Möglichkeit denken müssen, daß es tatsächlich eintritt.

- Die Vorstellung, daß menschliches Unglück durch äußere Umstände bedingt ist und daß Menschen wenige oder gar keine Möglichkeiten haben, ihre Sorgen und ihr Unglücklichsein zu beeinflussen.

- Die Vorstellung, daß es leichter ist, Schwierigkeiten im Leben, bestimmte Situationen, für die Sie selbst verantwortlich sind, zu erleiden, als sich mit ihnen zu konfrontieren.

- Die Vorstellung, daß Sie von anderen abhängig sind und jeden brauchen, der stärker ist als sie selbst und auf den man sich verlassen können.

- Die Vorstellung, daß die eigene Vergangenheit sehr wichtig und bestimmend für die gegenwärtige Situation ist und daß ein Einfluß, der einen früher einmal nachhaltig beeinträchtigt hat, heute unbedingt wieder denselben Effekt haben muß, wenn er erneut auftritt.

- Die Vorstellung, daß Sie sich große Sorgen über die Probleme und Schwierigkeiten anderer Leute machen müssen.
- Die Vorstellung, daß es eine bestimmte richtige, präzise und perfekte Lösung für jedes menschliche Problem gibt und daß es eine Katastrophe ist, wenn diese korrekte Lösung nicht gefunden wird.

Autorin: Frauke Teegen (1988, S. 92)

2.6 Kurzaustausch in der Gruppe
Nach dem Vortrag sollte den Teilnehmern die Möglichkeit gegeben werden, Fragen abzuklären, ergänzende Gedanken hinzuzufügen und über die Inhalte, falls gewünscht, zu diskutieren.

2.7 Streßkognitionen

Bitte bearbeiten Sie das Arbeitsblatt Nr. 9/1-3 (Anhang S. A-21—A-23)

3. Aktivierungs-/Vitalisierungsübungen

3.1 Aura-Cleaning
Stellen Sie sich vor, daß Sie bei einem Spielewettbewerb (z.B. Spiel ohne Grenzen) die Aufgabe bekommen, in einen riesengroßen Bottich zu springen und etwa halshoch in weichem Schnee oder Schaumflocken stehend mit den Händen die Flocken von sich wegzuschieben und zusammenzudrücken, bis der Raum um Sie herum wieder ganz frei ist und Sie leicht aus dem Bottich heraussteigen können.
Machen Sie mit der flachen Hand schnelle, intensive schiebende Bewegungen nach außen. Gehen Sie zwischendurch auch in die Knie, und schieben Sie die Schneeflocken am Boden nach seitlich außen sowie nach vorne und hinten weg.
Probieren Sie kräftigere und sanftere Bewegungen nach allen Seiten, auch nach oben.
Stellen Sie sich kurzfristig vor, Sie stünden in der Straßenbahn, alle drängelten und dies sei Ihnen äußerst unangenehm. Arbeiten Sie mit der Vorstellung, Sie würden Leute wegschieben, die Ihnen „zu nahe gekommen" sind.
Schütteln Sie sich im Takt der Musik. Stellen Sie sich vor, Sie würden nach dem Schwimmen Wasser von sich abschütteln.

Stehen Sie noch einige Minuten mit geschlossenen Augen gerade und gleichzeitig locker da. Lassen Sie die Knie dabei leicht gebeugt. Spüren Sie nach, ob Sie das Bedürfnis haben sich zu dehnen, räkeln, bestimmte Körperteile zu schütteln oder Bewegung zu empfinden? Möchten Sie die von sich wegschiebenden Bewegungen noch einmal ausführen und nachspüren?

3.2 Strampeln und Stampfen

Sie können die folgende Übung im Sitzen oder im Liegen durchführen.

Stellen Sie sich vor, Sie sind ein kleines Baby, das vor lauter Bewegungsfreude lachend vor sich hinstrampelt.

Strampeln Sie, indem Sie, auf dem Rücken liegend, beide Arme und Beine gleichzeitig anheben und wieder auf den Boden sinken lassen; danach heben Sie abwechselnd die Arme und dann die Beine.

Versuchen Sie jetzt, den rechten Arm und das rechte Bein und anschließend den linken Arm und das linke Bein anzuheben und wieder zum Boden zurückzuführen.

Variieren Sie die Schnelligkeit des Hochhebens einzelner Körperteile und die Kraft des Nach-unten-Führens.

„Trommeln" Sie mit den Armen und Beinen auf die Unterlage.

Stellen Sie sich vor, Sie schleudern beim Nach-oben-Bewegen der Arme und Beine kleine Gegenstände, z. B. Bonbons, Wassertropfen, Styroporchips o. ä., nach oben außen oder nach allen Seiten von sich weg. Geben Sie während des Übens z. B. auch einen leisen langezogenen Hiiiiii- oder Heeeeee-Laut, wie ihn kleine Kinder erzeugen können, von sich.

Wenn Sie möchten, können Sie auch die Trotzphase ausprobieren und ganz trotzig fordernd mit den Füßen aufstampfen. Ziehen Sie dabei die Knie an, und setzen Sie anschließend die Füße kräftig auf den Boden. Stampfen Sie abwechselnd mit dem rechten und mit dem linken Fuß auf. Trommeln Sie anschließend parallel zum Aufstampfen mit den Fäusten neben sich auf die Unterlage.

Lassen Sie das Stampfen ganz langsam sanft und fast unmerklich werden und allmählich zum Stillstand kommen. Ruhen Sie sich ein wenig aus, während Sie ganz genau nachempfinden, wie die rhythmischen Bewegungen auf Sie gewirkt haben. Stellen Sie sich vor, welche anderen rhythmischen Bewegungen man noch ausführen könnte. Probieren Sie einige der Bewegungen, die Ihnen gerade eingefallen sind, aus.

3.3 Partnerübung: „Rückengespräch"

Sitzen Sie Rücken an Rücken mit einem Partner, der etwa gleich groß ist wie Sie selbst. Nehmen Sie zunächst wahr, wo sich Ihr eigener Rücken und der Ihres Partners berühren.

Begrüßen Sie den anderen Rücken in „Rückensprache", und lassen Sie sich selbst von Ihrem Partner für diese Übung durch Rückenberührungen willkommen heißen.

Stellen Sie sich Ihren Übungspartner vor. Fühlt er sich wohl? Ist er innerlich ruhig? Ist er erwartungsvoll gespannt auf das, was kommt?

Stellen Sie sich nun vor, Sie würden sich ohne Worte, nur durch Bewegungen und Lageänderungen Ihres Rückens miteinander unterhalten. Beginnen Sie mit kleinen, fast unmerklichen Bewegungen. Verstärken Sie vielleicht den Druck an den Stellen, an denen sich Ihre Rücken berühren. Versuchen Sie es mit anderen Stellen, teilen Sie Ihrem Partner auf diese Weise etwas mit, „hören" Sie darauf und erspüren Sie, was der andere Ihnen mitteilen möchte.

Verabschieden Sie sich jetzt von Ihrem Partner in der Rückensprache, und nehmen Sie wahr wie er sie verabschiedet.

4. Kognitiver Teil

4.1 Verzerrtes Denken (nach Ellis und Beck)

Die oben zitierten irrationalen Annahmen sind mit einer verzerrten Wahrnehmung und Beurteilung der Realität verbunden. In dem Informationsblatt (Anhang S. A-24—A-25), das den Teilnehmern ausgehändigt wird, sind bestimmte Muster dieses sogenannten verzerrten Denkens (Aussagen von Ellis und Beck) dargestellt und anhand einiger Beispiele verdeutlicht.

4.2 Option: Partnerübung
Finden Sie zehn „Ich muß"-Sätze.
Der Partner schreibt mit.

Beispiele:
Ich muß immer gleich den Tisch abräumen.
Ich muß täglich staubsaugen.
Ich muß viel arbeiten.

Formulieren Sie die Sätze um zu „Ich entscheide mich"-Sätzen („Ich entscheide mich, den Tisch immer gleich abzuräumen". Sprechen Sie diese Sätze aus, und beobachten Sie, ob Ihnen vielleicht ein guter Grund für die

Entscheidung einfällt und was sonst noch gefühlsmäßig passiert. Lassen Sie die neuen Sätze auf sich wirken.
Überlegen Sie sich zehn „Ich kann nicht"-Sätze.
Verändern Sie diese zu „Ich will nicht"-Sätzen.
Finden Sie zehn „Ich brauche unbedingt"-Sätze.
Bilden Sie daraus „Ich wünsche mir"-, „Ich hätte gern" -Sätze.

4.3 Option: Gruppen-„Blitzlicht"
Möglichkeiten zum Austausch und zur gegenseitigen Rückmeldung.

5. Aktivierungs-/Vitalisierungsübungen

5.1 Kurzes Dehnen, Räkeln, Strecken, Schütteln
(siehe Übungsbeispiele aus den vorangegangenen Sitzungen)

5.2 Herrscherpose: „Alles mein´s"
Diese Übung kann im Sitzen oder Stehen durchgeführt werden.
Achten Sie darauf, daß Sie gerade aufgerichtet und gleichzeitig locker sitzen bzw. stehen. Richten Sie insbesondere die Brustwirbelsäule auf, stellen Sie sich vor, Sie haben am Hinterkopf einen Faden, an dem Sie leicht nach oben gezogen werden.
Stehen Sie locker **und** gerade.
Stellen Sie sich vor, Sie sind ein mächtiger Fürst und sitzen/stehen auf Ihrem Burgturm. Alles, was Sie sehen, gehört Ihnen.
Sie führen mit der rechten Hand - die Finger sind leicht gespreizt - eine besitzergreifende Geste von links nach rechts (so wie manche Kartenspieler mit dem Handrücken über Spielkarten oder manche reiche Leute im Walt-Disney-Film genießerisch über ein zum Fächer gespreiztes Bündel Geldscheine fahren) und anschließend mit der linken Hand von rechts nach links aus. Alles mein's, das alles gehört mir.
Stellen Sie sich vor, wie gut sich ein Fürst fühlt, der seinen riesigen Besitz begutachtet. Stellen Sie sich weiterhin vor, wie er sich dabei verhalten könnte („Diener, bring' mir einen Apfel von dem Baum da unten! " „Fächle mir etwas Luft zu! " „Baumeister, wir werden den Berg da um drei Zentimeter nach rechts versetzen!").

Genießen Sie das angenehme Gefühl noch ein wenig, und kommen Sie dann aus der Übung zurück.

5.3 Schreibtisch (Geschirr) abräumen

Sitzen Sie mit gerade aufgerichtetem Oberkörper vor einem (in der Phantasie vor Ihnen stehenden) Schreibtisch. Der Kopf wird wie von einem Faden leicht nach oben gezogen, die Schultern hängen locker nach hinten unten. Stellen Sie sich vor, der Schreibtisch ist mit Akten und Papieren vollgestellt (einen Stapel schmutziges Geschirr auf dem Tisch).

Denken Sie sich eine Handbewegung aus, mit der Sie den Schreibtisch (den Küchentisch) mit zwei Händen durch eine schiebenden Bewegung von rechts nach links leerräumen. Wenn Sie Schwierigkeiten haben, sich diese Situation vorzustellen, schließen Sie die Augen, und stellen Sie sich vor, wie die Akten und Papierstapel (der Stapel schmutziges Geschirr) aussehen, wie es klingt, wenn Sie auf der Seite des Schreibtisches (des Küchentisches) herunterfallen und wie gut es sich anfühlt, einen vollkommen leeren Schreibtisch (Küchentisch) zu haben. Achten Sie darauf, eventuelle Schuldgefühle wegen der heruntergefallenen Akten (des Geschirrs) für einen Augenblick zu „vergessen".

Führen Sie die Bewegung erst ganz schnell, dann ganz langsam aus. Schieben Sie die Akten mit der rechten Hand von rechts nach links und dann mit der linken Hand von links nach rechts.

Schieben Sie danach mit beiden Händen die Akten (das Geschirr) nach hinten vom Tisch, und genießen Sie diese Bewegung.

Vielleicht haben Sie unwillkürlich einmal den inneren Impuls gehabt, so etwas oder auch etwas Vergleichbares zu tun. Wie fühlt es sich jetzt an, diesem Impuls nachzugeben, auch wenn Sie die Bewegung nur an einem imaginären Schreibtisch (Küchentisch) ausführen? Wirkt es auf Sie befreiend? Fühlen Sie sich leichter? (Sie können sich auch andere, manchmal unliebsame Gegenstände vorstellen, von denen Sie sich innerlich „befreien" und distanzieren wollen.)

Nehmen Sie sich vor zu beobachten, wie diese Befreiung in der Übungssituation sich später auf den realen Alltag auswirkt. Vielleicht ist es gelungen, sich in dieser Situation innerlich etwas Luft zu verschaffen und das insgesamt unangenehme Gefühl des Eingeengtwerdens loszulassen.

5.4 Option: Fetzige Scheibe
(siehe Übungsanleitung aus den vorherigen Sitzungen).

6. Entspannungsübung/Phantasiereise

6.1 Kurze Muskelentspannung nach Jacobson
(siehe Einführungssitzung)

6.2 Der koreanische Bauer
Wenn Sie möchten, können Sie gleich einer kleinen Phantasiereise folgen, die ich erzählen werde. Sie können jedoch während der Erzählung auch Ihre eigenen Wege gehen, eigene innere Bilder, vielleicht angenehme Naturerlebnisse, vor dem inneren Auge auftauchen lassen, einfach nur der Musik zuhören oder in sich hineinhören, sich angenehme Naturgeräusche oder Klänge, die sie gerne hören, vorstellen. Sie können sich aber auch, wenn Sie wollen, nur ein wenig ausruhen, vor sich hindösen, es sich gutgehen lassen und spüren, wie Sie möglichst locker und entspannt auf dem Boden liegen und einfach, ohne etwas Bestimmtes tun zu müssen, einatmen ... und ausatmen ... und einatmen ... und ausatmen ...
Vielleicht spüren Sie, wie sich die Bauchdecke hebt und der Beckenboden nach unten dehnt, während Sie einatmen, und sich die Bauchdecke wieder senkt und der Beckenboden zurückfedert, während Sie ausatmen.
Überprüfen Sie Ihre Liegeposition. Gibt es eine Möglichkeit, wie Sie noch bequemer und angenehmer liegen können? Strecken und räkeln Sie sich, kneifen Sie die Augen zusammen, und schneiden Sie Grimassen, wenn Sie möchten. Räkeln Sie einzelne Körperteile, die noch verspannt sind oder sich leicht taub anfühlen.

Rahmengeschichte I
Wenn Sie meiner Phantasiereise folgen möchten, so stellen Sie sich vor, daß Sie gerade auf einer Wiese sitzen oder liegen, umgeben von blühenden Gräsern und bunten Wiesenblumen. Stellen Sie sich zudem vor, wie das Plätschern des Baches in der Nähe klingt, welche Vögel gerade zwitschern, ob Sie etwas weiter entfernt ein paar Kuhglocken hören. Die Sonne scheint und wärmt Sie, der Himmel ist ganz blau, und Sie fühlen sich rundum angenehm und wohlig. In ein paar hundert Meter Entfernung kommt ein freundlich aussehender älterer Herr aus dem Wald, der einen grünen Rucksack trägt. Er hat einen gekräuselten Bart, gekräuselte Haare und trägt einen grauen Filzhut. Am Bach macht er halt, steckt seine Hände ins Wasser und spürt die angenehme Kühle, erfrischt auch sein Gesicht, seinen Hals und streicht sich durch die Haare. Anschließend zieht er die Schuhe aus, watet

durch den Bach. Er grüßt Sie freundlich und fragt, ob er sich ein wenig in Ihre Nähe setzen und eine kleine Geschichte erzählen darf. Er stellt sich als Förster vor, der auf seinem Rundgang eine kleine Pause machen und sich ausruhen möchte. Es bereitet ihm große Freude, eine seiner kleinen netten, amüsanten und immer auch ein wenig lehrreichen Geschichten zu erzählen und sie dabei wieder selbst zu durchleben.

Da Sie nichts dagegen haben und er sich auch nicht daran stört, wenn Sie zwischendurch in Gedanken abschweifen und nur so vor sich hindösen, beginnt er mit seiner Geschichte.

Rahmengeschichte II

Vor zweihundert Jahren oder mehr lebten in der alten ehrwürdigen Universitätsstadt zu Freiburg zwei Philosophen, ein jüngerer und ein älterer, die sich immer nach getaner Arbeit zu Hause oder in einer kleinen Weinstube trafen, um sich Geschichten zu erzählen, über die Dinge des Lebens zu philosophieren und es sich gutgehen zu lassen.

Zu dieser Zeit des Jahres hatte der Wirt der kleinen Weinstube ein paar Tische nach draußen in den Hof gestellt, direkt am Dreisamflüßchen, wo man unter kleinen Bäumen, deren Laub gerade hervorsprießte, sitzen konnte, dem Plätschern des Flüßchens zuhören, die angenehme Sommerluft genießen und beschaulich in der Sonne verweilen konnte. Nachdem der Wirt den Krug mit Wein und Wasser und zwei Becher gebracht hatte - er mußte den Krug sehr vorsichtig abstellen, da der Tisch etwas wackelig auf der unebenen Erde stand - und sie sich eingeschenkt und den ersten Schluck genommen hatten, begann der Ältere der beiden eine Geschichte zu erzählen, die damit zu tun hatte, daß man sich die Dinge des Lebens leichtermachen konnte, wenn man ein wenig geduldig abwartete und zusah, wie sich alles entwickelte und wofür es gut war und wie man die Dinge gut für sich wenden konnte.

Diese Geschichte hatte er auf einem Treffen mit vielen weisen Philosophen im fernen Wien gehört und wollte sie seinem jüngeren Kollegen erzählen, damit der sie dann an seine Studenten weitergeben konnte, die oftmals arg in Sorge über die Dinge des Lebens waren.

Geschichte vom koreanischen Bauern

Vor einigen hundert Jahren lebte im alten Korea ein Bauer, der Reis anbaute und immer, nachdem er geerntet hatte, seinen Reis mit dem Pferd, das ihm zu einem lieben Freund geworden war, in die Stadt brachte, dort verkaufte, die Dinge, die er sonst noch zum Leben brauchte, aus der Stadt zurückbrachte und so jahrein, jahraus ein beschauliches Leben führte.

Eines Morgens jedoch war das Pferd aus dem Stall verschwunden. Alle Nachbarn kamen herbei und bedauerten den armen Mann gar sehr: „Du armer Mensch, Du bist so zu bedauern, welch ein riesengroßes Unglück, was wird jetzt nur geschehen? Welch eine Sorge, welche Not."
Der Bauer kratzte sich am Kopf und meinte: „Nun gut, das Pferd ist verschwunden, aber man muß erst sehen, was geschieht und wie alles wird, und es kommt auch darauf an, wie man es nimmt. Ein Unglück mag ich es noch nicht nennen."
Am nächsten Tag kam das Pferd wieder zurück und brachte noch zehn andere Pferde mit. Jetzt kamen die Nachbarn wieder zu dem Bauern und meinten: „Welch eine übergroße Freude, welch ein riesiges Glück, Du mußt der glücklichste Bauer auf der Welt sein, jetzt bist Du reich." Der Bauer meinte: „Nun gut, jetzt habe ich elf Pferde. Man mag mich glücklich nennen, gut. Trotzdem muß man jetzt sehen, wie es weiter wird und wie es sich entwickelt."
Der Bauer lebte mit seinem jungen Sohn zusammen, und die beiden hatten jetzt fortan gehörig viel zu tun. Gemeinsam bauten sie eine große Pferdekoppel und begannen die Pferde zu zähmen. Nachdem mehrere Stuten Fohlen bekommen hatten, verkauften sie auch nach und nach mehrere Pferde und hatten so ein gutes Auskommen. Da sie nun auch immer ein wenig übrig hatten, unterstützten sie jeden im Dorf, der Sorgen und Probleme hatte.
Eines Tages geschah es, daß der Sohn des Bauern beim Zureiten eines Pferdes stürzte und sich beide Beine brach. Wieder kamen alle Nachbarn herbei und meinten: „Ach Du armer Mann, Dein Sohn hat sich beide Beine gebrochen und wird für Monate ausfallen und kann Dir nicht bei der Arbeit helfen und muß sogar noch selbst versorgt werden. Du stehst jetzt ganz alleine da und weißt nicht, wie Du aller Arbeit Herr werden sollst, Du mußt Dich doch jetzt wirklich unglücklich fühlen, wie sollst Du denn dieses Problem lösen? Wir bedauern Dich wirklich außerordentlich." Da meinte der Bauer: „Nun gut, mein Sohn hat sich die Beine gebrochen, aber es wird ja irgendwann wieder heilen, und wir werden sehen, was wir tun können, damit wir mit dieser Situation zurechtkommen."
Der alte Bauer hatte nach seinem Bruder und dessen Sohn schicken lassen. Der Bruder, der als Beamter in einer anderen Provinz gearbeitet hatte, hatte sich schon in den Ruhestand begeben und zusammen mit seinem Sohn ein prächtiges Haus gebaut, in dem er seinen Lebensabend genießen wollte. Als er von der Not seines Bruders, des Bauern, hörte, machte er sich zusammen mit seinem Sohn sofort auf den Weg, um zu helfen. Obwohl er nicht sehr

viel von Landwirtschaft und von Pferden verstand, klappte es jeden Tag besser, gemeinsam zurechtzukommen, und obwohl es sehr viel Arbeit war, gelang es ihnen doch, sowohl die Ernte einzubringen als auch dafür zu sorgen, daß die Pferde ernährt und gepflegt wurden.

Nach der Ernte kauften sie von dem Geld, das sie gespart hatten, einen Wagen, den man von Pferden ziehen lassen konnte. Der junge Mann, der Sohn des Bruders des Bauern, der eigentlich Landvermesser war, versuchte den Wagen zu fahren. Nachdem er mehrfach mit den Pferden in den Straßengraben geraten war, gelang es ihm immer besser, und schließlich war er gut in der Lage, den Wagen zu steuern, die Pferde schneller und langsamer laufen zu lassen und sie auch zum Halten zu bringen. Die Nachbarn, die die Sache beobachtet hatten, gaben dem jungen Mann, da noch genügend Platz auf dem Wagen war, ihren Reis mit, und so machte sich der junge Mann auf in die nächste Provinzstadt. Da er aus der Hauptstadt wußte, was man für guten Reis verlangen konnte, ging er auf die Preisangebote, die er in der Provinzstadt bekam, gar nicht erst ein, sondern machte sich gleich auf den Weg in die Hauptstadt. Auf der Fahrt dorthin konnte er einige Portionen Reis zu einem guten Preis verkaufen und erzielte schließlich zusammen mit dem, was er auf dem Markt in der Hauptstadt verkaufte, eine beachtliche Summe Geld. Für seinen Onkel und für die anderen Bauern im Dorf sollte er vielfältige Gerätschaften und Gebrauchsgegenstände einkaufen, und nachdem er im eigenen Haus nach dem Rechten gesehen hatte, kehrte er reich beladen wieder in das kleine Bauerndorf zurück.

Zu dieser Zeit geschah es, daß der König der Provinz gerade Krieg führte und seine Werber landauf, landab schickte, die allen jungen Männern, die arbeitsfähig waren, die Einberufung bringen sollten. Als sie in das kleine Dorf kamen, nahmen sie alle jungen Männer mit, nur den Sohn des Bauern, der sich die Beine gebrochen hatte, nicht, da dieser nicht in der Lage war mitzukommen. Auch den jungen Landvermesser konnten sie nicht mitnehmen, da er sich weit weg in der Hauptstadt befand.

Da kamen wieder die Nachbarn herbei und meinten: „Welch ein Glück, welch eine überschwengliche Freude für Dich, Dein Sohn ist Dir erhalten geblieben, die Söhne der anderen haben sie mitgenommen." Da meinte der alte Mann: „Nun gut, man wird sehen, wie es wird, und man muß beobachten, wie alles sich weiterentwickelt."

Auch die Genesung des jungen Mannes mit den gebrochenen Beinen gedieh prächtig, bis dieser schließlich wieder gesundete und alle seine Aufgaben erfüllen konnte.

So lebten alle gemeinsam glücklich und zufrieden.

Da sich der Bruder des Bauern und dessen Sohn so ans Landleben gewöhnt hatten, daß sie es nicht mehr missen mochten, beschlossen Sie, sich in dem kleinen Dorf niederzulassen und an der Zucht der Pferde, die sich inzwischen vergrößert hatte, und am Reisanbau teilzunehmen.
So kam es, daß schließlich die beiden Söhne heirateten und eine Familie gründeten und den beiden Vätern ein Haus bauten, wo diese auf der Veranda sitzend mit ihren Enkeln spielen und ihnen von der Weisheit des Bauern erzählen konnten, der stetig, geduldig und zuversichtlich seinen Weg gegangen war.

Rahmengeschichte II
Nachdem der ältere der beiden Philosophen diese Geschichte erzählt hatte, meinte der jüngere: „Diese Geschichte finde ich sehr lehrreich, und eigentlich könnte ich sie einmal meinen Studenten erzählen. Vielleicht würden sie danach ein tieferes Verständnis dafür aufbringen, wie man durch Zuversicht und Geduld stetig seinen Weg gehen und von den unnötigen Sorgen ablassen kann."

Rahmengeschichte I
Als der Förster diese Geschichte erzählt hat, verabschiedet er sich freundlich, nimmt seinen Rucksack auf und geht vergnügt und beschwingten Schrittes wieder seines Weges weiter in den Wald hinein.

7. Hausaufgabe

Streßgedanken
Bearbeiten Sie zu Hause bitte Arbeitsblatt Nr. 10 (Anhang S. A-26).

Streß 5

1. Aktivierungs-/Vitalisierungsübungen
1.1 Dehnen, Räkeln, Strecken, Schütteln
1.2 Limbo und Twist
1.3 Volleyball
1.4 „Weg"
1.5 Eisenbahnwaggon
1.6 Partnerübung: Wegdrücken

2. Kognitiver Teil
2.1 Hausaufgabenbesprechung
2.2 Mentale Wahrnehmungsübung zur eigenen typischen Streßsituation (NLP)

3. Aktivierungs-/Vitalisierungsübungen
3.1 Wasser abschütteln
3.2 Ellbogenschlag
3.3 Skifahren
3.4 Reiten

4. Kognitiver Teil
4.1 Positiver Umgang mit Streßkognitionen
4.2 Option 1: Streßkognitionen
4.3 Option 2: Streßgedanken
4.4 Vortrag: Hilfen und Tips im Umgang mit Streßgedanken

5. Aktivierungs-/Vitalisierungsübungen
5.1 Kurzes Dehnen, Strecken, Räkeln, Nachspüren
5.2 Fußball im Liegen
5.3 Beinübungen im Liegen
5.4 Dehnung der Beinmuskeln

6. Entspannungsübung / Phantasiereisen
6.1 Kurze Progressive Muskelentspannung im Liegen
6.2 Nutzung der Antistreßkognitionen
6.3 Gesichtsentspannung
6.4 Der Löwe und der See
6.5 Option: Fetzige Scheibe
6.6 Option: Kurze Progressive Muskelentspannung

7. Hausaufgabe
7.1 Alternativkognitionen
7.2 Arbeitsblatt für zu Hause - als Begleiter im Alltag

SITZUNG 5

1. Aktivierungs-/Vitalisierungsübungen

1.1 Dehnen, Räkeln, Strecken, Schütteln
(siehe Sitzungen 1 und 4)
Räkeln und strecken Sie sich wie eine Katze beim Aufwachen. Spreizen Sie die Finger, und strecken Sie die Arme ganz weit nach außen oben. Bilden Sie mit Ihren Händen Fäuste (Daumen nicht mit den Fingern umschließen), beugen Sie die Arme in den Ellbogen, und strecken Sie die Fäuste nach hinten über den Kopf.
Variieren Sie die Spannung der Arm-, Schulter-, Brustkorb- sowie der Nakkenmuskulatur, so wie es für Sie angenehm ist. Probieren Sie aus, welche unterschiedlichen Positionen, Stellungen und muskulären Spannungsintensitäten Sie einnehmen können mit den Fingern ..., den Armen ..., dem gesamten Schultergürtel ..., dem Kopf und Nacken ..., dem ganzen Oberkörper.
Schließen Sie für einen Moment die Augen, und spüren Sie nach, wo noch verspannte Körperstellen im Bereich des Nackens, der Schultern, der Arme und des Oberkörpers sind. Welche Bewegungen, Dehnhaltungen oder Streckungen wären für Sie jetzt noch angenehm? Probieren Sie sie aus. Räkeln und strecken Sie sich nochmals ganz intensiv.
Stehen Sie, die Füße etwa schulterbreit voneinander entfernt, breitbeinig auf dem Boden. Gehen Sie leicht in die Knie, und schieben Sie das Becken etwas nach vorne. Achten Sie darauf, daß Sie aufrecht stehen und dennoch keine Haltearbeit mit den Rückenmuskeln verrichten müssen. Die Wirbelsäule sollte entspannt und gleichzeitig gerade aufgerichtet sein, und der Kopf sollte locker auf der Wirbelsäule balancieren. Beugen Sie sich nun nach vorne zum Boden, und umgreifen Sie mit beiden Händen den linken Knöchel und ziehen den Körper etwas mehr nach unten in Richtung Fuß. Dehnen Sie dabei den Rücken.
Dehnen Sie nun den Körper, indem Sie den rechten Knöchel umgreifen und den Oberkörper in Richtung rechten Fuß ziehen. Richten Sie sich dann auf, und räkeln Sie sich mit geschlossenen Augen intensiv.

Lassen Sie auch Gähnen zu, wenn es von selbst kommen möchte. Führen Sie nun sanfte schüttelnde Bewegungen in den verschiedenen Regionen Ihres Körpers durch. Beginnen Sie zunächst Ihre Hände, Arme und dann Ihre Schultern zu schütteln. Schütteln Sie ganz vorsichtig und später mit steigender Intensität Ihren Kopf hin und her, so daß sich dabei Ihre Gesichtsmuskulatur lockert. Führen Sie nun schüttelnde Bewegungen im Bereich des Beckens, des Oberschenkels und beider Unterschenkel aus, und strecken Sie sich dazwischen immer wieder.

Legen Sie sich für einen Moment auf Ihre Matte oder gefaltete Decke. Drehen Sie sich auf die linke Seite in eine bequeme Schlummerposition, wie sie z. B. auch die Embryos im Mutterleib oder die Babys einnehmen.

Welche inneren Bilder tauchen auf? Welche Gedanken gehen Ihnen durch den Kopf? Wie fühlen Sie sich? Was stellen Sie fest, wenn Sie in sich hineinhören?

1.2 Limbo und Twist

Stellen Sie die Füße schulterbreit oder noch weiter auseinander, und beugen Sie die Knie ein wenig. Bilden Sie mit den Händen Fäuste, winkeln Sie die Arme leicht an.

Schütteln Sie das Becken wie beim Twist-Tanz (oder beim Limbo) hin und her. Probieren Sie verschiedene Geschwindigkeiten aus, von schneller kraftvoller bis langsamer sanfter Bewegung, und finden Sie Ihren eigenen passenden Rhythmus für diese Situation, diese Stimmung, diese Musik usw.

Beugen Sie die Knie zunächst noch etwas mehr. Schütteln Sie die Muskulatur der Oberschenkel, indem Sie beide Knie gleichzeitig nach innen, aufeinander zu und dann wieder voneinander weg bewegen. Lassen Sie die Oberschenkelmuskeln zunehmend lockerer hin- und herschwingen. Schütteln Sie anschließend die Füße und Unterschenkel aus wie nach einem anstrengenden Langlauf oder Konditionstraining.

Wenn Sie möchten, können Sie den Füßen noch eine kurze Klopfmassage geben. Heben Sie zunächst den rechten Fuß vom Boden ab, und lockern Sie die Fußsohlenmuskulatur durch Klopfen mit den Fingerknöcheln.

Schließen Sie für einige Augenblicke die Augen, und spüren Sie nach, welche Bewegung/Streckung Sie jetzt noch brauchen. Führen Sie diese Bewegung aus.

Spüren Sie abschließend für einige Augenblicke bewußt Ihren ganzen Körper (Kopf ..., Nacken ..., Schultern ..., Arme/Hände ..., Oberkörper ..., Bauch ..., Becken ..., Oberschenkel ..., Unterschenkel ..., Füße ...).

Wie fühlen Sie sich jetzt, welche inneren Bilder tauchen auf, was fällt Ihnen auf, wenn Sie in sich hineinhören? Welcher Unterschied ist festzustellen im Vergleich zum Beginn der Gruppensitzungen ..., zu anderen Situationen heute ..., gestern ...?

1.3 Volleyball
(Musik: Wham, „Club tropicana")
Stehen Sie gerade und entspannt mit den Füßen etwa schulterbreit auf dem Boden. Beugen Sie die Knie, und schieben Sie das Becken etwas nach vorne, um die Standfestigkeit zu verbessern. Stehen Sie mit parallel ausgerichteten Füßen oder die Großzehen sogar leicht nach innen gewendet. Empfinden Sie diese Haltung stabiler als die Stellung, in der Sie sonst stehen? Suchen Sie einen möglichst festen Stand.
Stellen Sie sich vor, es käme von vorn, ungefähr in Scheitelhöhe, ein prallelastischer großer Gummiball auf Sie zugeflogen, den Sie mit einem Volleyballstoß (mit den Fingerspitzen, den zu einem Körbchen geformten Händen) nach schräg oben von sich weg zurückstoßen. Heben Sie dazu die Ellbogen bis in Schulterhöhe. Die Hände bilden gleichzeitig in Stirnhöhe ein Körbchen, wobei Daumen und Zeigefinger sich an den Fingerspitzen berühren und ein Dreieck formen. Stoßen Sie dann ruckartig mit den Armen nach vorne. Atmen Sie bei dieser Streckbewegung aus (möglicherweise bilden Sie mit Ihrer Stimme einen Ton, Laut oder Schrei), und spannen Sie, wenn die Arme fast gestreckt sind, den gesamten Körper maximal an, um den imaginären Ball in dieser Stellung zu treffen. Achten Sie darauf, bis zum Moment des Anspannens vollständig auszuatmen.
Experimentieren Sie mit der Vorstellung: Ich spiele den Ball zurück, ich weise zurück, ich gebe zurück, ich gebe weiter.

1.4 „Weg"
(Musik: Wham, „Club tropicana")
Diese Übung kann im Stehen (ruhig zentriertes Stehen, sogenanntes Grounding) oder im Sitzen durchgeführt werden.
Im Sitzen: Sitzen Sie aufrecht auf einem harten Stuhl oder Hocker. Stellen Sie die Füße etwas mehr als schulterbreit voneinander entfernt flach auf den Boden. Benutzen Sie ein Sitzkissen oder Polster, falls nötig. Sitzen Sie möglichst stabil (Fersen und Kreuzbein sollten, von oben gesehen, ein gleichseitiges Dreieck bilden).
Halten Sie aus einem ganz leichten Hohlkreuz heraus die Wirbelsäule gerade, so daß Sie, ohne die Rückenhaltemuskulatur anzustrengen, aufrecht sit-

zen können. Balancieren Sie den Kopf auf der Wirbelsäule wie auf einer Stange. Er sollte von selbst, ohne daß Sie Muskelkraft einsetzen, locker von der Wirbelsäule getragen werden.
Heben Sie die Hände etwa in Brusthöhe, spreizen Sie leicht die Finger. Die Handflächen zeigen nach vorne, vom Körper weg und die Finger nach oben (wie bei einer Geste des Zurückweisens und der Ablehnung).
Stellen Sie sich vor, Sie würden mit aller Kraft einen Gegenstand von sich wegschieben oder ein Angebot, eine Anfrage weit von sich weisen. Führen Sie, während Sie gleichzeitig ausatmen, kräftige, von sich wegführende Stoßbewegungen nach vorne aus. Die Arme werden dabei jedesmal gestreckt. Spannen Sie am Ende dieser Bewegung den ganzen Körper für einen Sekundenbruchteil fest an, während Sie die Finger maximal spreizen.
Führen Sie die Bewegung mit unterschiedlichem Tempo aus (ganz schnell, langsamer und mit mehr Kraft).

1.5 Eisenbahnwaggon
(Musik: Wham, „The edge of heaven")
Stellen Sie sich jetzt vor, Sie würden einen ganzen Eisenbahnwaggon (vielleicht zu Anfang einen ganz kleinen, bis Sie sich an die größeren Waggons herantrauen) wegschieben. Stehen Sie breitbeinig wie ein Möbelpacker oder ein Holzfäller. Gehen Sie leicht in die Knie, und stellen Sie sich vor, Sie hätten soviel Kraft wie Bud Spencer oder Arnold Schwarzenegger. Legen Sie die Hände gespreizt in Nabelhöhe oder etwas darunter an den Eisenbahnwaggon an. Atmen Sie zunächst ein wenig aus. Spannen Sie dann den ganzen Körper bei der schiebenden Bewegung an, lassen Sie jedoch die Kraft sich von selbst aufbauen, bevor Sie mit der eigentlichen Schiebebewegung beginnen.
Stellen Sie sich vor, Sie hätten ganz von selbst so viel Kraft, daß Sie sich nur ein klein wenig anstrengen müssen und es fast wie von selbst geht. Atmen Sie zugleich mit der Bewegung vollständig aus.

1.6 Partnerübung: Wegdrücken
Führen Sie diese Übung auch als Partnerübung aus. Suchen Sie sich in der Gruppe einen gleich großen und vielleicht auch gleich kräftigen Partner. Stehen Sie sich schulterbreit, leicht in den Knien gebeugt, eine Armlänge voneinander entfernt gegenüber. Strecken Sie die Handflächen in Höhe ihres Nabels oder etwas darunter dem Partner entgegen, und legen Sie die Handflächen so aneinander, daß sie sich decken. Verschränken Sie dann die

Finger mit denen des Partners, und versuchen Sie anschließend, den Druck langsam mehr und mehr steigernd, den Partner wegzudrücken.
Der **passive Partner** sollte aufrecht und mit geschlossenen Füßen stehen und die Hände dem aktiven (schiebenden) Partner in Nabelhöhe entgegenstrecken. Er versucht, Widerstand zu leisten und an der gleichen Stelle stehenzubleiben. Wenn der aktive (schiebende) Partner sich traut, mehr und mehr Kraft aufzubauen, kann sich der passive Partner nach hinten mit einem Bein abstützen.
Können Sie als **aktiver Partner** ihre ganze Kraft zulassen und erleben, daß es Spaß machen kann, seine Stärke einmal zu erproben?
Wechseln Sie anschließend die Rollen.
Kann diese Übung für Sie ein Spiel bleiben, oder kämpfen Sie verbissen? Geht es besser oder schlechter, wenn Sie die Schultern hochziehen?..., wenn Sie einatmen und die Luft anhalten? ..., wenn Sie die Knie durchstrecken? ..., wenn Sie noch etwas mehr in die Knie gehen?

2. Kognitiver Teil

2.1 Hausaufgabenbesprechung
(Ellis-Tabelle, Gedankenbeobachtung, Streßgedanken)
Gruppengespräch und Austausch über folgende Fragen:
Was war wichtig?
Was habe ich erfahren, was neu beobachtet?

2.2 Mentale Wahrnehmungsübung zur eigenen typischen Streßsituation (NLP)
(siehe Sitzung 3)
Diese Übung kann jetzt durchgeführt werden, wenn Sie in Sitzung 3, z.B. aus zeitlichen Gründen, nicht durchgeführt wurde. Benutzen Sie in diesem Fall die Anleitung aus der Sitzung 3.
Wenn die Übung bereits durchgeführt wurde, soll sie jetzt in Kurzform wiederholt werden:
Kurze Wahrnehmungsübung
(Musik: Stephen Halpern)
Übungsanleitung:
Suchen Sie sich eine angenehme Liegeposition, und schließen Sie Ihre Augen. Nehmen Sie innerlich eine möglichst angenehme Situation wahr, in der

Sie sich glücklich und zufrieden gefühlt haben, und stellen Sie sich vor, Sie würden diese Situation jetzt erleben. Was sehen Sie in dieser Situation um sich herum, welche Geräusche, Klänge hören Sie? Nehmen Sie auch wahr, was Sie fühlen, mit Ihren Händen, mit Ihrer Haut, und welche inneren Gefühlszustände Sie jetzt erleben. Lassen Sie sich dafür ein wenig Zeit.
Dehnen, räkeln und strecken Sie sich, und beenden Sie die angenehme Erfahrung.
Wenden Sie sich nun einer Streßsituation zu, die Sie gleich modifizieren und umgestalten werden.
Lassen Sie z. B. aus Ihrer Erinnerung eine typische schwierige Situation auftauchen. Nehmen Sie genau wahr, wie Sie sich in dieser Situation fühlen, welche Stimmen, Geräusche usw. Sie hören und was Sie alles um sich herum sehen. Achten Sie auch auf die einzelnen Wahrnehmungsqualitäten im Bereich der Optik (Helligkeit, Tiefenschärfe, Licht- und Farbgebung), der Akustik (Lautstärke, Klangfarbe, Klangstruktur), im Gefühlsbereich (Temperatur, Oberflächenstruktur, Gewicht, Leichtigkeit usw.).
Verändern Sie jetzt diese Erfahrungen in allen möglichen Qualitäten. Spielen Sie mit Helligkeit, Farbgebung, Bildschärfe, Nähe, Distanz, Mehrdimensionalität, Plastizität, Lautstärke, Klangfarbe, Festigkeit, Temperatur usw., bis Sie ein für Sie angenehmes Erlebnis erzeugt haben.
Überprüfen Sie den Gesamteindruck noch einmal, und verändern Sie die Empfindungen soweit, bis Sie ein optimales Ergebnis gefunden haben.
Nehmen Sie sich einen Augenblick Zeit, um auch Ihre Gefühle und die inneren Gedanken hierzu wahrzunehmen.
Stellen Sie sich nun eine Situation vor, in der Sie ein Ziel erreicht, ein Problem bewältigt haben, und erleben Sie hier auch noch einmal, was Sie um sich sehen, hören, fühlen, wie Sie sich emotional fühlen.
Vielleicht gehört zu dieser Situation eine Geste, eine Gebärde oder eine Bewegung (in die Luft springen, Arme in die Höhe reißen usw.). Sie können diese Geste jetzt mit geschlossenen Augen durchführen und erleben, wie sich der innere Zustand durch diese Handlung vielleicht noch angenehmer gestaltet.
Finden Sie eine „Verkleinerungsform" für diese Bewegung oder Geste, die Ihnen ermöglicht, die Bewegung auch im Alltag auszuführen, ohne Fragen von Mitmenschen auszulösen.
Genießen Sie noch einmal den angenehmen inneren Zustand, und kommen Sie dann aus dieser Situation zurück, indem Sie sich dehnen, räkeln, strekken.

3. Aktivierungs-/Vitalisierungsübungen

3.1 Wasser abschütteln
Stellen Sie sich vor, Sie haben sich gerade die Hände gewaschen, und es ist kein Handtuch oder Trockenföhn da. Sie schütteln kräftig die Hände nach unten aus und stellen sich vor, wie Sie mit den Wassertropfen den trockenen Boden benetzen. Welches Geräusch erzeugen die Wassertropfen? „Besprengen" Sie eine Pflanze, die vor Ihnen steht. „Beregnen" Sie auch die Umgebung rechts, links, unter, hinter Ihnen. Wenn Sie dabei die Augen schließen, was sehen Sie in Ihrer Phantasie um sich herum? Wie klingen die Wassertropfen, wenn sie auftreffen? Wie fühlt es sich für Sie an, diese Bewegung auszuführen?
Experimentieren Sie mit verschiedenen Gegenständen, die Sie mit ihren Wassertropfen treffen und beregnen.

3.2 Ellbogenschlag
Stellen Sie sich vor, Sie stehen in der Straßenbahn und werden immer wieder von hinten bedrängt und angestoßen. Plötzlich steigt in Ihnen die Wut hoch, und (was Sie vielleicht sonst nie tun würden) Sie versetzen dem Drängler einen Stoß mit dem rechten Ellbogen. (Sie können sich z.B. auch vorstellen, Sie seien Bud Spencer o.ä, wenn es Ihnen dann leichter fällt, sich in die Situation einzufühlen.)
Sie können die Übung **etwas intensiver zu Hause durchführen**. Beachten Sie dazu den folgenden Text in eckiger Klammer [...] . [Sie benötigen einen Hocker, eine Bank oder z.B. auch einen Küchenstuhl. Zusätzlich brauchen Sie einen Schaumstoffkeil oder eine Matratze, die Sie an die Wand lehnen. Stellen Sie den Stuhl davor. Setzen Sie sich mit dem Rücken zur Matratze oder dem Schaumstoffkeil auf den Stuhl.]
Winkeln Sie den rechten Ellbogen (bei Linkshändern den linken) etwas an, führen Sie ihn nach vorne bis vor den Brustkorb. Schließen Sie dabei die Hand zu einer festen Faust, wobei der Daumen außen liegen sollte, und zwar vor dem Mittel- und Zeigefingern nach unten gebeugt. Stoßen Sie dann den Ellbogen in einem weiten Halbkreis nach hinten außen.
[Führen Sie **zu Hause** den Stoß gegen die Matratze bzw. den Schaumstoffkeil aus. Möglicherweise muß die Wand noch weiter gepolstert werden. Eventuell ist aber auch ein anderer Platz in der Wohnung noch besser geeignet. Falls dies der Fall sein sollte, wechseln Sie zu diesem Platz.]

Experimentieren Sie mit verschiedener Intensität der Stöße und mit verschiedenen Richtungen. [Treffen Sie etwa in Schulterhöhe oder noch höher mit dem Ellbogen auf die Matratze, und versuchen Sie dann auch Schläge in Nabelhöhe.]
Führen Sie die Bewegung dann in verschieden schneller Abfolge nacheinander aus. Schlagen Sie möglichst häufig in kurzer Zeit, und versuchen Sie anschließend mehr die Kraft und Intensität jedes einzelnen Schlages für sich zu betonen.
Welche Gedanken, welche Phantasien entstehen? Wie fühlen Sie sich?
Legen Sie sich danach auf den Boden oder auf eine Liege, und schließen Sie die Augen. Empfinden Sie nach, was sich verändert hat, wie sich der Körper jetzt anfühlt, welche inneren Bilder Sie wahrnehmen. Ist es eher ein Zustand der Ruhe, der Kraft, des Gelassenseins oder eher der Vitalität, der Ausgelassenheit o.ä?
Beginnen Sie nun, Ihre Finger- und Zehengelenke zu bewegen, anschließend auch die größeren Gelenke. Strecken, dehnen, räkeln Sie sich, atmen Sie tief ein. Gähnen Sie, wenn Sie möchten, und beenden Sie dann die Übung.

3.3 Skifahren
(Musik: Crusaders)
Stellen Sie sich vor, Sie sind beim Skifahren (Langlauf) und stoßen sich mit beiden Händen gleichzeitig mit Ihren Skistöcken ab. Die Füße bleiben dabei parallel. Die Schultern heben sich bei der Bewegung nach vorne leicht an und senken sich anschließend wieder. Folgen Sie bei dieser Bewegung dem Takt der Musik, und führen Sie locker schwingende, nach hinten abstoßende Bewegungen aus, während Sie dabei gleichzeitig in den Knien federn. Halten Sie dabei den Oberkörper aufrecht, und gehen Sie dafür noch mehr in die Knie.

3.4 Reiten
(Musik: Crusaders)
Nehmen Sie die Hände etwa in Nabelhöhe oder vor dem Unterbauch zusammen, und führen Sie mit dem Körper Bewegungen wie beim Reiten aus. Stoßen Sie sich dabei leicht vom Boden ab, so daß sich die Hacken anheben und die Zehenballen noch Bodenkontakt haben. „Reiten" Sie im Takt der Musik. Lassen Sie die Schultern während dieser Übung locker. Sie heben und senken sich dann jeweils von selbst im Takt dieser Reitbewegung.

4. Kognitiver Teil

4.1 Positiver Umgang mit Streßkognitionen
Der Fragebogen zum Thema Streßkognitionen aus Sitzung 4.2 und das Ellis/Beck-Schema (Sitzung 4.4) liegen vor.

Poster:
Alternativ-Gedanken: „Erlauber" (positive Umformulierungen von Streßsätzen).

Beispiele:
„Statt sich immer und überall zu verausgaben, sollte ich besser nur gezielt und an bestimmten Punkten versuchen, perfekt zu sein und mich voll reinzuhängen."

„Ich habe das Recht dazu, nur das zu tun, was ich selbst für das Beste halte."

„Ich darf mir etwas gönnen, auch ohne daß ich etwas leiste."

Mit dem obigen Poster kann der Gruppenleiter auf zwei verschiedene Weisen (Optionen) arbeiten.

4.2 Option 1: Streßkognitionen
Posterarbeit in der Großgruppe mit Arbeitsblatt
Streßkognitionen: Bei Bedarf zur Einleitung der Übung, um den Gruppengesprächsprozeß in Gang zu setzen, weitere Beispiele für Gegenkognitionen verwenden:

- Was ich selbst für richtig halte, ist wichtig.
- Es kommt darauf an, daß die Dinge für mich stimmen.
- Man braucht es nicht jedem recht machen.
- Ehe ich versuche, es allen recht zu machen, kann ich besser
- gleich das machen, was ich selbst für richtig halte.
- Es ist egal, was andere über mich denken, es kommt darauf an, daß ich mich selbst mit mir wohlfühle, auch wenn ich

einmal loslasse und nichts Besonderes leiste, bin ich okay.
- Ich bin und bleibe ein einzigartiger, wertvoller (liebenswerter) Mensch, unabhängig von Leistungen, Fähigkeiten usw.

Bitte bearbeiten Sie das Arbeitsblatt Nr. 11 (Anhang S. A-27).

4.3 Option 2: Streßgedanken
Posterarbeit in zwei Kleingruppen mit Arbeitsblatt
Bitte bearbeiten Sie das Arbeitsblatt Nr. 12 (Anhang S. A-28)

4.4 Vortrag: Hilfen und Tips im Umgang mit Streßgedanken
Im äußeren Umfeld etwas dagegensetzen:
Streßgedanken haben sich innerlich eingeschliffen, verkrustet und sind unwillkürlich in der inneren Erlebniswelt allgegenwärtig.
- Positiven Satz (und dazu ein schönes Bild) über das Bett hängen,
- ins Auto (Bild vom Traumschiff, darunter den Satz: „Ich fahre heute ganz gelassen").

Formelhafte Vorsatzbildung:
- Positivere Gedanken und Sätze aussuchen, die man sich dann in Streßsituationen vorstellt bzw. vorsagt oder sich vorstellt, daß man sie gesagt bekommt (=innerlich etwas dagegensetzen).

Öfter bewußt darüber nachdenken:
Stellen Sie sich in Ihrer Phantasie vor, fragen Sie sich einmal:
- Was passiert, wenn ich die inneren Ansprüche über Bord werfe und **grundsätzlich nur** nach Lust und Laune lebe?
- Was passiert, wenn ich mich zwinge, die inneren Ansprüche *immer* zu befolgen?
- Man merkt schnell, daß es irrational und sogar in der Praxis unmöglich ist, den inneren Ansprüchen immer gerecht zu werden. In unserem Kulturkreis haben wir es in der Regel nicht gelernt, uns etwas zu erlauben und uns innere und äußere Freiräume zuzugestehen. Wir sind es gewohnt, uns ständig innerlich anzutreiben.

Eigene Schuldzuweisungen hinterfragen:
Wenn etwas schiefgelaufen ist, sage ich nicht mehr gleich: „Ich bin an allem Schuld", sondern beginne klar nachzudenken: „ Was ist situationsbedingt, wo hätte ich selbst etwas verbessern können?"

Stellen Sie sich die Fragen :
- Sind meine inneren „Antreiber" (verinnerlichten Elternbotschaften) heute noch, in der jetzigen Situation als Erwachsener, sinnvoll gültig und adäquat?
- Inwieweit verzerrt der „innere Antreiber", die verinnerlichte Elternbotschaft, meine Wahrnehmung der gegenwärtigen Situation?
- Welche Vorteile und welche Nachteile erbringt die Befolgung des „inneren Antreibers" im alltäglichen Leben?
- Wo und in welcher Situation ist es richtig und angemessen, perfekt zu sein, stark zu sein, sich anzustrengen, sich zu beeilen, es anderen recht zu machen, und wo ist es nicht nur nicht angebracht, sondern vielleicht sogar für mich schädlich?

Entscheiden Sie sich neu:
In der Kindheit mag es sicherlich sinnvoll gewesen sein, innere Strukturen und Verhaltensautomatismen gehabt zu haben, nach denen man, ohne weiter nachzudenken, handelte (innere Antreiber). Entscheiden Sie für Ihre jetzige Situation, ob diese Verhaltensautomatismen überhaupt noch sinnvoll sind. Finden Sie zu den sogenannten „inneren Antreibern" aus der Transaktionsanalyse positive Sätze, „Erlauber".

Unterbrechung der Streßgedanken (wenn sonst nichts hilft):
- „STOP!"-sagen, Kopfschütteln
- Von sich wegweisende oder wegschiebende Bewegung machen
- Sich schütteln, Wasserabschüttelbewegung ausführen
- z.B. Gummi um den Arm binden und schnalzen lassen.

Systematisches Einrichten angenehmer Zeiten:
Gestehen Sie sich täglich Zeiten des Loslassens, des Ausruhens, des Genießens, des Nichtstuns und des Träumens zu. Schalten Sie in der Kaffeepause oder auch der Mittagspause vollständig ab, und lassen Sie die Arbeit für diese Zeit ganz hinter sich. Erlauben Sie sich aber auch, in bestimmten Streßsituationen loszulassen und sich z. B. zu sagen: „Du bist gut genug, so wie Du bist, nimm Dir Zeit, auch einmal loszulassen und schwach zu sein, drücke Deine Wünsche aus, Du darfst Dein Leben gestalten, wie Du willst, verwirkliche Dir Deine Wünsche, Du hast ein Recht dazu."

5. Aktivierungs-/Vitalisierungsübungen

5.1 Kurzes Dehnen, Strecken, Räkeln, Nachspüren
5.2 Fußball im Liegen
(Musik: Michael Jackson, „Bad")
Liegen Sie locker, bequem auf der Unterlage. Ziehen Sie die Beine ein wenig an den Körper heran, und stellen Sie die Füße auf dem Boden auf.
Stellen Sie sich nun vor, Sie liegen bei einem Fußballspiel gemütlich im Torraum des gegnerischen Teams (das Tor steht hinter Ihnen) und warten auf das Zuspiel eines eigenen Mitspielers.
Es wird Ihnen ein großer Wasserball von der linken Seite zugeworfen. Treten Sie den Ball mit dem rechten Fuß in das Fußballtor, das hinter Ihnen steht. Befördern Sie diesen Ball einmal mit dem rechten und dann mit dem linken Fuß ins Tor. Führen Sie eine schwungvolle Bewegung im Takt der Musik aus. Stellen Sie das andere Bein zunächst ab, oder legen Sie es auf den Boden. Versuchen Sie anschließend die gleiche Bewegung auszuführen und gleichzeitig das andere Bein ebenfalls in der Luft zu halten.
Ändert sich die Bewegung oder das Gefühl davon, wenn Sie sich vorstellen, der Ball käme von der anderen Seite?
Stellen Sie sich nun vor, das Fußballtor ist nicht hinter Ihnen, sondern fußwärts vor Ihnen. Sie treten den Ball jetzt liegend nach unten, von Ihnen weg ins Tor.
Treten Sie den Ball zunächst mit den Zehenballen, und versuchen Sie es anschließend mit den Fersen. Drücken Sie den Schwung der Musik in dieser Bewegung aus.
Atmen sie während der Tretbewegung ganz aus. Spannen Sie den Körper beim Treffen des imaginären Balles für einen Moment maximal an.
(Sie können sich auch vorstellen, daß Sie einer Person, auf die Sie gerade wütend sind, auf diese Weise einen kräftigen Fußtritt, z.B. ins Hinterteil, versetzen.)

5.3 Beinübungen im Liegen
(Musik: Chris Bender, „Pouring like rain")
Liegen Sie locker und bequem auf einer Matte oder einer gefalteten Decke, strecken und räkeln Sie sich ein wenig. Achten Sie darauf, daß die Wirbelsäule gestreckt ist. Benutzen Sie, wenn dies für sie bequemer ist, ein Kissen, ein gefaltetes Handtuch oder einen ähnlichen Gegenstand als Polster unter dem Nacken, dem Hinterkopf oder an anderen Stellen.

Atmen Sie ruhig und regelmäßig? Fließt der Atem frei? Holen Sie aktiv Luft oder atmet der Körper von selbst?

Heben Sie die Beine vom Boden ab, ziehen Sie die Knie an den Bauch heran, und strecken Sie die Ferse in Richtung Decke, so daß Sie ein Tablett auf den Fersen tragen könnten. Bleiben Sie, auch wenn ein Muskelziehen im Bereich der Kniekehle und der Rückseite des Ober- und Unterschenkels entsteht, mit dem Becken (Kreuzbein) ganz am Boden.

Stellen Sie sich vor, Sie wollen das Tablett, das Sie auf den Fußsohlen tragen, in die Luft werfen und mit den Füßen wieder auffangen. Versuchen Sie verschiedene Wurfhöhen. Werfen Sie das Tablett eher mit Schwung und anschließend wieder mit Kraft. Stellen Sie sich vor, Sie tragen das Tablett zunächst mit dem rechten Bein und dann mit dem linken Bein, werfen es dann in die Luft und fangen es schließlich mit beiden Beinen wieder auf.

Legen Sie nun die Beine ab und spüren noch ein wenig nach. Wenn Sie möchten, können Sie auch locker stehend nachspüren und feststellen, was sich verändert hat.

5.4 Dehnung der Beinmuskeln
(Musik: Chris Bender, „Pouring like rain")

Stehen Sie auf dem linken Bein, im Kniegelenk leicht gebeugt. Stellen Sie sich vor, Sie haben Wurzeln, mit denen Sie sich im Boden festhalten, oder Sie stehen mit dem linken Bein 20 bis 30 Zentimeter im Boden und sind dort fest verankert.

Heben Sie nun den rechten Fuß nach hinten, und greifen Sie mit der rechten Hand von außen um den rechten Fußrücken. Ziehen Sie den Fuß mit der Hand nun etwas nach hinten oben. Strecken Sie das Bein ein wenig nach hinten, und versuchen Sie, es jetzt noch weiter in diese Richtung zu ziehen. Probieren Sie alle möglichen Dehnungen des Rückens und des Schultergürtels sowie der Beinmuskeln in dieser Haltung aus. Dabei muß der Rücken noch mehr gestreckt und die Schulter etwas nach hinten gezogen werden.

6. Entspannungsübung / Phantasiereise

6.1 Kurze Progressive Muskelentspannung im Liegen

Suchen Sie sich eine bequeme Liegeposition. Strecken und räkeln Sie sich, und spüren Sie dann mit geschlossenen Augen nach, wo in Ihrem Körper noch Verspannungen auftreten. Dehnen und spannen Sie diese Körperteile

kräftig durch. Achten Sie darauf, daß Ihre Kleidung Sie nicht einengt, daß nichts drückt (z.B. Gürtel öffnen, Hosenbund öffnen).
Dehnen und räkeln Sie ganz bewußt die Nackenpartie, den Schultergürtel sowie die Muskulatur der Arme und Hände. Halten Sie den Mund dabei ganz leicht geöffnet, so daß der Atem frei fließen kann. Lassen Sie dabei eventuell auch Gähnen zu, wenn es spontan entsteht.
Liegen Sie ganz ruhig und entspannt, und lassen Sie zugleich mit jedem Ausatmen den Körper locker auf die Unterlage sinken. Geben Sie bewußt Ihr Gewicht an den Boden ab. Lassen Sie sich tragen.
Strecken Sie die Zehen nach unten, und beugen Sie die Fußzehen in Richtung Boden. Lassen Sie dabei eine maximale Anspannung im Fußbereich und im Unterschenkelbereich entstehen. Halten Sie die maximale Spannung für 3-5 Sekunden, und lassen Sie JETZT wieder los.
Denken Sie in einer kleinen Pause an etwas Angenehmes (z. B. eine Naturszene, Urlaubserinnerung), und lassen Sie dabei den Atem frei fließen.
Strecken Sie dann die Beine fest durch, damit sich die Oberschenkel maximal anspannen. Ziehen Sie die Zehen kopfwärts, so daß auch eine Spannung in den Kniekehlen entsteht. Steigern Sie die Spannung, und halten Sie sie dann für 3-5 Sekunden. Lassen Sie JETZT wieder los.
Wenden Sie sich erneut Ihrer angenehmen Naturphantasie oder Ihrem angenehmen inneren Erlebnis zu, und stellen Sie es sich ganz intensiv, mit allen Sinnesqualitäten (was Sie sehen, was Sie hören, was Sie fühlen) vor.
Spannen Sie die Gesäßmuskulatur maximal an. Der Körper wird dadurch etwas von der Unterlage abgehoben. Halten Sie die Spannung für 3-5 Sekunden, und lassen Sie JETZT wieder los.
Achten Sie nun besonders darauf, daß der Atem frei fließen kann. Lassen Sie sich zugleich mit der Ausatemphase bewußt locker in die Unterlage sinken, und lassen Sie sich von ihr tragen. Denken Sie an Ihr angenehmes inneres Erlebnis, und versuchen Sie diesen inneren Eindruck zu intensivieren. Wiederholen Sie die Anspannung der Oberschenkelmuskulatur .
Lassen Sie den Atem erneut frei fließen und die Ausatemphase dabei ganz lang werden. Am Ende der Ausatmung lassen Sie dann eine kleine Pause entstehen. Warten Sie ab, ob die Einatemphase von selbst kommt, ob der Körper ohne Ihr Zutun eine spontane Einatembewegung beginnt, ohne daß Sie Luft holen müssen.
Genießen Sie noch für einige Zeit Ihren angenehmen inneren Eindruck. Stellen Sie sich dabei plastisch vor, was Sie sehen, hören und fühlen.

(An dieser Stelle ist eine Rücknahme aus dieser Übung möglich, wenn anschließend keine weitere gleichartige Entspannungsübung mehr geplant ist.) Es folgt jetzt eine Phantasiereise zum Thema Nutzung der Antistreßsätze.

6.2 Nutzung der Antistreßkognitionen

(Ich verändere, eventuell mit Hilfe einer anderen Person, die Szene.)
Nehmen Sie eine angenehme Liegeposition ein bzw. spüren Sie nach, ob es eine Liegeposition gibt, die noch angenehmer ist als die eben eingenommene. Lassen Sie Ihren Atem frei fließen und sich ganz bewußt von der Unterlage, auf der Sie liegen, tragen.

Denken Sie einige Minuten über das Thema Streß nach, und stellen Sie sich dann eine bestimmte Situation genauer vor. Sollte dies ein unangenehmes Gefühl auslösen, und sollten Sie sich daraufhin wieder verspannt fühlen, können Sie sich die Situation auch als Theaterstück, das Sie vom Zuschauerraum aus ansehen, oder als Film, der auf einer Leinwand abläuft, vorstellen. Die Theaterbühne oder die Filmleinwand kann in Ihrer Vorstellung ganz nah oder auch ganz weit weg (oder z.B. auch hinter einer Glasscheibe o.ä.) sein, so wie es für Sie angenehm ist.

Stellen Sie sich nun vor, Sie sind ein Film- oder Theaterregisseur und Ihnen gefällt die Szene, die Sie gerade eben gesehen haben, nicht mehr. Sie wollen sie verändern. Die Hauptperson soll z.B. andere Grundwerte und Einstellungen haben, mehr auf eigene Rechte hoffen, sich nicht so leicht verunsichern lassen, eher Grenzen setzen usw.

Ebenso ist es möglich, daß Sie in die Szene noch eine andere Person hineinnehmen, die der Hauptperson hilft, indem Sie beispielsweise unterstützende oder die innere Haltung verändernde Sätze sagt und damit der agierenden Person den Rücken stärkt bzw. sich schützend vor sie stellt.

Nehmen Sie genau wahr, was Sie sehen? Wie sich die Stimmen der Beteiligten anhören, welche Geräusche sonst noch vorhanden sind? Wie es sich für Sie anfühlt, sich diese Szene anzusehen, und vielleicht auch wie sich die Beteiligten dieser Szene fühlen mögen?

Wie verändert sich die Situation? Wie verändert sich die Körperhaltung? Stellen Sie sich vor, es gelingt Ihnen optimal, die Situation positiv zu verändern. Wie erleben Sie jetzt die Mimik und Gestik der Hauptperson? Wie fühlt diese Person sich jetzt? Möchten Sie auch die weiteren Faktoren in der Szene, Beleuchtung, Einrichtung des Raumes, Abstand zu den anderen Personen usw. verändern? Möchten Sie, daß die Filmmusik wechselt (z.B. SWF 3 Lollipop o.ä.)?

Verändern Sie weitere Umstände und Faktoren, bis Ihnen die Szene wirklich von Grund auf gefällt. Empfinden Sie jetzt alles noch einmal genau

nach. Versetzen Sie sich dabei in die Rolle der Hauptperson Ihres Theaterstücks oder Ihrer Filmszene.
Lassen Sie die Übung ein wenig auf sie wirken, und kommen Sie dann langsam und in Ihrer eigenen Zeit zur Gruppe zurück, indem Sie sich dehnen, räkeln, strecken, vielleicht auch gähnen, wenn es spontan kommt, sich dann strecken und wieder Spannung aufnehmen und schließlich ganz zurückkommen.
Tauschen Sie sich kurz in der Gruppe aus, wie gut es jeweils gelungen ist, die Szene zu verändern. Wenn Sie diese Übung nochmals allein zu Hause oder auch in der Gruppe durchführen, wird es Ihnen noch leichterfallen, und Sie werden mit der Zeit auch wesentlich kreativer werden, was die verschiedenen Möglichkeiten einer Veränderung der Film- oder Theaterszene anbelangt.

6.3 Gesichtsentspannung
(Selbstmassage und Grimassen)
Vorübung:
Reiben Sie beide Hände kräftig gegeneinander, so als wollten Sie sie wärmen (möglicherweise ist es besonders angenehm, zuvor die Hände mit Wasser - suchen Sie dafür die angenehmste Temperatur aus - zu waschen).
Legen Sie die Hände mit dem Daumenballen, dem Kleinfingerballen oder dem ganzen Handballen in die Augenhöhle, und umgreifen Sie mit den Fingern sanft Stirn und Schläfen. Genießen Sie mit geschlossenen Augen für einen Augenblick die angenehme Wärme der Hände.
Gesichtsentspannungsübung:
Streichen Sie Ihr Gesicht mit beiden Händen gleichzeitig von der Mitte nach außen aus. Beginnen Sie am Haaransatz, und streichen Sie anschließend über die verschiedenen Stirnpartien, entweder mit den Fingerkuppen oder den Fingerflächen.
Streichen Sie nun ganz sanft mit den Fingerkuppen über die Augenbrauen, modifizieren Sie Druck und Auflagefläche der Finger, so wie es für Sie angenehm ist.
Streichen Sie anschließend vorsichtig mit dem Daumenballen über die geschlossenen Augenlider und dann, zunächst ganz vorsichtig, mit den Fingerkuppen über die Partie unterhalb der Augen (Jochbeingegend). Variieren Sie Druck und Auflagefläche so, daß es für Sie besonders wohltuend ist.
Streichen Sie nun mit der gesamten Handfläche von der Mitte nach seitlich außen über die Wangen. Legen Sie die Hände fest seitlich auf die Wangen auf, und ziehen Sie die Gesichtshaut etwas nach außen. Unterstützen Sie die

Entspannungsbewegung durch Zusammenkneifen der Augen und des Mundes. Ziehen Sie anschließend den Mund ganz breit, und versuchen Sie verschiedene Grimassen, während Ihre Handflächen auf dem Gesicht oder Partien des Gesichtes sanft ruhen.

Massieren Sie mit den Fingerknöcheln die Kaumuskulatur unterhalb des Ohres (Kaumuskelgegend, seitliche Unterkiefergegend) und die Schläfenmuskulatur. Streichen Sie anschließend mit den Fingern von der Mitte aus auf der Oberlippe nach außen.

Wenn Sie möchten, können Sie mit dem Handrücken der linken Hand von der Mitte her den Mund nach außen bis zum Ohr hin ausstreichen und auch ein wenig mit dem Handrücken (Handgelenksgegend) das Ohr massieren sowie hin- und herbewegen. Führen Sie die Bewegung anschließend auch mit der rechten Hand durch.

Streichen Sie nun mit den Fingern die Gegend unterhalb des Mundes von innen nach außen aus, und wandern Sie dabei immer weiter nach unten bis zum Kieferrand.

Wenn Sie möchten, können Sie Ihrem Gesicht mit den Fingerkuppen oder den Fingerflächen zum Abschluß noch eine leichte Klopfmassage geben.

Strecken, räkeln und dehnen Sie sich anschließend etwas. Erspüren Sie hierbei, welche Bewegungen Ihnen am angenehmsten sind. Gähnen Sie, wenn Sie das Bedürfnis haben, und führen Sie vielleicht auch noch Dehnungsbewegungen im Bereich des Gesichtes (Grimassen, Mund zusammenkneifen, Mund breitziehen, Augen zusammenkneifen und Blinzeln) aus.

Suchen Sie sich jetzt wieder eine möglichst angenehme liegende Körperposition.

6.4 Der Löwe und der See

Rahmengeschichte I

Wenn Sie meiner kleinen Phantasiereise folgen möchten, stellen Sie sich vor, daß Sie auf einer Frühlingswiese sitzen oder liegen und um sich herum die bunte Pracht der Frühlingsblumen genießen. Vielleicht verspüren Sie einen kleinen Lufthauch, der Ihnen einen wohltuenden Frühlingsduft zufächelt, vielleicht hören Sie ein Bächlein in der Nähe plätschern, Vögel zwitschern oder auch Grillen zirpen. Vielleicht sind auch Geräusche aus dem nächsten Dorf von ferne zu hören ... Die Sonne scheint, und Sie lassen sich angenehm durchwärmen ... Vielleicht sehen Sie einen Wald in der Nähe, vielleicht sind Kühe oder Schafe auf der Weide zu sehen oder zu hören.

Stellen Sie sich vor, daß von weitem ein älterer Mann heranstapft, der Sie jetzt schon freundlich anlächelt, der einen Filzhut auf dem Kopf trägt und einen grünen Rucksack auf den Schultern.
Er hat gekräuselte graue Haare und einen gekräuselten Bart. Während er näher kommt, fragt er, ob er Platz nehmen und eine kleine Geschichte erzählen darf. Da Sie nichts dagegen haben, nimmt er seinen Rucksack von der Schulter, stellt ihn ab und setzt sich dann ins Gras. Als nächstes nimmt er seine Pfeife aus dem Rucksack, aber da er keine Lust zum Rauchen verspürt, steckt er sie einfach so in den Mund, kaut ein wenig gemütlich darauf herum und beginnt mit seiner Geschichte.

Rahmengeschichte II
Vor etwa 200 Jahren oder noch länger, lebten in der alten Universitätsstadt zu Freiburg zwei Philosophen, ein älterer und ein jüngerer, die zu dieser Zeit des Jahres nach getaner Arbeit immer durch die Wiesen und Wälder den Hügel über der Stadt hinaufstiegen, auf der anderen Seite eine kleine Straußwirtschaft aufsuchten, um sich dort, unter Bäumen sitzend, eine angenehme Zeit in der Natur zu gönnen. Sie saßen an einem kleinen Tisch, der etwas wacklig auf dem Wiesenboden unter einem blühenden Apfelbaum stand, durch den die Sonne einzelne Lichtstrahlen hindurchschickte. Der jüngere der beiden Philosophen streifte seine Schuhe ab und genoß das angenehme Gefühl der Grashalme auf der Haut und unter den Sohlen. Sie machten es sich auf den einfachen Gartenstühlen bequem und genossen es, vom Wasser und Wein zu trinken, die der Wirt gebracht hatte. Nachdem Sie sich ein wenig ausgeruht hatten, begann der ältere von beiden, so wie sie es immer taten, eine kleine, nette Geschichte zu erzählen. Diese Geschichte hatte er auf einem Treffen im fernen Spanien von einem Kollegen aus dem Kontinent Afrika gehört, und dieser wiederum wußte sie von einem Medizinmann, der in einem kleinen Dorf lebte.

Geschichte vom Löwen und dem See
Vor langer Zeit geschah es einmal, daß eine Löwensippe durchs Land zog, der ein junger Löwe angehörte. Dieser wollte für einige Tage in einem kleinen Wald, wo es ihm besonders gut gefiel, bleiben und es sich gutgehen lassen, bis die anderen ihn dort wieder abholen würden. In dem Wäldchen befand sich ein kleiner See, dessen Wasseroberfläche immer vom Wind gekräuselt wurde. So eine Wasserstelle hatte der junge Löwe noch nicht erlebt. Bisher hatte er nur aus kleinen Pfützen, aus dem Fluß oder aus einem Bach getrunken.

Der junge Löwe genoß den frischen Lufthauch des Wäldchens, den Geschmack des frischen Wassers, legte sich auf die faule Haut und ließ es sich für einige Tage rundum gutgehen.
Eines Morgens hatte der junge Löwe Langeweile, und er beschloß, die Gegend um das Wäldchen herum ein bißchen zu erkunden. Als er nach einiger Zeit auch dazu keine Lust mehr hatte, entschied er sich, eine für ihn ganz neue Gegend aufzusuchen. Er lief durch eine flache Steppengegend, links und rechts waren kleine Waldinseln. Manchmal stieg, als er an Büschen vorbeilief, eine Gruppe von Vögeln flatternd auf und ließ sich wieder nieder, als er vorbeigelaufen war. Hier und da begegnete er einzelnen Tieren oder Tieren, die in Gruppen zusammenstanden, und schließlich sah er in weiter Ferne eine spiegelglatte Fläche, die ihn interessierte. Als er näher kam, stieg ihm der Geruch von Wasser in die Nase. Es war sehr heiß, und da es Mittag war, lag Stille über dem ganzen Land. Er lief näher an die große spiegelnde Fläche heran und stellte fest, daß es sich um einen riesigen See handelte.
Da er inzwischen großen Durst hatte, lief er direkt auf den See zu. Am Ufer fühlte sich der Sand ganz warm an und knirschte ein wenig unter seinen Tatzen. Nun war er am Wasser angelangt und wollte gerade zu trinken beginnen, doch als er den Kopf über das Wasser beugte, war ein gefährlich dreinblickendes Tier zu sehen. Zunächst erschrak er sich darüber. Dann brüllte er laut, wie er es als Löwe gelernt hatte. Doch das gefährliche Tier schien zurückzubrüllen. Er schreckte erneut zurück und schüttelte sich. Da er aber nicht als ängstlich gelten wollte und es auch nicht gewohnt war, vor Gefahren zurückzuweichen, hob er noch einmal den Kopf über das Wasser und brüllte laut. Doch das gefährliche Tier brüllte zurück. Der junge Löwe fuhr erneut zusammen und legte sich für kurze Zeit auf den heißen Sand. Da es ihm dort aber zu heiß war und er der Sache nicht traute, verzog er sich in den Schatten eines große Baumes und lief, nachdem er sein Erlebnis überdacht hatte, wieder zurück in sein Wäldchen mit dem kleinen See und dem kühlen, klaren Wasser, dessen Oberfläche vom frischen Wind ständig gekräuselt wurde. Erst sehr spät am Abend kam er dort an. Sofort ging er zu dem kleinen Teich, dessen Wasseroberfläche vom Wind gekräuselt wurde, und genoß von dem angenehm kühlenden Wasser. Danach legte er sich sogleich schlafen, so müde und erschöpft war er.
Die nächsten zwei Tage war der junge Löwe sehr betrübt, denn es ärgerte ihn, daß er sich von der großen Wasserstelle so schnell zurückgezogen hatte. Von seinen Eltern hatte er gelernt, daß man sich immer für seine

Dinge einsetzen soll, daß jeder das gleiche Recht hat und daß jeder vom Wasser trinken darf. Gerade wenn so viel Wasser da war, dann war auf jeden Fall auch für ihn genug zu trinken da. Nachdem er ein wenig hin und her überlegt hatte, machte er sich nochmals auf den Weg und beschloß, jetzt einfach sein Recht zu vertreten und für sich einzustehen.

Als er an dem großen, spiegelglatten See ankam, lief er gleich zum Wasser, blickte hinein und sah wieder das gefährlich aussehende Tier. Nur einen Sekundenbruchteil zögerte er, steckte dann einfach seine Schnauze ins Wasser und begann zu trinken. Das gefährlich aussehende Tier war sofort verschwunden. Na bitte, dachte der Löwe bei sich, es geht doch ganz einfach. Er trank und trank, denn er war sehr durstig, und legte sich anschließend in den Schatten eines Baumes. Nachdem er sich dort ausgeruht hatte, dürstete es ihn noch nach zwei bis drei Schlucke Wasser. Erneut ging er zum See, schaute in die spiegelglatte Oberfläche und sah schon wieder das gefährlich aussehende Tier. Nun dachte er bei sich: „Jetzt reicht's mir aber. Jeder hat das Recht hier zu trinken, auch wenn es nur um zwei oder drei Schluck Wasser geht. Ich trinke einfach und nehme mir mein Recht."

Und erneut streckte er die Schnauze ins Wasser, und schlagartig war das Tier wieder verschwunden.

Ein fröhliches Lied trällernd, lief er beschwingten Schrittes und immer wieder hin- und hertänzelnd nach Hause. Mal roch er dabei an einer Blüte, mal machte er sich einen Spaß daraus, einige Vögel aufzuscheuchen. Er sah zwischendurch blinzelnd in die Sonne, ruhte sich ein wenig im Schatten aus und erreichte schließlich sein kleines Wäldchen.

Als das Rudel der anderen Löwen wieder zurückkam, hatte er viel zu erzählen, denn er hatte eine neue, für ihn wichtige Erfahrung gemacht. Auch später war es so, daß er anderen und besonders den jüngeren Löwen viel zu berichten hatte, und er galt bereits in jungen Jahren als ein weiser und erfahrener Löwe, der gerne als Berater in schwierigen Fragen herangezogen wurde. Irgendwann traf er dann einen Medizinmann, der die Sprache der Löwen verstand. Dem erzählte er die Geschichte, die er in jungen Jahren erlebt hatte, und so konnte sie den Menschen überliefert werden.

Rahmengeschichte II
Nachdem der ältere der beiden Philosophen diese Geschichte erzählt hatte, nahmen sie noch einen Schluck vom Wasser und Wein, und der jüngere meinte, das sei eine schöne Geschichte, die zeigt, daß man sich oftmals viel zu früh und ohne daß es Sinn macht, ins Bockshorn jagen läßt. Das sei

gar nicht nötig. Jeder habe das Recht, für sich einzutreten und für sich das, was wichtig sei, in die Tat umzusetzen.

Sie verweilten noch lange Zeit in der Straußwirtschaft und sprachen über dies und das und auch darüber, was jeder einzelne für sich aus dieser Geschichte lernen kann.

Rahmengeschichte I
Als der Förster dieser Geschichte zu Ende erzählt hat, nimmt er seine Pfeife, die er die ganze Zeit gemütlich im Mund getragen hat, wieder in die Hand und deutet nach oben zum Himmel. „Was für ein schönes Wetter wir heute haben", sagt er. „Man fühlt sich so heiter und so beschwingt." Anschließend steckt er die Pfeife wieder in den Rucksack, nimmt den Rucksack auf die Schultern, verabschiedet sich freundlich, steht auf und geht wieder ausgeruht und vergnügt seines Weges in den Wald hinein.

Wenn Sie möchten, bleiben Sie noch einen Augenblick liegen, und genießen Sie es, sich noch ein wenig auszuruhen. Wenn Sie wieder wach und gleichzeitig entspannt zurückkommen möchten, beginnen Sie zunächst die kleinen Finger- und Zehengelenke zu bewegen, dann schließlich die größeren Gelenke wie Hand, Fuß, Ellbogen und Kniegelenke. Atmen Sie allmählich tiefer ein. Strecken, räkeln, dehnen Sie sich, und lassen Sie vielleicht auch Gähnen zu, wenn Sie möchten. Schneiden Sie Grimassen, drehen Sie den Kopf ganz nach links, und spannen Sie den Nacken an, dann ganz nach rechts. Nehmen Sie Spannung im Körper auf, und strecken Sie sich anschließend. Spüren Sie noch etwas nach, ob es noch Körperstellen gibt, die Sie jetzt dehnen und spannen möchten, und kommen Sie anschließend in Ihrem eigenen Zeitrhythmus entspannt zurück ins Hier und Jetzt.

6.6 Option: Kurze Progressive Muskelentspannung
Verwenden Sie dafür eine der Übungen aus den vergangenen Sitzungen.

7. Hausaufgabe

7.1 Alternativkognitionen

Wo gelingt es, dem Streß gegenzusteuern, und wo gelingt es, die inneren Sätze in Frage zu stellen und ihnen durch neue alternative Sätze zu begegnen?

Versuchen Sie in der nächsten Woche im Alltag mit positiven bzw. Alternativkognitionen zu experimentieren.

7.2 Arbeitsblatt für zu Hause - als Begleiter im Alltag - (nach Ceh)
Bitte bearbeiten Sie das Arbeitsblatt Nr. 13/1-2 (Anhang S. A-29—A-30)

Streß 6

1. Aktivierungs-/Vitalisierungsübungen
1.1 Fechterstellung
1.2 Lifting

2. Kognitiver Teil
2.1 Gruppengespräch: Rückmeldung und Austausch über Fortschritte im Alltag
2.2 Hausaufgabenbesprechung

3. Aktivierungs-/Vitalisierungsübungen
3.1 Kurzes Dehnen, Strecken, Räkeln
3.2 Dschungelpfad trampeln
3.3 Affenhaltung
3.4 Kraftgang

4. Kognitiver Teil
4.1 Angenehme Erfahrungen, Wohlfühlmomente
4.2 Persönliche Entspannungssituationen und Wohlfühlmomente
4.3 Kurzes Gruppengespräch zu Beobachtungen und Erfahrungen

5. Hausaufgabe
5.1 Tätigkeiten zum Streßausgleich und zur Streßbewältigung

6. Aktivierungs-/Vitalisierungsübungen
6.1 In Groundinghaltung stehen
   Option: Elefant
   Option: Gruppen-„Blitzlicht"

7. Entspannungsübung
7.1 Progressive Muskelentspannung und Momente der besonderen inneren Fähigkeiten und Kräfte

SITZUNG 6

1. Aktivierungs-/Vitalisierungsübungen

1.1 Fechterstellung
(Musik: Rippingtones, „Moonlight")
Stehen Sie für ein paar Augenblicke locker und gerade, und spüren Sie die verschiedenen Körperregionen sowie Muskelgruppen nacheinander durch. Stellen Sie fest, wo sich Muskelgruppen befinden, die besonders angespannt sind, und wo Sie Muskelgruppen spüren, die völlig entspannt sind. Machen Sie nun mit dem linken Bein einen Ausfallschritt nach vorne in die Fechterstellung. Das rechte Bein bleibt gestreckt, das linke Bein ist im Knie etwa 90° gebeugt. Achten Sie darauf, daß der Oberkörper aufrecht bleibt. Insbesondere sollte der Brustkorb gestreckt und aufgerichtet werden. Stellen Sie sich vor, Sie hätten am Scheitelpunkt oder am Hinterhaupt einen Faden, an dem Sie nach oben gezogen werden.
Stellen Sie sich vor, Sie haben in der linken Hand eine Stricknadel oder einen spitzen Bleistift. Stellen Sie sich ebenfalls vor, etwa eine Armlänge von Ihnen entfernt ist in Brusthöhe ein mit Luft und Wasser gefüllter Luftballon aufgehängt, und Sie sind auf einer Kindergeburtstagsparty, bei der es darum geht, in kürzester Zeit Luftballons möglichst schnell zum Platzen zu bringen.
Führen Sie eine schnelle Streckbewegung des linken Armes in Richtung auf den imaginären Luftballon durch. Versuchen Sie die Schnelligkeit und die Intensität des Stoßes zu variieren.
Führen Sie in der gleichen Stellung die Bewegung mit dem rechten Arm aus.
Wechseln Sie nun die Stellung Ihrer Beine, und nehmen Sie das rechte Bein nach vorne, während das linke nach hinten gestreckt bleibt.
Stehen Sie nun etwas breitbeinig, und lassen Sie den Oberkörper locker nach unten hängen. Schwingen Sie dabei die Arme, den Kopf und den gesamten Oberkörper zum Takt der Musik etwas nach links und nach rechts, nach vorne und nach hinten. Achten Sie darauf, daß besonders der Kopf sich ganz locker bewegen läßt.

Nehmen Sie nun wieder die Fechterstellung ein, und stellen Sie sich vor, etwa eine Armlänge von Ihnen entfernt ist senkrecht in der Luft eine Salatgurke aufgehängt, und Sie wollen jetzt mit einem Gemüseschneider ganz kleine Scheiben herausschneiden, um hinterher Gurkensalat zu machen. Achten Sie darauf, im Bereich der Brustwirbelsäule gestreckt und aufgerichtet zu bleiben, ohne jedoch die Rückenmuskeln anzuspannen. Der Oberkörper sollte locker und gleichzeitig aufrecht sein.

1.2 Lifting

Liegender Partner

Liegen Sie locker auf der Unterlage, strecken und räkeln Sie sich. Lassen Sie Ihr Gewicht entspannt in die Unterlage sinken und sich dabei möglichst schwer sein. Atmen Sie tief aus, lassen die Ausatembewegung ganz lang werden. Lassen Sie dann eine kleine Pause entstehen, und warten Sie ab, ob und wie stark der Einatemimpuls von selbst kommt. Der Beckenboden ist dabei möglichst locker, so daß er sich auch mit kleineren Atembewegungen beim Einatmen nach unten wölbt und beim Ausatmen wieder nach oben zurückfedert.

Lassen Sie Ihren Körper völlig locker und entspannt, während ein aktiver Partner Ihren rechten Arm am Handgelenk faßt und vorsichtig anzuheben beginnt.

Aktiver Partner

Heben Sie den rechten Arm Ihres liegenden Partners vorsichtig zunächst am Handgelenk bis fast in die senkrechte Stellung des Unterarms. Unterstützen Sie nun den Arm im Bereich des Ellbogengelenks, und heben Sie den ganzen Arm weiter an. Führen Sie vorsichtige Bewegungen im Hand-, Ellbogen- und Schultergelenk des liegenden Partners in die verschiedenen möglichen Richtungen aus. Achten Sie dabei darauf, daß diese Bewegungen für den Liegenden möglichst angenehm sind. Gehen Sie langsam vor, und achten Sie darauf, daß die Atmung Ihres Partners tief und ruhig erfolgt. Setzen Sie mit der Bewegung ab, sobald Sie auch nur erahnen, daß gleich eine Anspannung erfolgen könnte, falls Sie weiter fortfahren. Machen Sie kleine Pausen, in denen Sie die Stellung des hochgehobenen Armes beibehalten, wenn Sie zwischenzeitliche Anspannungen oder Zucken einzelner Muskelgruppen bei Ihrem liegenden Partner wahrnehmen.

Lassen Sie den Arm des Partners unmerklich langsam, fast stufenlos bis zur Unterlage sinken, und halten Sie den Handgelenksrücken anschließend noch einige Augenblicke fest.

Geben Sie Ihrem Partner noch ein wenig Zeit, um für sich den Unterschied zwischen der rechten und der linken Seite zu erspüren. Wenden Sie sich dann der linken Seite zu.
Achten Sie darauf, daß der liegende Partner während der Übung zunehmend körperlich locker läßt und sein Gewicht mehr und mehr an die Unterlage abgibt. Anstelle der zuvor meist praktizierten Schulter- oder Brustatmung tritt allmählich Bauchatmung auf.

2. Kognitiver Teil

2.1 Gruppengespräch
Rückmeldung und Austausch über Fortschritte im Alltag:
- Was habe ich erkannt, was fällt mir auf?
- Was beobachte ich selbst, welche Veränderungen beobachten andere an mir?
- Bewertung des Veränderungsprozesses in der Gruppe
- Zukunftserwartungen, Ausblick usw.

2.2 Hausaufgabenbesprechung
Austausch über Wirkung von Antistreßkognitionen:
- Wie ist es mir gelungen, innerlich gegenzusteuern, etwas gegen die verinnerlichten Streßsätze zu tun und positive Sätze wirken zu lassen?
- Austausch über das innere Erleben in Streßsituationen, Gedanken bei Streß, innere Bilder und Gefühle bei Streß.
- Im Gruppengespräch Austausch über Wirkung neuer Gegenkognitionen für die eigene Situation im Alltag.

3. Aktivierungs-/Vitalisierungsübungen

3.1 Kurzes Dehnen, Strecken, Räkeln

3.2 Dschungelpfad trampeln
(Musik: Clarke/Duke Project, „Louie, Louie")
Stellen Sie sich vor, Sie befinden sich im Urwald und möchten zusammen mit Ihren Stammesgenossen einen Pfad durch den Wald anlegen, damit Sie

das nächste Kino, Café, Fußballstadion (Milchladen/Bananenplantage usw.) schneller erreichen können. Stampfen Sie mit der ganzen Fußsohle auf dem Boden im Takt der Musik auf. Bilden Sie Fäuste, und spannen Sie diese beim Aufstampfen fest an (achten Sie darauf, daß der Daumen nicht von den Fingern umschlossen wird). Geben Sie beim Aufstampfen einen „Huh-Laut" von sich. Beim jeweiligen Bodenkontakt sollte der ganze Körper maximal angespannt sein. Lassen Sie den Oberkörper gerade aufgerichtet, neigen Sie ihn eher noch etwas nach hinten. Variieren Sie die Intensität des Aufstampfens, von zunächst ganz fest, so daß der Boden erzittert, bis ganz behutsam (an einer leisen Musikstelle). Genießen Sie Ihre eigene Kraft und Vitalität.

Treten Sie etwas vorsichtiger, zuerst mit den Zehen und Zehenballen, und um den Unterschied zu erspüren, dann mit den Fersen auf. Bleiben Sie aufgerichtet, und versuchen Sie, sich ganz leise zu bewegen (sonst wachen die kleinen Kinder auf, die gerade schlafen).

Wenn die Musik wieder lauter und rhythmischer wird, versuchen Sie erneut, fest aufzustampfen.

Bleiben Sie, während Sie laufen, in den Knien gebeugt (variieren Sie von leichter Hockstellung bis zum Tief-in-die-Knie-gehen).

Stellen Sie sich vor, daß Sie mit beiden Händen einen Baumstamm oder einen dicken Stock halten, mit dem Sie den Boden noch zusätzlich feststampfen. Stellen Sie sich weiterhin vor, daß Sie körperlich sehr stark sind und daß es Ihnen sehr leichtfällt, den Stamm hochzuheben und mit voller Kraft auf den Boden aufzustampfen.

Stellen Sie sich nun vor, daß Sie im Takt der Musik während des Aufstampfens mit den Beinen Laub, das Ihnen den Weg versperrt, mit beiden Händen nach außen zur Seite schieben.

Wenn Sie möchten, probieren Sie auch zusätzlich das gleichzeitige Aufstampfen mit zwei dicken Stöcken, die Sie in der rechten und in der linken Hand halten. Lassen Sie dabei den Oberkörper gerade aufgerichtet.

Stehen Sie jetzt aufrecht mit andeutungsweise gebeugten Knien. Schließen Sie die Augen, und spüren Sie noch ein wenig nach. Wie fühlt sich dieses „starke Auftreten" an? Werden Sie an eine eigene Erfahrung oder an andere Personen, die Sie kennen, erinnert? Was fällt Ihnen noch auf, was spüren Sie, was sehen Sie vor dem inneren Auge usw.? Versuchen Sie anschließend, diese Bewegung ganz behutsam und vorsichtig auszuführen und dann die Intensität des Aufstampfens und die völlige Anspannung nochmals maximal zu steigern.

3.3 Affenhaltung
(Musik: Rippingtones, „Moonlight")
Stehen Sie mit vornübergebeugtem Oberkörper, und lassen Sie den Kopf und die Arme frei nach unten hängen und pendeln. Stehen Sie locker auf beiden Beinen, lassen Sie die Knie leicht gebeugt, verlegen Sie Ihr Gewicht auf die Zehenballen und die Zehenspitzen, und federn Sie in den Knien locker auf und ab.

Sie können nun in dieser Körperhaltung zunächst den linken, dann den rechten Arm anheben, verschiedene Positionen des Armes im Raum spielerisch ausprobieren und immer wieder den Arm locker nach außen wegschütteln und anschließend nach unten sinken und schwingen lassen, wie es vielleicht Affen im Zoo tun würden.

Genießen Sie es, alles, was Ihnen einfällt, zu tun, und stellen Sie sich auch vor, wie es wäre, ganz verrückte und unberechenbare Dinge anzustellen. Als Affe darf man ja alles. Stellen Sie sich eine Szene im Alltag vor, und „erlauben" Sie sich, in Ihrer Vorstellung als Affe z.B. Leuten Wasser über den Kopf zu schütten, Torten zu werfen und auch Ihrem Chef, Ihren Familienangehörigen (Schwiegermutter) diese und andere Streiche zu spielen.

Nehmen Sie, am besten mit geschlossenen Augen, vielleicht auch andere Körperhaltungen ein, und stellen Sie sich diese Szenen lebhaft vor.

Strecken und räkeln Sie sich nun, sammeln Sie die wichtigsten Eindrücke innerlich noch einmal, und kommen Sie anschließend in Ihrer eigenen Zeit wieder zurück ins Hier und Jetzt.

3.4 Kraftgang
(Musik: Rippingtones, „Moonlight")
Stehen Sie locker, entspannt und dabei möglichst gerade. Strecken Sie sich etwas durch, lassen Sie die Knie dabei leicht gebeugt. Stehen Sie aufrecht, jedoch ohne starke Anspannung Ihrer Rückenstreckmuskulatur.

Gehen Sie nun etwas in die Knie, und stampfen Sie mit dem rechten Fuß fest auf, während Sie gleichzeitig die rechte Faust ballen und sie neben sich von etwa Brusthöhe nach unten bis in Nabelhöhe schleudern und durch eine kräftige Anspannung der Armmuskulatur zum Halten bringen (Bewegung wie beim „Auf-den-Tisch-schlagen").

Gehen Sie aufrecht Schritt für Schritt z.B. auf einem Waldweg oder auf einer Wiese (weicher Untergrund), indem Sie zunächst mit dem rechten Bein aufstampfen, gleichzeitig die rechte Faust nach unten schleudern und anschließend den linken Fuß fest aufstampfen, während Sie die linke Faust nach unten schleudern. Atmen Sie bei jedem Aufstampfen aus und jeweils zwischen den Schritten wieder ein.

4. Kognitiver Teil

4.1 Angenehme Erfahrungen, Wohlfühlmomente

In den letzten Sitzungen haben wir sehr viel beobachtet, analysiert und uns insbesondere in den letzten zwei Sitzungen mit der Struktur unserer inneren Gedankenwelt befaßt. Vielleicht haben Sie einmal genauer erfahren, wie wir durch innere Mechanismen zu unserem eigenen Streß beitragen. Oftmals geht uns der Blick für das Schöne und Angenehme im Leben verloren. Gerade in stressigen Situationen oder bei einem generell stressigen Alltag vernachlässigen viele Menschen persönlich entspannende Situationen, Interessen und Ziele. Manchmal ist es sehr wichtig, nach der Arbeit einmal völlig abzuschalten, sich mit etwas ganz anderem zu beschäftigen und nur mit schönen, begeisternden und freudvollen Dingen zu tun zu haben. Ruhe, Muße und Genießen können manchmal das beste Gegenprogramm zu einem anstrengenden Alltag sein. Für viele ist eine ausgelassene sportliche Aktivität sogar noch besser. Denken Sie an die Kurven von D. Ohm aus Sitzung 2. Streßarbeit und Anstrengung läßt sich nicht immer vollständig vermeiden. Wenn es aber gelingt, Phasen der Ruhe oder mit Spaß und Ausgelassenheit verbundene Aktivitäten usw. dazwischenzuschalten, schaukelt sich das innere Spannungsniveau nicht mehr weiter hoch, sondern es kommt zur Entspannung, und es ist leichter möglich, ein gesundes Wechselverhältnis zwischen Anspannung und Entspannung zu erreichen.

Poster:

Wohlfühlmomente, angenehme Erfahrungen/Erlebnisse

Welche Wohlfühlmomente hatte ich in den letzten 24 Stunden bzw. was war in den letzten 24 Stunden angenehm? (auch kleine Annehmlichkeiten).

Kurzes Brainstorming in der Gruppe
Eventuell muß der Gruppenleiter mit kleinen Beispielen nachhelfen:
Schönes Wetter
Klare Luft
Angenehmes Gespräch
Schöne Autofahrt
Gute Musik gehört
Kleiner Erfolg bei der Arbeit
Essen gut geschmeckt
Andere Genüsse

4.2 Persönliche Entspannungssituationen und Wohlfühlmomente
Benutzen Sie nachfolgenden Fragebogen zur Bestandsaufnahme. Stellen Sie sich die Frage, wie gerne Sie die dort genannten Tätigkeiten ausführen. Wie häufig haben Sie es früher getan, wie oft kommen Sie heute dazu?
Stellen Sie sich auch die Frage, ob die Tätigkeiten, die früher angenehm für Sie waren, sich inzwischen vom Charakter her geändert haben. Als Beispiel mag dienen: Hat sich die Mitgliedschaft im Fußballverein durch die Übernahme von Ehrenämtern zu etwas Anstrengendem gewandelt? Haben Sie früher Sport als Spaß betrieben, und quälen Sie sich jetzt, um bestimmte Leistungsstandards zu erreichen?
Bearbeiten Sie jetzt bitte die Arbeitsblätter Nr. 14 (Anhang S. A-31) und Nr. 15 (Anhang S. A-32)

4.3 Kurzes Gruppengespräch zu Beobachtungen und Erfahrungen

Poster:

Was ist mir aufgefallen?

Was kann ich daraus ableiten?

Was habe ich besonders gerne gemacht?

Was würde ich gerne wieder mehr machen oder neu ausprobieren?

Was nehme ich mir in der nächsten Woche vor?
(Kino, Hobby, soziale Kontakte)

5. Hausaufgabe

5.1 Tätigkeiten zum Streßausgleich und zur Streßbewältigung
Nehmen Sie sich bewußt etwas Angenehmes, Schönes für die nächste Woche vor.

6. Aktivierungs-/Vitalisierungsübungen

6.1 In Groundinghaltung stehen
(Musik: Rippingtones, „Moonlight")
Linker Arm in Hüfte stützen, rechter Arm gestreckt mit gespreizten Fingern etwas oberhalb der Schulterhöhe nach außen hinten strecken (keine Spannung auf das Schultergelenk).
Arm nach ganz oben über den Kopf und nach hinten strecken.
Rechten Arm dann in gleicher Weise (Hand etwa in Zwerchfellhöhe) nach hinten außen strecken.
Jeweils am Ende der maximalen Streckbewegung für einige Augenblicke ganz tief einatmen, in der maximalen Einatemstellung für einen Moment bleiben (nicht die Luft anhalten, sondern so tun, als ob man immer noch etwas mehr Luft einatmen könnte).
Gestreckten rechten Arm mit gespreizten Fingern oberhalb des Kopfes nach oben und zur anderen Seite strecken. Dabei die ganze rechte Seite dehnen. Den Oberkörper dabei weder nach vorne einknicken noch zur Seite drehen, noch nach hinten einknicken.
Stehen Sie jetzt wieder gerade. Beugen Sie die Knie ganz leicht, spüren Sie mit geschlossenen Augen nach, welchen Unterschied Sie zwischen der rechten und der linken Körperseite empfinden. Welches innere Bild haben Sie vor sich, wenn Sie die rechte Seite bewußt wahrnehmen? Fühlt sich die rechte Seite schwerer oder leichter, wärmer oder kälter, größer oder kleiner an als die linke?
Üben Sie jetzt in gleicher Weise auch mit dem linken Arm.
Probieren Sie nun alle möglichen Bewegungen und Stellungen aus, die Sie mit den Armen und den Fingern einnehmen können. Welche Stellungen

sind am angenehmsten? Dehnen und räkeln Sie sich noch ein wenig (wenn Sie möchten mit geschlossenen Augen).

Option : Elefant
(Musik: Rippingtones, „Moonlight")
Stehen Sie etwa schulterbreit, das Körpergewicht auf beide Beine gleichmäßig verteilt und die Knie leicht gebeugt.
Stellen Sie sich nun mehr auf die Zehenballen, so daß nur noch wenig oder gar kein Gewicht mehr auf den Fersen lastet. Stellen Sie sich anschließend mit fast dem ganzen Körpergewicht auf die Fersen. Das Körpergewicht verlagert sich dabei von vorne (Zehenballen) nach hinten auf die Fersen.
Verteilen Sie anschließend das Gewicht gleichmäßig zwischen den Fersen und den Zehenballen. Lassen Sie dabei den Oberkörper gerade aufgerichtet, so daß Sie den Rücken nicht durch die Rückenmuskeln geradehalten müssen und er von selbst gerade aufgerichtet steht. Beugen Sie die Wirbelsäule nun unmerklich etwas nach rechts, dann nach links, nach vorne und hinten, um schließlich eine Stellung des Körpers zu finden, in der der Rücken gerade und dennoch entspannt ist.
Lassen Sie nun den Oberkörper locker nach vorne unten sinken, bis die Hände (Handrücken) den Boden berühren. Entspannen Sie sich in dieser Haltung, und schwingen Sie seitlich nach links und rechts sowie nach vorne und hinten.
Stützen Sie sich nun mit den Händen am Boden ab, und gehen Sie noch etwas mehr in die Knie. „Laufen" Sie nun mit den Händen nach vorne wie ein Vierbeiner, lassen Sie die Füße jedoch stehen. Die Beine werden in den Kniekehlen gestreckt und gedehnt; vielleicht zittern die Knie ein wenig. Versuchen Sie, die Dehnung auch zu „genießen", und intensivieren Sie die Dehnung, indem Sie die Hände immer weiter vor die Beine stellen.
Kehren Sie anschließend in die Ausgangsstellung zurück, richten Sie sich auf, und versuchen Sie wieder von selbst aufrecht zu stehen, ohne sich geradehalten zu müssen. Geht das jetzt ein wenig leichter?

Option: Gruppen-„Blitzlicht"

7. Entspannungsübung

7.1 Progressive Muskelentspannung und Momente der besonderen inneren Fähigkeiten und Kräfte

Suchen Sie sich eine bequeme Liegeposition. Strecken, räkeln und dehnen Sie sich. Lassen Sie auch Gähnen zu, wenn es spontan entstehen will. Ändern Sie Ihre Liegeposition, wenn Sie noch eine bequemere Körperhaltung finden können.

Jeder von uns kennt Situationen, in denen einem etwas optimal gelungen ist. Man war in dieser Situation vielleicht ganz bei sich selbst, ganz in seiner Kraft. Eine schwierige Aufgabe wurde erfolgreich bewältigt, etwas, was man lernen wollte und worum man sich schon länger bemühte, ist nun erfolgreich abgeschlossen (Schwimmen, Radfahren, ein Radio oder einen Verstärker bauen usw.). Vielleicht fällt Ihnen auch spontan die Situation eines sportlichen Erfolges ein.

Strecken Sie nun die Zehen ganz weit nach unten zum Boden, und beugen Sie sie maximal in Richtung Fußsohle. Lassen Sie die Wadenmuskeln hart werden.

Ballen Sie gleichzeitig ihre Hände zu Fäusten (Daumen dabei nicht umschließen). Die Arme liegen zunächst gestreckt neben dem Körper. Drehen Sie dann die Arme nach innen, so daß die Handrücken an den Oberschenkeln anliegen, und drücken Sie die Arme nach innen gegen den Körper. Lassen Sie die Spannung in den Arm- und Schultermuskeln sowie in den Fuß- und Wadenmuskeln maximal steigen. Halten Sie diese Spannung 3-5 Sekunden, und lassen Sie sie JETZT wieder los.

Achten Sie erneut auf eine bequeme Körperhaltung, strecken und dehnen Sie sich vielleicht zuvor ein wenig durch.

Achten Sie auch auf Ihre Atmung. Lassen Sie den Ausatemzug ganz lang werden. Lassen Sie zugleich mit dem Ausatmen den Körper auf die Unterlage heruntersinken und ihn mit seinem ganzen Gewicht vom Untergrund tragen.

Lassen Sie jetzt eines Ihrer besonderen Erfolgserlebnisse, einen außergewöhnlichen Moment, an dem Sie Ihre Fähigkeiten und Potentiale optimal eingesetzt haben, allmählich vor Ihrem geistigen Auge auftauchen. Hören Sie in sich hinein, und spüren Sie ganz intensiv nach. Nehmen Sie diesen besonderen Moment immer intensiver und plastischer wahr, lassen Sie ihn immer deutlicher werden, und stellen Sie sich vor, diese Szene würde in diesem Augenblick ablaufen.

Stellen Sie sich weiterhin vor, Sie sind ein Filmregisseur oder ein Theaterregisseur und betrachten die angenehme, begeisternde und mit Glücksgefühl verbundene Szene aus verschiedenen Blickwinkeln (von oben, von oben seitlich, von unten, von vorne, von hinten usw.).

Versuchen Sie, das schöne Gefühl, den angenehmen Anblick und vielleicht auch die angenehmen Klänge oder Geräusche innerlich zu intensivieren, und genießen Sie diese Szene für einige Augenblicke in vollen Zügen.

Ziehen Sie nun die Zehen kopfwärts, strecken beide Beine im Kniegelenk und lassen die Oberschenkelmuskulatur hart werden. Gleichzeitig werden die Sehnen im Kniegelenksbereich gedehnt. Ballen Sie erneut Ihre Hände zu Fäusten, führen Sie die Fäuste nach oben, und legen Sie sie jeweils immer eine Handbreit seitlich des Hinterkopfes auf der Unterlage ab. Schultern, Arme und Fäuste üben nun einen intensiven Druck gegen die Unterlage aus. Halten Sie die maximale Spannung in Armen, Fäusten, Schultern und Beinen für 3-5 Sekunden an, und lassen Sie JETZT los.

Strecken Sie sich vielleicht ein wenig, und legen Sie die Arme wieder in eine angenehme Position neben den Körper. Atmen Sie ganz bewußt aus, und lassen Sie sich von der Unterlage tragen.

Verändern Sie die Szene mit Ihrem angenehmen Erfolgserlebnis, wenn Sie eine Idee haben, wie es noch intensiver, noch schöner sein könnte. Verändern Sie die Qualität des Lichtes, machen Sie die Farben heller oder kräftiger, lassen Sie Ihre Lieblingsmusik spielen oder beispielsweise Naturgeräusche aufkommen. Versuchen Sie auch in Ihrer Phantasie, weitere Gegenstände in die Szene hineinzunehmen oder auch wegzunehmen (z. B. bunte exotische Blüten, weiche weiße Wattewölkchen, Jubelrufe und die Umarmung von Freunden usw.).

Spannen Sie nun in Ihrer bequemen Liegeposition die Gesäßmuskulatur fest an, und heben Sie dabei gleichzeitig die gestreckten Beine ein wenig vom Boden ab (wer nicht genügend Kraft hat, um die Beine wirklich anzuheben, kann die Bauchmuskulatur einsetzen und die Beine „fast" vom Boden abheben). Achten Sie darauf, daß Sie die Wirbelsäule nicht belasten. Untrainierte Personen sollten die Beine nicht vom Boden abheben. Halten Sie die Anspannung etwa 3-5 Sekunden, und lassen Sie JETZT los.

Nehmen Sie wahr, welche Körperbewegung, welche Körperhaltung, welche Geste Ihr angenehmes Erfolgserlebnis (Erlebnis der besonderen inneren Kräfte und Potentiale) begleitet (Arme in die Luft werfen, nach Treffen eines Tores beim Fußball, in die Hände klatschen, nach gelungenem Kegelwurf, Faust ballen und Daumen nach oben strecken, Finger zum V geformt nach oben strecken, sich vor Freude schütteln, einen Purzelbaum schlagen, irgend etwas vor Freude in die Luft werfen usw.). Erleben Sie diesen körperlichen Ausdruck von Freude ganz intensiv. Wenn Sie möchten, können Sie diese Bewegung im Liegen oder Sitzen, vielleicht in „verkleinerter" Form, noch einmal nachahmen.

Der nachfolgende eingerückte Übungsteil kann bei Zeitmangel weggelassen werden:
> Die Arme sollen gestreckt seitlich neben dem Körper liegen. Drücken Sie nun Arme, Schultern, Beine und Kopf gegen die Unterlage, bis sich der Körper fast vom Boden abhebt. Halten Sie die Spannung, und lassen Sie JETZT wieder los.
> Denken Sie nochmals bewußt an die Geste oder Bewegung, die Ihr angenehmes Erlebnis, Erfolgserlebnis bzw. Erlebnis der besonderen inneren Kräfte und Potentiale begleitet.
> Verkleinern Sie die „Bewegung" noch weiter, bis sie fast unmerklich ist. Versuchen Sie, ob es möglich ist, sich durch die verkleinerte Geste die Empfindung dieser Situation zu vergegenwärtigen bzw. den inneren Eindruck zu verstärken.

Transfer in den Alltag (dieser zusätzliche Übungsteil kann auch weggelassen werden):
> Spüren Sie noch einmal sämtliche Regionen des Körpers bewußt durch. An welcher Stelle würde eine Dehnung, ein Strecken oder eine kurze Muskelanspannung und ein anschließendes Loslassen guttun? Führen Sie das, was Sie als angenehm empfinden, jetzt durch.
> Viele Übungsteilnehmer sind nach dem bisherigen Gruppenverlauf gut in der Lage, die soeben innerlich abgerufene Phantasie auf Alltagssituationen zu übertragen. In diesem Fall sollte man den weiteren, anschließend dargestellten Übungsteil mit der Gruppe durchführen.
> Versuchen Sie nun, den inneren Zustand besonderer Fähigkeiten und Potentiale in Ihrer Phantasie auf andere Alltagssituationen zu übertragen:
> Nehmen Sie sich irgendeine Situation im Alltag, die üblicherweise noch nicht optimal für Sie läuft (Gespräch mit dem Chef, der Schwiegermutter ...).

Stellen Sie sich die derzeit noch schwierige Situation innerlich vor, und führen Sie dann die Bewegung oder Geste aus, die Sie eben bei sich kennengelernt und weiterentwickelt haben. Stellen Sie dabei fest, wie intensiv der innere Erlebniseindruck sich vergegenwärtigt. Können Sie in Ihrer Phantasie den Zustand des großen Potentials der inneren Kraft usw. auf die neue Szene übertragen? Verändert sie sich jetzt? Führen Sie die Bewegung noch einmal in „verkleinerter" Form aus, oder versuchen Sie auch einmal eine intensivere Bewegungsform.
Nehmen Sie die Veränderungen genau wahr. Vielleicht verändert sich die Szene auch im Handlungsablauf oder in bezug auf das, was Sie sagen usw.

Kommen Sie anschließend wieder aus dieser Übung zurück, indem Sie zunächst die kleinen Finger- und Zehengelenke bewegen, sich dann dehnen, räkeln, strecken, vielleicht Gähnen zulassen und all das tun, was Sie nach einem längeren Schlaf tun würden, um wieder wach und entspannt ins Hier und Jetzt zurückzukommen.

Streß 7

1. Aktivierungs-/Vitalisierungsübungen
1.1 Dehnen, Strecken, Räkeln (ohne Musik)
1.2 Matratze- oder Teppichklopfen
1.3 Watschenmann
1.4 Dreschflegel
1.5 Angelbewegung

2. Kognitiver Teil
2.1 Hausaufgabenbesprechung
2.2 Systematisches Problemlösen (Coping) Teil 1

3. Aktivierungs-/Vitalisierungsübungen
3.1 Kurzes Dehnen, Strecken, Räkeln
3.2 Einkaufswagen
3.3 Ellbogenschlag
3.4 Schwertübung im Sitzen
3.5 Schwertübung im Stehen
3.6 Option: „Baumscheibe"
3.7 Topf ausleeren
3.8 Faustschlag auf Sandsack
3.9 Fußball
3.10 Elfmeterübung

4. Kognitiver Teil
4.1 Systematisches Problemlösen (Coping) Teil 2
4.2 Lösungsphantasiereise

5. Hausaufgabe
5.1 Transfer der gefundenen Lösungen in die Praxis, Teilschritte ausprobieren

6. Aktivierungs-/Vitalisierungsübung
6.1 Dehnen, Strecken, Räkeln (ohne Musik)

7. Phantasiereise
7.1 Der Fischer und der Urlauber

SITZUNG 7

1. Aktivierungs-/Vitalisierungsübungen

1.1 Dehnen, Strecken, Räkeln
(ohne Musik)
Dehnen und räkeln Sie sich herzhaft wie eine Katze zwischen dem dritten und vierten Mittagsschlaf. Führen Sie alle möglichen Bewegungen aus, die Sie mit den Fingern, den Händen, den Armen, den Schultern, dem Hals, dem Kopf, den Gesichtsmuskeln sowie dem gesamten Brustkorb ausführen können. Erweitern Sie Ihre Bewegungsgrenzen, und dehnen Sie sich ein wenig nach. Schneiden Sie Grimassen, und kneifen Sie die Augen kräftig zusammen. Stehen Sie, wenn Sie möchten, etwas breitbeinig. Spüren Sie mit geschlossenen Augen nach, welche weiteren zusätzlichen Bewegungen Ihnen jetzt guttun würden. Führen Sie diese Bewegungen aus. Lassen Sie auch Gähnen zu, und räkeln Sie sich nochmals nach Herzenslust.

1.2 Matratze- oder Teppichklopfen
(Musik: Alex Bugnon, „Going out")
Stellen Sie sich vor, Sie stehen vor einer Teppichstange (locker entspanntes und dennoch aufrechtes „zentriertes" Stehen, die Wirbelkörper liegen gerade übereinander und bilden von selbst die aufgerichtete Wirbelsäule, ohne daß der Rücken mit den Muskeln gehalten werden muß).
Links von Ihnen hängt ein Teppich, und Sie haben in der rechten Hand einen Teppichklopfer, den Sie in Hüfthöhe, wenn Sie möchten, etwas höher oder auch tiefer von ganz rechts außen nach innen führen und mit dem Sie etwa in Höhe der linken Schulter auf den Teppich treffen. (Sie können sich vorstellen, daß Sie den Teppichrand mit der linken Hand festhalten.)
Schlagen Sie nach Herzenslust und mit allen Kräften auf den Teppich, so daß es kräftig staubt und die Schläge deutlich zu hören sind. Versuchen Sie zunächst mit ganz viel Kraft und dann mit ganz wenig Kraft im Rhythmus der Musik, auf den Teppich zu klopfen, und erspüren Sie den Unterschied.
Klopfen Sie nun auch andere Stellen des Teppichs, etwa in Kniehöhe oder in Höhe einer Unterarmlänge über dem eigenen Kopf. Lassen Sie sich da-

zwischen auch ein wenig Zeit, um mit geschlossenen Augen nachzuspüren, wie es sich anfühlt, sich mit viel Spaß auszutoben.
Wechseln Sie dann die Seite, und klopfen Sie mit dem Teppichklopfer in der linken Hand, weit nach hinten ausholend auf den Teppich, den Sie jetzt mit der rechten Hand festhalten. Spüren Sie nach, wie sich das anfühlt.
Stellen Sie sich nun vor, Sie hätten eine Matratze vor sich liegen, die auf einem Holzrost oder einem festen Gestell etwa in Nabelhöhe vor Ihnen liegt. Stellen Sie sich weiterhin vor, Sie hätten den Teppichklopfer in der rechten Hand und holten weit nach hinten, oberhalb des Kopfes aus und führten dann mit aller Kraft, im Rhythmus der Musik Schläge nach unten aus, um möglichst viel Staub aus der Matratze herauszuklopfen. Achten Sie bei dieser Bewegung darauf, daß Sie im Bereich der Brustwirbelsäule gestreckt stehen und daß insbesondere auch das Brustbein gestreckt wird. Ziehen Sie den Hinterkopf etwas nach hinten oben, so daß sich das Kinn dem Brustbein nähert. Gehen Sie während der Schlagbewegung eher etwas in die Knie. Bleiben Sie auch während der Bewegung gerade aufgerichtet und gleichzeitig möglichst locker im Rücken.
Klopfen Sie zuerst mit der rechten und anschließend mit der linken Hand. Spüren Sie zwischendurch, breitbeinig und etwas in den Knien gebeugt stehend, nach, wie sich das jetzt anfühlt, und beginnen Sie dann erneut, zunächst mit dem Teppichklopfer in der rechten Hand und anschließend in der linken Hand, die Klopfbewegung auszuführen.

1.3 Watschenmann
(Musik: Alex Bugnon, „Going out")
Stellen Sie sich vor, Sie sind auf einem Jahrmarkt, wo ein sogenannter Watschenmann aufgestellt ist. Man muß dem Watschenmann Ohrfeigen geben. Je stärker die Ohrfeige ist, desto höher wird ein Gewicht auf einer Schiene nach oben bewegt. Bei ganz intensiven Schlägen wird das Gewicht soweit nach oben getrieben, daß eine Glocke, die dort hängt, klingelt. (Wenn Sie Jahrmärkte und Kirmes nicht mögen oder wenn Sie sich z.B. in dieser Situation beobachtet fühlen, stellen Sie sich einfach vor, Sie hätten ein solches Gerät zu Hause.)
Stehen Sie etwa schulterbreit, in den Knien gebeugt, und führen Sie die rechte Hand seitlich neben der Schulter (mit leicht gebeugtem Ellbogengelenk) nach außen hinten, um die Schultermuskulatur vorzudehnen, und führen Sie dann einen kräftigen Schlag gegen die Wange des Watschenmannes aus. Experimentieren Sie mit der Bewegung. Welche Veränderungen in der Körperhaltung machen die Übung noch angenehmer? Schlagen Sie einmal

kräftig und dann wieder ganz sanft zu, und üben Sie anschließend auch mit der linken Hand.

1.4 Dreschflegel

(Musik: Alex Bugnon, „Around")

Stellen Sie sich vor, Sie sind ein Bauer oder eine Bäuerin im Mittelalter oder Sie wollen in einem Landwirtschaftsmuseum einmal ausprobieren, wie die Menschen früher Stroh gedroschen haben.

Sie haben eine etwa 1,50 Meter lange Stange, an der über ein Lederband ein 50 Zentimeter langes dickes Holzstück befestigt ist, und halten die Stange in beiden Händen. Machen Sie jetzt eine ausholende Bewegung nach rechts oben über Ihre Schulter, und strecken Sie den rechten Arm nach oben hinten, den linken Arm bis in Ihre Schulterhöhe. Strecken Sie bei dieser Bewegung den ganzen Körper nach oben. Der Oberkörper richtet sich dabei auf und ist bis in den Nacken gestreckt. Schwingen Sie das Dreschholz von hinten über den Kopf ganz nach oben, und machen Sie dann eine ziehende kräftige Bewegung nach unten. Stellen Sie sich vor, daß das zu dreschende Korn auf einem Podest liegt, das, je nachdem wie es für Sie angenehmer ist, entweder kniehoch oder noch etwas höher ist. Achten Sie bei dieser Bewegung darauf, auch beim Nach-unten-Ziehen des Dreschflegels im Oberkörper gestreckt zu bleiben und die Bewegung nach unten lediglich mit den Armen und den Schultern durchzuführen. Stehen Sie breitbeinig und stabil auf dem Boden, der linke Fuß ist dabei etwas nach vorne versetzt, der rechte leicht nach hinten, und federn Sie in den Fußgelenken und Knien nach, während Sie die Übung ausführen.

Atmen Sie bei der Dreschflegelbewegung aus, und spannen Sie, wenn Sie am Ende der Bewegung ganz ausgeatmet haben, den gesamten Körper für einen kurzen Augenblick maximal an.

Atmen Sie während der Bewegung vollständig aus, oder ist noch etwas Luft in Ihren Lungen? Versuchen Sie zu dem Zeitpunkt, an dem das Dreschflegelholz auf das Podest und das daraufliegende Stroh auftrifft, den Ausatemzug gerade zu beenden, und spannen Sie dann für einen Moment die Arm-, Schulter-, Brustmuskulatur, aber auch fast alle anderen Muskeln des Körpers, für einen Augenblick ganz stark an.

Führen Sie die Dreschflegelbewegung ein paarmal, eher schwingend, mit wenig Kraft durch, und erspüren Sie den Unterschied. Wie fühlen Sie sich, wenn Sie mit voller Kraft dreschen?

Versuchen Sie, sich auch ein wenig das Gemeinschaftserlebnis und den Spaß zu vergegenwärtigen, den die Menschen früher haben konnten, wenn sie zusammen Stroh droschen.

Wenn Sie möchten, können Sie mit dieser Übung auch noch in anderen Erlebnis- und Erfahrensbereichen spielen, sich z.B. vorstellen, daß Sie einen Haufen Blechdosen vor sich haben, die Sie plattklopfen, damit Sie zum Recycling weniger Platz einnehmen. Ebenso könnten Sie sich vorstellen, daß Sie auf einem Schrottplatz auf alte Autoteile schlagen. Vielleicht suchen Sie sich auch irgendeine andere Situation aus, in der Sie die Dreschflegelbewegung ausführen wollen.

1.5 Angelbewegung
(Musik: Alex Bugnon, „Piano in the dark")
Schließen Sie für einen Moment die Augen, und hören Sie sich ein paar Takte der Musik an. Suchen Sie sich dann in Ihrer Phantasie einen schönen Platz zum Angeln aus. Es sollte ein Platz sein, an dem Sie den Angelhaken über eine weite Strecke ins Wasser werfen können. Stellen Sie sich vor, daß Sie an einem verträumten Bergsee, an einem breiten ruhigen Strom, an der Atlantikküste oder auf einer Jacht stehen. Was sehen Sie um sich herum, welche Geräusche hören Sie, nehmen Sie vielleicht Musik wahr? Versuchen Sie, sich in das entspannte Gefühl eines Hobbyanglers hineinzuversetzen. Wenn Sie sich nicht vorstellen können, Fische zu angeln, tun Sie einfach so, als würden Sie bei einem Anglerweitwurfwettbewerb mitmachen und versuchen, den Angelköder möglichst weit zu werfen.
Machen Sie im Gegensatz zur Dreschflegelbewegung eine weit nach hinten ausholende und nach oben vorne zielende Bewegung, um dem Angelköder einen Impuls für einen weiten Flug mitzugeben.
Atmen Sie lange aus, und stellen Sie sich vor, wie weit der Köder fliegt. Lassen Sie den gesamten Körper am Ende der Ausatembewegung locker werden, und stehen Sie ganz leicht in den Knien gebeugt.

2. Kognitiver Teil

2.1 Hausaufgabenbesprechung

Wie ist es mir gelungen, den Vorsatz aus der letzten Sitzung, etwas Angenehmes zu unternehmen bzw. zu erleben, umzusetzen? Wo habe ich in die-

ser Woche Wohlfühlmomente oder sogar „highlights" erlebt, in denen es mir gut, sehr gut oder extrem gut ging?
Partnerinterview: 2 Minuten lang einem Partner darüber berichten
Gruppenübung: Bericht über die Rückmeldung des anderen in der Gruppe.

2.2 Systematisches Problemlösen (Coping)
Teil 1 Kurzvortrag: Coping
Bewältigung eines durch äußere Umstände vorgegebenen Problems im eigenen Umfeld (z.b. Kinder und gleichzeitige Notwendigkeit zum Studium oder zum Beruf, Pflegefälle in der Familie, behinderte Kinder, eigene Krankheit oder Behinderung usw).

Manche streßauslösenden Situationen sind durch Faktoren und Probleme im persönlichen Umfeld bedingt, die nicht oder nur wenig verändert werden können. Wenn man ein solches belastendes Problem nicht aus der Welt schaffen kann, sollte man nach Möglichkeiten suchen, wie man mit einer vorgegebenen Situation besser zurechtkommt.

Einzelne Gruppenteilnehmer sollen anschließend von einem oder vielleicht auch mehreren Problemen dieser Art erzählen. Wir wollen dann in der Gruppe mit Hilfe der Checkliste „systematisches Problemlösen" versuchen, Bewältigungsstrategien zu finden. Durch die Vorgabe des Arbeitsschemas soll es ermöglicht werden, die in einer Kleingruppe immer mögliche Kreativität für die Problemverarbeitung zu nutzen. Die Gruppe teilt sich als nächstes in zwei Kleingruppen auf und arbeitet jeweils für sich nach dem folgendem Schema. Dabei können, je nach fortgeschrittener Zeit, ein oder mehrere Gruppenmitglieder die Übungen unter A und B in der Gruppe durcharbeiten.

A. Analyse der Problemsituation
1. Problembeschreibung
Ein Gruppenmitglied schildert eine Problemsituation. Die näheren Umstände sollen so eingehend dargestellt werden, daß sich die anderen Gruppenmitglieder hineindenken können.
2. Gedanken
Welche Gedanken gehen Ihnen in der Problemsituation durch den Kopf?
3. Gefühle, Körperempfindungen
Welche Gefühle bzw. Körperwahrnehmungen empfinden Sie in der Problemsituation?

4. Perspektive
Wie sieht das Problem in einem Monat, in einem halben Jahr, in einem Jahr aus?
Welche Langzeitperspektive ergibt sich für Sie selbst?

B. Lösungsideen/Lösungsarbeit
Bitte verwenden Sie das Arbeitsblatt Nr. 16 (Anhang S. A-33)
1. Brainstorming
So bunt wie möglich, so wild wie möglich, so verrückt wie möglich: Lassen Sie jegliche Lösungsideen der Kleingruppe gelten. Wenn man auch verrückte Ideen zuläßt, gelingt es leichter, kreativ zu assoziieren und bessere, real umsetzbare Möglichkeiten zu finden.
2. Bewertung
Wie sympathisch ist mir die Lösung?
Wie praktikabel und realistisch ist die Lösung?
3. Hitliste
Bewerten Sie eine der Ideen als die beste, eine weitere als die zweitbeste usw.

3. Aktivierungs-/Vitalisierungsübungen

3.1 Kurzes Dehnen, Strecken, Räkeln

3.2 Einkaufswagen
(Musik: Earth, wind, and fire, „Electric nation")
Stellen Sie sich vor, Sie sind im Einkaufsladen und die hinter Ihnen in der Schlange Stehenden drängeln mit ihren Einkaufswagen und schieben Ihnen den Wagen in die Hacken oder ins Kreuz. Führen Sie mit Ihrem Becken eine stoßende Bewegung nach hinten aus, um den anderen Einkaufswagen wieder nach hinten von sich wegzustoßen. Versuchen Sie auch eine stoßende Bewegung nach rechts und anschließend auch nach links. Die Hände bleiben am eigenen Wagen.
Probieren Sie anschließend noch, wenn Sie möchten, Tritte mit den Hacken nach hinten. Wie fühlt sich das an?

3.3 Ellbogenschlag

(Musik: Earth, wind and fire, „The speed of love")
Stellen Sie sich vor, Sie stehen in einer Schlange vor der Kinokasse (Skilift, Fußballstadion ...). Jemand hinter Ihnen drängelt und schiebt Ihnen immer wieder den Ellbogen ins Kreuz. Sie möchten sich am liebsten wehren und diese Person mit einem heftigen Ellbogenstoß nachhaltig abwehren. Aber das wagt man ja oft nicht einmal zu denken. Stellen Sie sich vor, Sie können eine solche Bewegung (ohne daß andere beteiligt sind und ohne daß jemand zu Schaden kommt) nach Herzenslust und mit Genuß ausführen.
Schlagen Sie mit dem angewinkelten rechten Ellbogen kräftig nach hinten, und stellen Sie sich vor, wie der Drängler zu Boden geworfen wird. Vielleicht genießen Sie einfach nur die Bewegung und die Kraft, die Sie in der Bewegung erleben.
Folgen Sie in der Abfolge der Schläge dem Rhythmus der Musik. Schlagen Sie zuerst mit dem rechten Ellbogen (Linkshänder mit dem linken) und dann mit dem linken (Linkshänder mit dem rechten). Achten Sie darauf, während der Übung im Bereich der Brustwirbelsäule, des Halses und des Kopfes gerade aufgerichtet zu bleiben.
Wechseln Sie nun zwischen Schlägen der linken und der rechten Seite im Rhythmus der Musik ab.
Experimentieren Sie mit verschiedener Intensität der Schläge und mit verschiedenen Richtungen. Treffen Sie bis in etwa Schulterhöhe oder noch höher mit dem Ellbogen nach hinten auf einen gedachten Sandsack oder einen ähnlich weichen Gegenstand, falls Sie diese Vorstellung (dem Drängler) vorziehen. Versuchen Sie dann auch Schläge etwa in Nabelhöhe.
Führen Sie die Bewegung in verschieden schneller Abfolge (doppelt so schnell, im gleichen Musikrhythmus) nacheinander aus. Versuchen Sie, möglichst viele Schläge in kurzer Zeit auszuführen und anschließend mehr die Kraft und die Intensität jedes einzelnen Schlages für sich zu betonen.
Boxen Sie nun auch noch eine Weile abwechselnd mit der linken und rechten Faust auf einen gedachten Sandsack (oder einen Sack mit Styroporflocken, der viel Lärm beim Draufboxen erzeugt) und stellen Sie fest, ob auch diese Bewegung Spaß macht.
Welche Gedanken, welche Phantasien entstehen? Wie fühlen Sie sich?
Legen Sie sich anschließend auf den Boden oder auf eine Liege, und schließen Sie die Augen. Empfinden Sie nach, was sich jetzt verändert hat, wie sich der Körper nun anfühlt, welche inneren Bilder Sie wahrnehmen. Ist es eher ein Zustand der Ruhe, der Kraft, des Gelassenseins oder eher der Vitalität, der Ausgelassenheit?

Beginnen Sie anschließend Bewegungen mit den Finger- und Zehengelenken, dann mit den größeren Gelenken. Recken, dehnen, räkeln Sie sich, atmen Sie tief ein. Gähnen Sie, wenn Sie möchten, und beenden Sie die Übung.

(Zur **Durchführung der Übungen zu Hause** benötigen Sie einen Hocker bzw. eine Bank oder auch einen Küchenstuhl. Zusätzlich brauchen Sie einen Schaumstoffkeil bzw. eine Matratze, die Sie gegen die Wand stellen. Lehnen Sie den Schaumstoffkeil oder die Matratze an die Wand, und stellen Sie den Stuhl davor. Setzten Sie sich mit dem Rücken zur Matratze oder dem Schaumstoffkeil auf diesen Stuhl.
Winkeln Sie den rechten Ellbogen [bei Linkshändern den linken] etwas an, führen Sie ihn nach vorne bis vor den Brustkorb, und führen Sie im weiten Bogen nach hinten einen Stoß gegen die Matratze bzw. den Schaumstoffkeil aus. Möglicherweise muß die Wand noch weiter gepolstert werden. Vielleicht ist aber auch ein anderer Platz in der Wohnung besser geeignet. Falls dies der Fall sein sollte, wechseln Sie zu diesem Platz.)

3.4 Schwertübung im Sitzen
(Musik: Earth, wind and fire, „The speed of love")
Diese Übung ist Teil der ganzheitlichen Rückenschule.
Vorübung
Sitzen Sie breitbeinig auf einem Stuhl oder Hocker. Sorgen Sie dafür, daß die Hüftgelenke im Sitzen weiter vom Boden entfernt sind als die Kniegelenke.
Sitzen Sie zunächst hinten auf den Sitzknochen, und machen Sie einen Katzenbuckel. Sitzen Sie anschließend vor den Sitzknochen, und nehmen Sie eine extreme, kerzengerade „Brust-raus-Bauch-rein-Haltung" ein. Spüren Sie genau den Unterschied. Sitzen Sie dann auf den Sitzknochen, und bauen Sie die Wirbelsäule zu einer geraden und gleichzeitig lockeren Säule von übereinanderstehenden Wirbeln auf, die von selbst, ohne Muskelspannung aufrecht steht. Sie können, mit den untersten Wirbeln beginnend, leichte, fast unmerkliche Rotationen und Schwingungen in alle Richtungen durchführen, bis Sie für jeden Wirbel eine Stellung gefunden haben, in der er von selbst locker und gerade über dem darunterliegenden Wirbel steht. Richten Sie so, Wirbel für Wirbel nach oben gehend, die Wirbelsäule gerade auf. Balancieren Sie dann den Kopf auf der Wirbelsäule wie auf einer Stange, bis er sich in einer stabilen Position befindet und Sie die Hals- und Nackenmuskeln ganz lockerlassen können.

Achten Sie darauf, wie Sie sich jetzt fühlen. Welche Gedanken gehen Ihnen durch den Kopf? Welche inneren Bilder, Gefühle, Musik nehmen Sie wahr? Lassen Sie sich gerade sitzend mit dem Ausatmen locker in die Unterlage sinken und von ihr tragen. Atmen Sie ganz aus, nehmen Sie sich für die Ausatemphase viel Zeit. Lassen Sie vielleicht auch nach dem Ausatmen eine kleine Pause entstehen. Möglicherweise wird die Muskulatur noch lockerer, und die Einatmung kommt ganz von selbst, das heißt, Sie holen nicht bewußt Luft, sondern der Körper atmet von selbst („Es atmet mich").

Die Schwertübung
Stellen Sie sich vor, Sie haben auf Ihrem Rücken ein in seiner Scheide stekkendes Schwert, welches parallel zu Ihrer Wirbelsäule hängt und dessen Griff etwa in Höhe des Hinterkopfes aus der Scheide herausragt. Führen Sie Ihre Hände, die jetzt noch ruhig im Schoß oder auf den Oberschenkeln liegen, langsam nach oben hinter den Kopf, bis Sie den Griff des Schwertes, der lang genug ist, um ihn mit beiden Händen erfassen zu können, erreichen. Anschließend stellen Sie sich vor, etwa ein Meter vor Ihnen ist ein Strohballen aufgehängt, den Sie gleich mit dem Schwert in zwei Hälften teilen werden. Stellen Sie sich die Bewegung zunächst mehrmals vor, bevor Sie sie ausführen, und ziehen dann während der nächsten Ausatembewegung das Schwert rasch aus der Scheide, und ziehen Sie es mit einer entschlossenen Bewegung durch den Strohballen.
Empfinden Sie die Bewegung innerlich in den einzelnen Abschnitten nochmals nach. Stellen Sie fest, ob die gesamte Schnittfläche sich in einer einzigen Ebene befindet oder ob sie leichte seitliche schlangenlinienförmige Abweichungen aufweist. Hat die Bewegung einen klaren eindeutigen Anfang und einen fest definierten Endpunkt oder sind Anfang und Ende dieser Bewegung nicht eindeutig auszumachen?
Gelingt es Ihnen, während der Bewegung im Gleichgewicht zu bleiben, gerade zu sitzen oder sind Abweichungen nach vorne, nach hinten oder zur Seite feststellbar? Wie würden Sie eine Abweichung nach vorne, nach hinten und zur Seite innerlich empfinden (Ängstlichkeit, Unentschlossenheit, aus Ängstlichkeit zum „Angriff übergehen" o.ä.)?
Führen Sie eine vergleichbare Übung nur mit der Handkante der linken Hand durch. Gehen Sie ähnlich vor wie bei der letzten Übung, und heben Sie dann Ihre linke Hand bis etwa knapp oberhalb der Scheitelhöhe. Stellen Sie sich vor, Sie können mit Ihrer Handkante einen vor Ihnen aufgehängten Strohballen zerschneiden. Halten Sie Ihre Hand zunächst locker. Spannen Sie sie dann an, und lassen Sie insbesondere Ihre Handkante hart werden.

Führen Sie schließlich eine entschlossene Bewegung nach unten durch, mit der Sie den Strohballen zerschneiden.

3.5 Schwertübung im Stehen
(Musik: Earth, wind and fire, „The speed of love")
Stehen Sie zentriert. Die Wirbelsäule ist dabei locker und gerade aufgerichtet. Die einzelnen Wirbelkörper liegen übereinander wie bei einer Säule aus Bauklötzen. Die Rückenmuskeln sind entspannt. Die Schultern werden etwas nach hinten zum Rücken gezogen und richten den Rücken durch den leichten Zug ihres Gewichtes zusätzlich auf.
Beide Arme hängen locker an der Seite des Körpers. Heben Sie den rechten Arm (Linkshänder den linken Arm) über den Kopf. Stellen Sie sich vor, Ihre Handfläche ist die Schneide eines Schwertes. Stellen Sie sich zusätzlich einen Strohballen vor, der in Höhe des Brustkorbs etwa einen Meter vom Körper entfernt aufgehängt ist. Diesen zerschneiden Sie mit einer schnellen Abwärtsbewegung des „Schwertes".
Beobachten Sie den Bewegungsablauf genau. Kommen Sie etwas aus dem Gleichgewicht? Weichen Sie unwillkürlich ein wenig zurück? „Fallen" Sie etwas nach vorne?
Wie fühlen Sie sich bei dieser Übung? Woran denken Sie dabei?

3.6 Option: „Baumscheibe"
Stellen Sie sich vor, Sie wollen etwas essen und haben keinen Teller.
Etwa einen halben Meter oder auch etwas weiter weg liegt quer vor Ihnen ein Baumstamm auf einem Hackblock. Das Ende des Baumstammes ist in Nabelhöhe. Stellen Sie sich vor, Sie können mit der Handkante von diesem Baumstamm eine Scheibe abschneiden, die Sie dann als Teller für Ihr Frühstück oder Ihr Picknick verwenden wollen. Führen Sie schnelle Bewegungen mit der rechten Hand, beginnend über dem Kopf, nach unten durch. Stehen Sie dabei breitbeinig und leicht in den Knien gebeugt. Stemmen Sie die linke Hand in die linke Hüfte, und heben Sie den rechten Arm ganz nach oben. Stellen Sie sich vor, Ihre Handkante könnte durch den Baumstamm durchgleiten, als wäre er aus Butter. Sie ziehen die flache Hand mit einer schneidenden Bewegung blitzschnell nach unten und stellen sich weiterhin vor, wie der Holzteller zu Boden fällt. Atmen Sie auch bei dieser Bewegung ganz aus, und spannen Sie am Ende der Bewegung alle Muskeln des Körpers für einen kurzen Moment an.
Üben Sie auch mit der linken Hand.
Stehen Sie anschließend noch einige Sekunden da, und spüren Sie nach.

3.7 Topf ausleeren
Stellen Sie sich vor, rechts neben Ihnen steht ein großer Topf, z.B. eine Amphore. Stoßen Sie diese Amphore, eine Regentonne oder ein ähnliches Gefäß mit aller Kraft nach seitlich außen von sich weg. Stoßen Sie das Gefäß auch einmal nach vorne um. Genießen Sie diese wegwerfende plötzliche Bewegung, und stellen Sie sich auch einmal vor, Sie stoßen einen wassergefüllten Kochtopf, der auf einem Podest steht, auf diese Weise seitlich oder nach vorne weg.

Experimentieren Sie auch mit der Vorstellung, daß der Partner nicht wie versprochen das Geschirr gespült hat, sondern alles mit Wasser gefüllt auf dem Tisch stehengelassen hat, und Sie fegen es jetzt von der Tischplatte.

Sie können sich aber auch vorstellen, Sie nehmen am „Kochtopfweitstoßwettbewerb" teil und stoßen auf einem Tisch stehende Töpfe nacheinander möglichst weit weg nach vorne.

Üben Sie auch mit der linken Seite, und spüren Sie anschließend noch ein wenig nach, wie sich die Bewegung anfühlt.

3.8 Faustschlag auf Sandsack
Stellen Sie sich vor, Sie haben einen großen Sandsack bei sich im Keller oder irgendwo im Garten aufgehängt. Sie stehen vor diesem Sandsack und machen sich einen Spaß daraus, möglichst laute, kracherzeugende, klatschende Schläge auf den Sack auszuüben. Trommeln Sie verschieden schnell nacheinander und unterschiedlich stark auf den Sandsack. Variieren Sie auch die Abstände zum Sack. Bleiben Sie während dieser Übung in den Knien gebeugt und mit dem Oberkörper gerade aufgerichtet.

Spüren Sie anschließend nach, wie Sie sich nach dieser Übung fühlen.

3.9 Fußball
(Musik: Earth, wind, and fire, „Freedom of choice")
Stellen Sie sich vor, Sie sind ein Fußballer (Klinsmann, Riedle, Sammer), befinden sich im gegnerischen Torraum und wollen den Fußball ins Tor treten. Stellen Sie sich vor, Sie treten den von rechts außen, etwa in Nabelhöhe hereingespielten Ball mit der Ferse ins Tor. Führen Sie diese Bewegung aus.

Versuchen Sie jetzt, den Fußball mit den Zehenballen ins Tor zu treten.

Schießen Sie einen Freistoß oder Elfmeter aus dem Stand oder mit einem Schritt Anlauf. Üben Sie zuerst mit dem rechten Bein, dann mit dem linken.

3.10 Elfmeterübung

Stellen Sie sich vor, Sie treten ganz lässig und abgeklärt einen Elfmeter aus dem Stand ins gegnerische Tor. Machen Sie die Bewegung zunächst mit dem linken Bein. Holen Sie dabei weit nach hinten aus, und kicken Sie den Ball schwungvoll ins gegnerische Tor.
Führen Sie diese Bewegung auch mit dem rechten Fuß aus, und stabilisieren Sie Ihre Körperhaltung durch die Arme, die Sie seitlich weit von sich gestreckt halten.

4. Kognitiver Teil

4.1 Systematisches Problemlösen (Coping)
Teil 2
Auch im zweiten Teil findet Einzelarbeit vor der Gruppe statt.

Arbeitsblatt Nr. 16 (Anhang S. A-33)
C. Planung und Umsetzung
1. Teilschritte festlegen.
2. Was, wann tun, Lösungsschritte mit Zeitplanung festlegen.
3. Gegencheck in der Praxis, Realitätstestung (Ist mein Plan realistisch, kann ich so vorgehen?).

D. Effektivitätskontrolle
Die Effektivitätskontrolle erfolgt erstmals nach einer Praxisphase von ein bis zwei Wochen. Zu bestimmten späteren Zeiten kann man sich dann weitere Effektivitätskontrollen vornehmen.
Ist die Situation tatsächlich verbessert worden? Was ist weiterhin schwierig? Eventuell können Sie erneut ein weiteres Mal das Schema zur Problemlösungsarbeit durchgehen. Stellen Sie sich hierbei die Frage: Ist eine zusätzliche Modifikation und eine Weiterentwicklung der Situation denkbar?

4.2 Lösungsphantasiereise
Suchen Sie sich eine bequeme Sitz- oder Liegeposition, dehnen und räkeln Sie sich für einen Moment kurz durch. Sorgen Sie dafür, daß Sie ganz entspannt und bequem sitzen oder liegen.

Stellen Sie sich nun vor, Sie können zaubern und somit die durch die verschiedenen Lösungsschritte angestrebte Verbesserung der Situation sofort herbeiführen. Stellen Sie sich die verbesserte Situation genau vor.
Wo sind Sie? Zu welcher Jahreszeit erleben Sie diese Szene? Was sehen Sie um sich herum? Welche Gegenstände, welche Personen sind noch zu sehen? Welches Licht, welche Farben fallen Ihnen besonders auf ? Welche Klänge oder Geräusche sind zu hören? Hören Sie Musik, Naturgeräusche? Wie fühlen Sie sich? Fühlen Sie die Unterlage? Spüren Sie die Luft auf Ihrer Haut? Fühlen Sie die Lufttemperatur? Scheint die Sonne? Gibt es vielleicht einen angenehmen Geruch?
Können sich die angenehmen und positiven Veränderungen in Ihrer Phantasie einstellen? Möchten Sie noch etwas in positiver Richtung verändern? Lassen Sie die positive Veränderung geschehen?
Bleiben Sie noch ein wenig in der nun positiv veränderten Szene. Sorgen Sie dafür, daß Sie sich wohlfühlen und daß Sie die angenehmen Eindrücke immer intensiver empfinden und vielleicht noch weitere angenehme Veränderungen in dieser Szene innerlich vornehmen.
Kommen Sie nun langsam aus der Übung zurück, und nehmen Sie sich gleichzeitig vor, diese Phantasiereise und das innere Erleben auch für sich zu Hause immer wieder zu üben.

5. Hausaufgabe

5.1 Transfer der gefundenen Lösungen in die Praxis, Teilschritte ausprobieren:
Experimentieren Sie mit Lösungsteilschritten zur besseren Bewältigung von Problemen, die nicht völlig aus der Welt geschafft werden können.

6. Aktivierungs-/Vitalisierungsübung

6.1 Dehnen, Strecken, Räkeln
(ohne Musik)
Dehnen und räkeln Sie sich herzhaft wie eine Katze zwischen dem dritten und vierten Mittagsschlaf. Bewegen Sie Ihre Finger, Hände, die Arme, Schultern, den Hals, Kopf, die Gesichtsmuskeln und den gesamten Brustkorb in unterschiedlicher Weise. Erweitern Sie Ihre Bewegungsgrenzen,

und dehnen Sie sich ein wenig nach. Schneiden Sie Grimassen, und kneifen Sie die Augen kräftig zusammen. Stehen Sie, wenn Sie möchten, etwa schulterbreit. Spüren Sie mit geschlossenen Augen nach, welche weiteren zusätzlichen Bewegungen Ihnen jetzt guttun würden. Führen Sie die Bewegungen aus, die Ihnen als angenehm einfallen. Lassen Sie, wenn Sie möchten, auch Gähnen zu. Verstärken Sie die Einatembewegung. Räkeln Sie sich nach Herzenslust.

7. Phantasiereise

7.1 Der Fischer und der Urlauber
Einführung
Stellen Sie sich vor, es ist ein angenehmer Sommertag, die Wiesenblumen blühen, und Sie gehen spazieren. Wenn Sie möchten, setzen Sie sich auf eine Bank, legen sich auf eine Decke oder einfach so auf die Wiese, vielleicht in der Nähe eines Bächleins, das Sie munter plätschern hören. Stellen Sie sich vor, daß rundherum lustig die Vögel zwitschern, daß Sie die angenehm frische Sommerluft genießen, sich von der Sonne durchwärmen lassen, ausruhen, es sich ganz bequem machen, völlig ruhig und entspannt werden und an nichts Besonderes, außer vielleicht an einen angenehmen Sommertag denken. Wenn Sie möchten, können Sie der kleinen Phantasiereise, die ich gleich vortragen werde, folgen. Sie können aber auch Ihren eigenen Gedanken nachgehen, einfach so vor sich hindösen, es genießen und sich eine kleine Ruhepause gönnen. Sie können meiner Phantasiereise auch eine kleine Weile zuhören und dann später abschweifen, Ihren eigenen Gedanken nachgehen und eventuell später wieder ein wenig meiner Phantasiereise folgen, so wie es für Sie angenehm ist.

Rahmengeschichte I
Wenn Sie möchten, stellen Sie sich vor, daß Sie am Waldesrand einen freundlichen, gemütlich aussehenden älteren Herrn entdecken, der schon von weitem grüßt und näherkommt. Er hat einen braunen Filzhut auf. Sein graues Haar und sein Bart sind gekräuselt, und er trägt einen grünen Rucksack auf dem Rücken. Als er näherkommt, grüßt er nochmals und stellt sich als der Förster vor. Er fragt Sie, ob er sich ein wenig neben Sie setzen und ausruhen darf. Wenn Sie nichts dagegen haben, nimmt er seinen Rucksack von der Schulter, legt ihn ab und läßt sich nieder, um sich zu entspannen

und zu erholen. Da er gerne Geschichten erzählt, fragt er, ob es Ihnen recht sei, wenn er wieder eine kleine, schöne, amüsante und lehrreiche Geschichte erzählen würde, und sagt noch dazu, daß es ihm nichts ausmache, wenn Sie während der Geschichte mit den Gedanken auch ein wenig abschweiften oder, wenn Sie wollten, gar nicht mehr richtig zuhörten. Bevor er beginnt, nimmt er noch eine Frühstücksdose aus dem Rucksack. Er öffnet den Deckel, und es werden viele Früchte sichtbar, die er in der Dose mitgebracht hat. Es gibt Beeren, Trauben, Apfel- und Birnenschnitze. Er nimmt die roten Beeren und Trauben und bietet Ihnen auch davon an. Wenn Sie möchten, nehmen Sie ein paar Früchte und genießen den angenehmen Geschmack. Der Förster macht es sich noch ein wenig bequem, dann beginnt er mit seiner Geschichte.

Rahmengeschichte II

Vor vielen Jahren, es waren vielleicht hundertfünfzig, zweihundert oder mehr, lebten in der alten Universitätsstadt Freiburg zwei Philosophen, ein älterer und ein jüngerer, die sich nach getaner Arbeit immer gerne in einer kleinen Weinstube am Rande der Stadt trafen. Der Wirt hatte an diesem Tag schon einige Tische nach draußen gebracht, wo sie im Sonnenlicht unter Bäumen, deren Blätter einen angenehmen Schatten warfen, auf die Gäste warteten. Die beiden nahmen an einem der Tische Platz, genossen die klare Frühlingsluft sowie die wärmende Sonne und ließen sich jeder einen Becher und für beide zusammen einen Krug Wein bringen. Der Krug war gut gefüllt, so daß beim Abstellen ein wenig Wein herausschwappte. Da der Tisch auf dem unebenen Boden etwas schief stand, liefen die Weintropfen auf der Tischplatte nach außen und tropften an der Kante des Tisches nach unten. Der jüngere der beiden Philosophen hatte die Schuhe ausgezogen und die Füße ins kühlende Gras gestreckt. Er fing die Tropfen mit dem Fußrücken auf und genoß die angenehme Kühle auf der Haut.

Die beiden pflegten immer hier zusammenzusitzen und sich Geschichten und interessante Begebenheiten zu erzählen. Diese Geschichten hatten sie meistens von Kollegen gehört, die sie anläßlich von Kongressen, die in anderen Ländern stattfanden, getroffen hatten.

Einige der Geschichten hatten sie jedoch von einem Kollegen, der als Hellseher bekannt war und der manchmal besser und manchmal schlechter die Zukunft vorhersagen konnte. Eine solche Geschichte wollte der Ältere von beiden dem Jüngeren, der diese Geschichte noch nicht kannte, jetzt erzählen, denn es handelte sich um eine gar verwunderliche Begebenheit, eine Geschichte über innere Ruhe, Gelassenheit und Weisheit.

Geschichte vom Fischer und vom Urlauber
In einem Land, das südlich von Italien liegt oder so ungefähr, lebte im 19. oder 20. Jahrhundert, man weiß es nicht so genau, auf einer kleinen Insel ein Fischer namens Vassili.
Dieser Mann hatte sein Auskommen mit einer gar beschaulichen Tätigkeit. Er fuhr mit einem Boot, das schon seine Altvordern benutzt hatten, hinaus aufs Meer - die Leute ruderten auch zu dieser Zeit noch selbst hinaus - und fing mit einem Netz, das er auswarf, oder einer Angel Fische aus dem Meer. Sodann ruderte er, wenn er genug gefangen hatte, wieder nach Hause, ließ seine Frau ein paar Fische aussuchen, die Sie dann für die Familie zubereitete, verkaufte den Rest oder konservierte noch einige, um Nahrung für spätere Zeiten zu haben. Oftmals aber geschah es, daß er so viel gefangen hatte, daß es ihm mehr als zum Auskommen reichte. Dann fuhr er einen oder zwei Tage nicht hinaus, sondern saß tagsüber auf einem Felsen am Meer, freute sich, daß die Sonne schien, ließ den lieben Gott einen guten Mann sein, genoß den schönen Blick aufs Meer, ruhte sich aus und ließ es sich gutgehen .
An einem solchen Tag kam ein Besucher der Insel vorbei, der aus einem fernen Land kam, in dem sich viele verschiedene Staaten vereinigt hatten. Dieser Mann war es gewohnt, ganz anders als der Fischer zu leben. Er verhielt sich wie die meisten Menschen in dem Land, aus dem er kam. Tagaus, tagein schuftete er wie ein Wilder, um sich dann einmal im Jahr für eine längere Zeit eine Ruhepause zu gönnen. Diese Ruhepause verbrachte er nun auf der Insel, auf der auch der Fischer wohnte. Als er den Fischer so auf seinem Felsen sitzen und gedankenverloren aufs Meer blicken sah, ging er zu ihm und meinte: „Ich habe schon viele Länder gesehen, und ich weiß, daß es um dieses Land nicht unbedingt immer zum besten bestellt ist, daß es wesentlich fortschrittlicher sein könnte und die Menschen mehr Wohlstand haben könnten. Jetzt weiß ich auch, warum das so ist, und ich will Dich nun beraten, wie Du dazu beitragen kannst, daß alles zum Besseren gestellt sein wird."
Vassili blickte den Mann nur aus dem Augenwinkel heraus an, denn er war etwas schläfrig und wollte sich lieber weiter ausruhen, anstatt Gespräche zu führen.
Doch der Fremde aus dem Land, in dem sich die Staaten vereinigt hatten, begann einfach zu sprechen: „Am besten wäre es, Du würdest jetzt gleich hinausfahren zum Fischen, statt immer nur herumzusitzen und wieder und wieder für einen oder mehrere Tage zu pausieren."

Da meinte Vassili: „Was ist das für ein Unfug, ich habe doch genug gefangen, und wenn ich für drei Tage genug gefangen habe, wieso sollte ich dann nicht nach dem harten Arbeitstag zwei Tage ausruhen?"
Doch der Mann aus dem Land, in dem sich die Staaten vereinigt hatten, war um eine Antwort nicht verlegen: „Natürlich sollst Du hinausfahren und fischen, damit Du den Überschuß verkaufen und ein wenig Geld sparen kannst."
Da meinte Vassili: „Was soll das denn, ich hab doch alles, und wenn ich mir irgend etwas Besonderes leisten will, dann fische ich einfach ein wenig länger und dann reicht es schon. Wozu also sich ständig abplagen?"
Doch der Mann aus dem Land, in dem sich die Staaten vereinigt hatten, war um eine Antwort nicht verlegen: „Ich will Dir sagen, wozu es gut ist. Wenn Du genug Geld gespart hast, dann kannst Du Dir einen Motor kaufen."
Da meinte Vassili: „Was soll der ganze Unfug, Geld sparen, Motor kaufen, das ist doch alles Blödsinn, wozu brauche ich das denn? Ich bin doch jung und kräftig genug, um selber zu rudern. Und überhaupt, so ein Motor ist laut, stinkt und braucht ständig Treibstoff, oder er ist schon wieder kaputt."
Doch der Mann aus dem Land, in dem sich die Staaten vereinigt hatten, war um eine Antwort nicht verlegen: „Jetzt überlege Dir das doch mal genau. Du wirst mit dem Motor als erster an den Fanggründen angelangt sein, und wenn die Fischschwärme weiterziehen, kannst Du ihnen folgen. Du kannst weiter hinausfahren und abends länger draußen bleiben. Das alles wird deinen Ertrag steigern."
Da meinte Vassili: „Und wozu soll ich überhaupt früher an den Fanggründen sein und dann noch mehr fischen?"
Doch der Mann aus dem Land, in dem sich die Staaten vereinigt hatten, war um eine Antwort nicht verlegen: „Selbstverständlich brauchst Du das. Dann kannst Du Deinen Ertrag noch weiter steigern, denn wenn Du genug Geld hast, kannst Du dir noch ein weiteres Boot und einen weiteren Motor kaufen."
Da meinte Vassili: „Das ist doch alles dummes Zeug, wozu brauche ich denn zwei Boote? Soll ich mich denn halbieren und mit jeder Hälfte von mir eines der beiden Boote fahren? Oder vielleicht am Montag mit dem einen, am Dienstag mit dem zweiten usw.?"
Doch der Mann aus dem Land, in dem sich die Staaten vereinigt hatten, war um eine Antwort nicht verlegen: „Selbstverständlich nicht, Du wirst dann einen weiteren Fischer anstellen, und für den wird es auch sehr gut sein, denn er wird regelmäßig von Dir seinen Lohn erhalten, und der wird sogar noch höher sein als das, was er jetzt verdient. Das nennt sich soziale Sicher-

heit. Aber da Du ja der Unternehmer bist und das Risiko trägst, wirst Du ihn fleißig für Dich arbeiten lassen, damit es sich auch für Dich lohnt. So wirst Du noch mehr Fische übrig haben, die Du verkaufen kannst."
Da rollte Vassili die Augen und meinte:„Was für ein törichtes Gerede. Wozu soll ich denn Gewinn machen und wieder mehr Geld sparen, was soll denn das Ganze überhaupt?"
Doch der Mann aus dem Land, in dem sich die Staaten vereinigt hatten, war um eine Antwort nicht verlegen: „Dann wird es Dir viel leichter möglich sein, noch ein Boot und noch einen Motor und noch ein Boot usw. zu kaufen, bis Du vielleicht 20, 50 100 und vielleicht noch viel mehr Boote für Dich laufen hast und alle Fischer im Dorf und auf der ganzen Insel für Dich arbeiten."
Da meinte Vassili, der schon ganz unruhig wurde: „Was für ein Quatsch, das ist doch ein unvorstellbarer Streß. Ich wäre doch mit Dummheit geschlagen, mich auf so was einzlassen. Da verliert man doch langsam den Überblick."
Doch der Mann aus dem Land, in dem sich die Staaten vereinigt hatten, war um eine Antwort nicht verlegen: „Selbstverständlich kannst Du dann Leute anstellen, die alles beaufsichtigen, die alles in Ordnung halten und die Dein kleines Unternehmen lenken und verwalten. Stell' es Dir vor: Vor dem Eingang des Hauses steht ein Schild „Firma Vassili Georgios, Fische und andere Meerestiere".
Da runzelte Vassili die Stirn und kratzte sich am Kopf: „Kleines Unternehmen ..., verwalten ..., ich verstehe gar nichts mehr. Wozu soll denn das alles gut sein?"
Doch der Mann aus dem Land, in dem sich die Staaten vereinigt hatten, war um eine Antwort nicht verlegen: „Na das ist doch ganz klar, dann kannst Du Dir einen kleinen Lastwagen kaufen, vielleicht sogar einen Kühlwagen und mit ihm die Fische auf die Fähre bringen und in die Hauptstadt fahren und dort zu viel höheren Preisen verkaufen. So wie es jetzt ist, verdienen doch am meisten die Zwischenhändler. Die kannst Du dann ausschalten, und Du kannst sogar noch mit den Fischen der anderen Fischer Handel treiben und zusätzlichen Gewinn erzielen."
Vassili wurde ganz unruhig und angespannt und sagte: „Es schwindelt mir bei dem ganzen Zeug, das Du daherredest. Ich weiß immer noch nicht, wozu das alles dienen und was es mir nützen soll."
Doch der Mann aus dem Land, in dem sich die Staaten vereinigt hatten, war um eine Antwort nicht verlegen. „Hör doch einfach zu. Ich will es Dir sagen. Als nächstes wirst Du auf andere Inseln expandieren und ein Kühl-

schiff kaufen, mit dem Du dann die Fische in die Länder des Nordens bringen kannst. Dort erzielst Du einen viel höheren Preis als in Deinem eigenen Land, und dann hast Du es geschafft. Dann kannst Du expandieren, wohin Du willst, und Du kannst auch Zweigwerke in anderen Branchen gründen oder andere Firmen aufkaufen usw. usw. usw."

Da stellten sich bei Vassili die Haare zu Berge, und er fragte ein letztes Mal: „Was redest Du denn für einen großen Unfug. Ich kann immer noch nicht erkennen, wozu das alles gut sein soll. Geht es mir denn dann irgendwie besser? Beantworte mir doch endlich diese Frage!"

Doch der Mann aus dem Land, in dem sich die Staaten vereinigt hatten, war um eine Antwort nicht verlegen: „Nun gut, wenn Du so weit bist, dann bis Du wirklich ein gemachter Mann, dann wird es Dir gutgehen. Du kannst Dich z.B. hier auf den Felsen ans Meer setzen, Dich freuen, daß die Sonne scheint, den lieben Gott einen guten Mann sein lassen, den schönen Blick aufs Meer genießen, Dich ausruhen und es Dir gutgehen und alle Fünfe gerade sein lassen."

Da schüttelte Vassili vor sich hinlächelnd den Kopf.

Auf seinem Felsen sitzend am Meer, freute er sich, daß die Sonne schien, ließ den lieben Gott einen guten Mann sein, genoß den schönen Blick aufs Meer, ruhte sich aus, ließ es sich gutgehen und alle Fünfe gerade sein und würdigte den Fremden keines Blickes mehr.

Dieser stand mit offenem Mund und etwas ratlos dreinblickend wie angewurzelt da, und jetzt fehlten ihm die Worte. Als er sich wieder gefangen hatte, kratzte er sich am Kopf und ging nachdenklich nach Hause in sein Fremdenzimmer. Dann begann er über sein eigenes Leben und über die Entschlüsse und die Entscheidungen, die er für sich getroffen hatte, einmal tief nachzudenken.

Er blickte vom Balkon auf das Meer hinunter und sah sich den schönen Sonnenuntergang an. Noch lange saß er nachdenklich da und überlegte, wie er einfach ein wenig von der Weisheit, Gelassenheit und inneren Zuversicht des Fischers von der Insel lernen und in sein eigenes Leben einbeziehen könnte.

Rahmengeschichte II

Als der ältere der beiden Philosophen dem jüngeren diese Geschichte erzählt hatte, schmunzelte er und meinte: „Ich selber bin einem solchen Dummkopf wie dem Gast aus dem Land mit den Staaten, die sich vereinigt hatten, zwar noch nicht begegnet, aber die Geschichte soll wohl wahr sein und sich so zugetragen haben. Vielleicht spielt sie aber auch erst in der Zukunft, denn so verrückt wie dieser Mann können doch nur wenige Men-

schen oder vielleicht auch erst die Menschen in der Zukunft sein. Was meinst Du?"
Der Jüngere sagte: „Auch mir geht es manchmal so, daß ich erst ganz verzagt bin und mir vorstelle, ich müßte erst etwas Bestimmtes erreichen, damit ich glücklich bin. Wenn ich dann an die vielen Menschen denke, die sich ihr ganzes Leben abzappeln, um ein bestimmtes Ziel zu erreichen, und dann, wenn sie es erreicht haben, sich gleich wieder ein neues setzen müssen, weil sie glauben, daß sie erst danach richtig glücklich sein können, weiß ich, daß alles eigentlich viel leichter geht. Ich habe mir seither angewöhnt, zunächst einmal die positiven Dinge zu genießen, die es ja in jeder Situation gibt, sei man noch so unzufrieden, und dann die Dinge eher von selbst entstehen zu lassen, als einem Bild von außen nachzulaufen. Manchmal sehe ich dann, daß es zunächst anders läuft, als ich mir das eventuell vorgestellt hatte. Später merke ich dann manchmal, daß ich ganz erstaunt bin, wie gut und sogar noch wieviel besser, als ich es mir hätte ausdenken können, sich dann alles hinterher von selbst entwickelt."
„Vielleicht sollte man einmal etwas über die Worte Zuversicht, innere Ruhe, innere Gelassenheit und Genießen dessen, was zu genießen ist, nachdenken." „So ist es", meinte der Ältere, „und es ist auch gut so, daß wir alle schon eine Menge Zuversicht und innere Gelassenheit haben, ohne daß wir uns dessen vielleicht immer bewußt sind. Einfach so und ganz von selbst."
Und sie genossen noch ein wenig den angenehmen Sommertag, die frische Waldluft, die ein Windhauch zu ihnen herüberwehte, das Vogelgezwitscher um sie herum, das leichte Blätterrauschen, ruhten sich wohlig und angenehm aus und ließen es sich gutgehen.

Rahmengeschichte I
Als der Förster diese Geschichte zu Ende erzählt hat, meint er: „Ja, ja, so was mag es schon geben, und inzwischen ist ein jeder von uns vielleicht auch ein bißchen von dieser Lebensart angesteckt. Wenn ich aber wirklich darüber nachdenke und so vor mich hin durch den Wald spaziere, kann ich es mir nun auch wieder nicht vorstellen, wie schwer es manche Leute sich doch machen. Abends überlege ich immer, ob ich mich an diesem Tag einmal ausgeruht und mir eine Freude und Entspannung gegönnt habe."
Als er das gesagt hat, packt er seinen Rucksack wieder zusammen, nimmt ihn auf die Schultern, steht auf, verabschiedet sich freundlich und stapft vergnügt weiter seines Weges in den Wald hinein.

Wenn Sie möchten, können Sie sich noch ein wenig ausruhen und entspannen. Wenn Sie aus dieser Übung zurückkommen möchten, dann gehen Sie ganz langsam und vorsichtig vor und beginnen vielleicht mit Bewegungen der kleinen Finger- und Zehengelenke. Gehen Sie dann über zu Bewegungen der Hand- und Fußgelenke, bevor Sie, tiefer einatmend, die Kniegelenke, Ellbogengelenke, Schulter- und Hüftgelenke allmählich bewegen. Beginnen Sie, sich zu dehnen, zu strecken, zu räkeln, wie nach einem langen erholsamen Schlaf. Lassen Sie vielleicht auch Gähnen zu, wenn es von selbst kommt. Dehnen Sie Nacken und Rücken. Machen Sie mit den Gesichtsmuskeln Grimassen, und kneifen Sie die Augen fest zu (Sie können dabei den gesamten Körper noch einmal anspannen), und strecken Sie sich nach Herzenslust. Tun Sie alles, was Sie beim Aufwachen nach einem erholsamen Schlaf tun, und kommen Sie wieder ganz zurück.

Streß 8

1. Aktivierungs-/Vitalisierungsübung
1.1 Dehnen, Strecken, Räkeln

2. Kognitiver Teil
2.1 Hausaufgabenbesprechung
2.2 Alternative 1
    2.2.1 Rollenspiele zum Thema Selbstbehauptung
    2.2.2 Beispiele für Selbstbehauptungsprobleme
    2.2.3 Rollenspiel
2.3 Alternative 2
    2.3.1 Umgang mit Konflikten
    2.3.2 Was ist ein Konflikt?
    2.3.3 Checkliste und Tips zur Konfliktbewältigung

3. Aktivierungs-/Vitalisierungsübungen
3.1 Luftballons zum Platzen bringen
3.2 Eselstritt
3.3 Twist
3.4 Oberschenkel schütteln
3.5 Befreiungsschlag

4. Kognitiver Teil
4.1 Option: Rückmeldung, Austausch, Blitzlicht in der Gruppe
4.2 Fortsetzung der Alternative 1
    Weitere Rollenspiele zu eigenen Selbstbehauptungssituationen
4.3 Fortsetzung der Alternative 2
    Konfliktbewältigung

5. Hausaufgabe
    Zur Alternative 1
    Zur Alternative 2

6. Aktivierungs-/Vitalisierungsübungen
6.1 Ellbogenschlag
6.2 Sich Platz schaffen
6.3 Knallfrösche
6.4 Fußball im Liegen
6.5 Zen-Atmung
6.6 Jelly-Fish
6.7 Liegen auf der linken Seite

7. Phantasiereise
7.1 Die Zen-Katze

1. Aktivierungs-/Vitalisierungsübung

1.1 Dehnen, Strecken, Räkeln
Nehmen Sie eine der Übungen aus den vorherigen Sitzungen. Zwischen den nachfolgenden kognitiven Übungen können Sie eventuell einige der Aktivierungs- und Vitalisierungsübungen aus vorausgegangenen Kapiteln durchführen, wenn bei den Kursteilnehmern ein Abfallen der Konzentration zu bemerken ist.

2. Kognitiver Teil

2.1 Hausaufgabenbesprechung
Haben Sie Lösungsteilschritte zur besseren Bewältigung von bestimmten Problemen, die nicht völlig aus der Welt geschafft werden können, durchgeführt?
Berichten Sie kurz in der Gruppe.
Die Gruppe beschließt gemeinsam über die Durchführung einer der beiden folgenden Alternativen.

2.2 Alternative 1
2.2.1 Rollenspiele zum Thema Selbstbehauptung
Vorstellung der Übung durch den Gruppenleiter
Ich werde jetzt gleich mehrere typische Selbstbehauptungsprobleme, die jeder schon einmal in der einen oder anderen Form erlebt hat, beschreiben. Wer von Ihnen bereits mit dieser oder einer ähnlichen Situation Schwierigkeiten hatte, bekommt nun die Möglichkeit, damit neue Erfahrungen zu sammeln und etwas zu verändern. Wir werden die nachfolgenden Situationen in der Gruppe als Rollenspiele durchspielen. Sie können in der Experimentiersituation alle möglichen Verhaltensalternativen ausprobieren. Wahrscheinlich werden Sie merken, daß es manche bessere Verhaltensalternative zu dem, was Sie sonst in dieser Situation tun, gibt.
Ich werde Ihnen zunächst allgemeine Probleme in diesem Bereich vorstellen, um Sie anzuregen, darüber nachzudenken. Sie haben dann die Gelegenheit, in zwei Kleingruppen die eine oder andere Szene auszuprobieren,

wenn Sie möchten. Nutzen Sie diese Gelegenheit vielleicht auch, um einmal Erfahrungen mit einem Problem zu machen, das Sie selbst in gleicher Weise noch nicht kennen (es kann sein, daß sich dieses Problem in Ihrem Umfeld nicht stellt oder daß Sie ganz systematisch vermeiden, in eine solche Situation zu kommen).
In der Übungssituation geht es darum, selbstsicheres Verhalten zu proben. Jeder kennt Situationen, in denen man sich von anderen Personen überrumpelt fühlt. Zum Beispiel drängelt sich beim Einkaufen an der Kasse jemand an einem vorbei. Mitunter ärgern Sie sich darüber, sagen aber nichts, weil Sie vielleicht befürchten, sich nicht durchsetzen zu können, oder weil Sie einen Streit vermeiden wollen. Selbstbehauptung in solchen Situationen bedeutet, seine eigenen berechtigten Forderungen freundlich und bestimmt zu benennen, ohne sich dafür zu entschuldigen oder aggressiv zu werden.
Eine mögliche Antwort in unserem Beispiel wäre: „Könnten Sie sich bitte hinten anstellen?" Damit ist die berechtigte Forderung benannt.
Mit der Äußerung: „Entschuldigen Sie bitte, aber ich war vor Ihnen in der Reihe", zeigt man dagegen, daß es einem schwerfällt, berechtigte Kritik zu üben. Übertrieben und aggressiv ist die Antwort: „Stellen Sie sich gefälligst hinten an!" Damit provozieren Sie einen Streit, weil der Drängler sich beleidigt fühlen kann. Läßt der Drängler nicht locker, können Sie Ihre Forderung einfach wiederholen. Sie brauchen für Ihr Anliegen keine Begründung zu liefern.
Günstig ist es, die eigenen Gefühle und Eindrücke in den Mittelpunkt der Argumentation zu stellen, denn Gefühle sind Privatereignisse und nicht diskussionsfähig.
Beispiele: „Das macht mich ärgerlich, daß Sie sich vordrängeln." Oder: „Ich finde es nicht gut, daß Sie sich nicht hinten anstellen."

Merke:
Jeder hat ein Recht auf seine Gefühle. Gefühle sind nicht diskussionsfähig und müssen nicht begründet werden.
2.2.2 Beispiele für Selbstbehauptungsprobleme
Im allgemeinen
Ich werde zu Unrecht kritisiert:
Ich weise die Kritik als ungerechtfertigt zurück.
Im Gespräch werde ich von anderen immer wieder unterbrochen:
Ich fordere den anderen auf, mich ausreden zu lassen.
Ich werde immer wieder um Gefälligkeiten gebeten, die ich nur widerwillig erfülle:

Ich lehne die Bitte jetzt ab.
Ich werde häufig um Erledigung von Zusatzarbeiten oder Überstunden gebeten:
Ich lehne die „Forderungen" ab.
In einer Diskussion äußert ein Kollege Ansichten, die ich nicht teile:
Ich äußere meine Meinung und widerspreche den Ansichten des Kollegen.
In speziellen Situationen
1. Meine Arbeitslast nimmt zu, und ich kann die mir gestellten Aufgaben nicht bewältigen:
Ich stelle die Forderung, daß ein neuer Mitarbeiter eingestellt oder eine Neuverteilung der Aufgaben vorgenommen werden soll.
Ich bitte einen Mitarbeiter, zunächst eine Aufgabe zu übernehmen, um mich zu entlasten.
2. Ein Kollege bzw. Mitarbeiter ist nachlässig oder arbeitet fehlerhaft. Das bedeutet für mich mehr Lasten und Pflichten:
Ich übe Kritik, stelle ihn zur Rede.
3. Sie haben sich vorgenommen, am Nachmittag zwischen vier und fünf eine Stunde für sich selbst zu nehmen und Dinge zu tun, die Sie gerne tun möchten. Jemand ruft Sie an und bittet darum, Sie um diese Zeit besuchen zu dürfen.
4. Eine Freundin leiht sich des öfteren Bücher von Ihnen und gibt sie nicht zurück, wenn man sie danach fragt. Heute bittet sie um eine Schallplatte, die Sie ihr aber nicht gerne geben möchten.
5. Sie gehen in der Fußgängerzone spazieren. Ein Stadtstreicher bettelt Sie um eine Mark an und läßt nicht locker.
6. Ein Gesprächspartner unterbricht Sie zum dritten Mal mitten im Satz, Sie ärgern sich, daß er das gar nicht merkt und munter weiterredet.
7. In der Mittagspause fragt Sie ein Kollege wiederholt, ob Sie eine Arbeit für ihn erledigen können. Die Arbeit ist offensichtlich nicht so eilig. Sie ärgern sich, daß er Sie nicht während der Arbeitszeit fragt.
8. Ein Autofahrer schnappt Ihnen vor der Nase einen Parkplatz weg, auf den Sie schon eine Weile gewartet haben.
9. Ein Bekannter ruft Sie an und redet über eine halbe Stunde auf Sie ein. Sie haben gerade andere wichtige Sachen zu erledigen, aber es fällt Ihnen schwer, den Redeschwall zu unterbrechen.
10. An der Kasse beim Einkaufen fährt Ihr Hintermann wiederholt mit dem Einkaufswagen gegen Ihre Unterschenkel, was ziemlich weh tut (erinnern Sie sich an die Übung „Einkaufswagen"). Irgendwann wird Ihnen das zu-

viel. Was antworten Sie verbal, nachdem Sie in einer witzigen und lustigen Situation in der letzten Sitzung eine Übung hierzu kennengelernt haben?
11. Ihr Partner hat Ihre äußere Erscheinung in Gegenwart von Freunden heftig kritisiert. In dieser Situation waren Sie ganz sprachlos. Jetzt sind Sie mit ihm allein und können sich äußern.
12. Ihre Eltern rufen bei Ihnen an und erwarten Ihren Besuch am Wochenende, das Sie eigentlich dringend zur Erholung brauchen.

Eigene Selbstbehauptungssituationen
Wo vermeide ich es, meinen Platz einzunehmen bzw. einzufordern?
Wo stehe ich nicht zu meinem Recht?

2.2.3 Rollenspiel

Spielen Sie ein Problem, das in Ihrer eigenen Situation vorkommt, in der Gruppe nach, und arbeiten Sie es nach dem folgenden Schema oder in freier Rollenspielarbeit durch.

a) Die Person, die an ihrem Selbstbehauptungsproblem arbeiten möchte, sucht sich aus der Kleingruppe einen oder zwei Mitspieler, die die anderen Rollen übernehmen. Legen Sie dann fest, wo der andere stehen oder sitzen soll und wie er sich zu verhalten hat. Welche weiteren Umstände wollen Sie in dieser Szene noch einrichten?

b) Spielen Sie die Situation durch, so wie Sie sich üblicherweise verhalten. Unterbrechen Sie den Ablauf, wenn Sie sich unwohl fühlen oder wenn sich Ihre Mitspieler anders verhalten sollen, um den typischen Situationsablauf, den Sie kennen, hervorzurufen.

c) Holen Sie sich Vorschläge aus der Gruppe, was Sie als Alternative sagen oder tun könnten, um die Situation zu verändern. Beteiligen Sie sich selbst an dieser Ideensammlung.

d) Fertigen Sie eine Kurznotiz von jedem Vorschlag an.

e) Wählen Sie einen der Vorschläge aus.

f) Spielen Sie die Situation nochmals mit dem neuen Verhalten durch.

g) Ist die neue Alternative prinzipiell für Sie geeignet?

h) Wie gut ist es gelungen, dieses neue Verhalten umzusetzen?

2.3 Alternative 2

2.3.1 Umgang mit Konflikten

Jeder von uns weiß, daß es im zwischenmenschlichen Bereich immer wieder kleine und große Konflikte geben kann. Meistens sind es ja gerade ungelöste Konflikte, die uns immer wieder großen Streß bereiten.

Wir können Konflikte in unserem unmittelbaren Umfeld erleben, jedoch ganz besonders wenn wir Nachrichten hören oder in Zeitungen lesen über z.B. Konflike zwischen ethnischen Gruppen und auch zwischen Völkern und einzelnen Staaten. Es werden viele Konfliktforschungsprojekte durchgeführt, sei es im Bereich der Friedensforschung oder auch im zwischenmenschlichen Bereich, die sich mit der Entstehung und den Lösungsmöglichkeiten von Konflikten beschäftigen.
Manager besuchen teure Trainingskurse, um Fähigkeiten zu einer besseren Bewältigung von Konflikten zu erwerben.
Wir werden uns heute einmal näher mit Strategien zur Konfliktlösung beschäftigen. Hierzu haben wir aus verschiedenen Anwendungsbereichen einige wichtige Vorgehensweisen und Techniken ausgewählt und eine Checkliste und Tips zur Konfliktbewältigung zusammengestellt.

2.3.2 Was ist ein Konflikt?

Bearbeiten Sie zunächst folgendes Arbeitsblatt Nr. 17 (Anhang S. A-34)
Auf der nachfolgenden Tabelle sind einige Definitionen für Konflikte zusammengefaßt. Einige davon werden Sie sicher wiedererkennen. Jeder hat diese Konfliktsituationen schon irgendwo einmal gesehen oder bei sich selbst erlebt.
Poster:

Merkmale von Konflikten

Ein Konflikt entsteht, wenn mindestens zwei Personen miteinander zusammentreffen und kommunizieren ...

O und unterschiedliche Bedürfnisse und Interessen aufeinanderprallen.

O und mindestens einer von beiden sich vom anderen beeinträchtigt, übergangen, gestört oder behindert fühlt.

O und mindestens für einen der beiden Lösungsdruck besteht (die Situation ist unerträglich und belastend geworden).

O und die Situation sich aufschaukelt (ein Wort gibt das andere usw., der Streit eskaliert usw.).

O und immer die gleichen Abläufe stattfinden, keiner es schafft, aus seinem Verhaltensmuster auszusteigen und sich einmal anders zu verhalten.

Anschließend verhalten sich in dieser Situation beide Seiten oftmals destruktiv.

2.3.3 Checkliste und Tips zur Konfliktbewältigung

Lesen Sie noch einmal die Vorschläge zur Kommunikation in der Gruppe aus der Einführungssitzung durch, und nutzen Sie einige der hier genannten Ideen für die Kommunikation mit einem Konfliktpartner. Teilweise werden Ihnen diese Punkte im nachfolgenden Text wieder begegnen.

Gehen Sie mit der eigenen Erregung um

Wenn wir uns durch irgendeine Sache oder durch Handlungsweisen einer anderen Person gestört fühlen, erregen wir uns und mobilisieren Energie, um das Hindernis, das sich uns in den Weg stellt, zu überwinden. In der zwischenmenschlichen Beziehung kann dies so aussehen, daß man sich böse Blicke zuwirft, weil einen etwas ärgert, daß man droht, schimpft oder sogar zuschlägt. Jede dieser Verhaltensweisen wird den anderen stören, der sich nun ungerecht behandelt fühlt. Er wird vielleicht in gleicher Weise feindselig reagieren. Dadurch kommt es zur Eskalation des Konfliktes.

Lassen Sie sich nicht von der ersten Erregung in einer Sache aufbringen. Vielleicht zerschlagen Sie dann, wenn Sie drauflospoltern, weiteres Porzellan und verhindern eine spätere konstruktive Lösung.

○ **Verhindern Sie die Eskalation des Konfliktes**

Versuchen Sie, aus dem gewohnten Verhaltenskreislauf auszusteigen und konstruktiv in Richtung auf eine Verständigung hinzuarbeiten. Möglicherweise können Sie durch Ihr Verhalten dazu beitragen, daß der andere ebenfalls konstruktiv mit seiner Erregung umgeht und in ein Gespräch einwilligt.

Hier sind einige Ideen, wie Sie das in der einen oder anderen Situation vielleicht tun könnten.

❑ Kommunikation auf der Metaebene:
- „Moment mal, lassen Sie uns doch in Ruhe darüber reden, was gerade passiert ist."
- „Halt, wir steigern uns da in etwas rein, was wir beide nicht wollen."

❑ Aufbrechen des Bezugsrahmens z.B. durch humorvolle und ungewohnte Verhaltensweisen:
- „Du Mistkerl, magst mich doch eigentlich und ich Dich auch."
- „Wir versuchen einmal, wer von uns lauter schreien kann, danach reden wir weiter."
- „Du glaubst, ich bin Dein Feind, Du gehst auf Deinen besten Freund los."

- ❏ Direkter Versuch, auf den anderen zuzugehen, Gemeinsamkeiten zu betonen:
  - „Wir sitzen beide im gleichen Boot."
  - „So schlimm ist es jetzt doch nicht, wir wollen ja gemeinsam was erreichen."
- ❏ Wie bringe ich die Wut nach außen? Wie werde ich sie los?:
  - Wut nach außen bringen, Versuch, sie wenigstens teilweise durch Abreagieren, eventuell an anderer Stelle (siehe auch Übungen in diesem Buch), loszuwerden.
  - Auslassen der Wut an Gegenständen (z.B. Tasse an die Wand).
  - Sogenanntes Wutblatt zerknüllen und in die Ecke werfen.
  - Wegzuwerfendes Papier in kleine Stücke zerreißen.
  - Papier fest zusammenknüllen und mit aller Kraft in den Papierkorb werfen.
- ❏ Kurz unterbrechen und an etwas ganz anderes denken, etwas anderes tun:
  - Kurz nach draußen gehen, „Ich komme gleich wieder" sagen,
  - mehrere Male tief durchatmen, eventuell um den Block laufen.

Stellen Sie Vertrauen zum anderen her

○ **Offenbaren Sie, was mit Ihnen ist**
Riskieren Sie es, ganz offen darüber zu sprechen, wie Sie den Konflikt erleben. Zeigen Sie auch Ihre Schwächen, Verletzungen und Ängste, auch wenn Sie sich damit ein wenig an den anderen ausliefern. Äußern Sie Ihre Betroffenheit über das, was geschehen ist, und teilen Sie Ihrem Gegenüber Ihre Hoffnungen und Befürchtungen mit. Vielleicht können Sie ihm auch erklären, wie Sie zu ihm stehen, was Sie eigentlich viel lieber von ihm wollten. Legen Sie offen, was für Sie auf dem Spiel steht und was Sie glauben, was für den anderen auf dem Spiel steht.

○ **Zunächst umsichtig und zurückhaltend reagieren**
Unterlassen Sie alles, was den anderen provozieren und verletzen könnte (s. unten, Killerphrasen). Sprechen Sie von sich selbst, auch wenn Sie etwas ärgert oder aufregt, und lassen Sie Schuldzuweisungen weg. Gehen Sie so vor, als hätten Sie noch nicht alle Informationen, um die Vorgehensweise des anderen richtig verstehen zu können. Gestehen Sie dem anderen zu, daß es vielleicht auch für Sie nachvollziehbare Umstände geben könnte, die ihn in der jetzigen Situation so ungehalten, aufgebracht usw. reagieren lassen.

○ **Nutzen Sie Blößen nicht aus**
Wenn Ihr Gegenüber im Gespräch eine Schwäche oder Angst offenbart oder wenn Sie von einer solchen Schwäche wissen, nutzen Sie diese Schwachstelle nicht aus. Versuchen Sie trotzdem verständnisvoll und akzeptierend zu bleiben.
Kommunizieren Sie offen und in akzeptierender Weise mit dem anderen
○ **Vermeiden Sie Killerphrasen**
Wenn Sie bestimmte Formulierungen gebrauchen, wird beim anderen der „Rolladen heruntergehen". Er wird sich vielleicht dazu hinreißen lassen, ebenso eine verletzende und abwertende Bemerkung zu machen, worauf ein sachliches Gespräch erst recht nicht zustande kommen kann. Weisen Sie dem anderen nicht gleich eine Schuld zu. Legen Sie einem klärenden Gespräch keine Steine in den Weg. Oftmals ist das Gespräch nach solche Äußerungen sofort zu Ende.
Beispiele für Killerphrasen
❑ *„Bei Leuten wie Ihnen ... "*
❑ *„Wenn Sie das erst einmal richtig verstanden haben ... "*
❑ *„Wenn jemand schon aus Bayern (Schwaben usw.) kommt ... "*
❑ *„Sie als... haben ja keine Ahnung ... "*
❑ *„Du... immer"*
❑ *„... noch nie ... "*
❑ *„So geht das heute nicht mehr ... "*
○ **Klären Sie die Situation**
Manche Konflikte entstehen unvermittelt aus der Situation heraus, andere bestehen seit längerer Zeit und brechen erst in einer bestimmten Situation akut aus. Beachten Sie bei der Bewältigung der Konflikte, ob im Augenblick nachfolgende Faktoren günstig sind für ein konstruktives Gespräch.
❑ **Ort der Konfliktbewältigung**
Sind die beteiligten Personen allein, oder sind noch mehrere Zaungäste vorhanden? Befinden Sie sich gerade an der Arbeitsstelle und müßten eigentlich weiterarbeiten, anstatt Ihren Konflikt zu bewältigen? Sind Sie zu Hause, und die Familie wartet auf die Abfahrt zum Ausflug? ...
❑ **Zeit für die Konfliktbewältigung**
Steht ausreichend Zeit für ein eingehendes Gespräch zur Verfügung?

Nehmen Sie sich Zeit, aber begrenzen Sie sie andererseits auch wieder, um die Dinge nicht ausufern zu lassen.

❏ **Schiedsrichter**
Sind Sie der Meinung, daß Sie einen Schiedsrichter brauchen, eine Person, der beide Seiten vertrauen?

○ **Stellen Sie Ihre eigene Sichtweise dar**
Stellen Sie Ihre eigene Sichtweise des konkreten Vorfalls dar, und hören Sie sich die des anderen eingehend an. Achten Sie darauf, daß Ihr Gegenüber Sie wirklich verstanden hat und daß Sie sich selbst auf das, was er gesagt hat, eingelassen und ihn dabei aber auch wirklich verstanden haben. Es ist manchmal sinnvoll, die Worte des anderen jeweils nochmals mit den eigenen Worten zu wiederholen.

○ **Nehmen Sie wahr, wie der andere die Sache erlebt hat**
Versuchen Sie herauszufinden, wie jede Seite die Geschehnisse wahrgenommen, erlebt und bewertet hat. Lassen Sie Ihrem Gegenüber seine Meinung, und nehmen Sie wahr, ob er auch Ihre Meinung gelten läßt. Es kommt in vielen Bereichen vor, daß beide recht haben können. Jeder Mensch kann aus seiner Situation heraus die Dinge in völlig anderem Zusammenhang sehen. Wenn es jemandem gelingt, sich in diese Situation eines anderen hineinzudenken, wird er diesen Menschen vielleicht besser verstehen können.
Versuchen Sie genau festzustellen, welche konkreten Ereignisse von jedem Konfliktpartner für den Konflikt verantwortlich gemacht werden: „Du hast ... gesagt, das hat mich sofort wütend gemacht. Ich habe mich ... gefühlt" (s. nächster Punkt).

○ **Lassen Sie Ihre eigenen Gefühle und die des anderen zu**

❏ **Gefühle annehmen**
Gefühle sind ein wichtiger Teil von uns selbst. Es ist wichtig, sie wahrzunehmen und anzunehmen.
Gefühle sind wichtige innere Botschaften, die wir vor allem mit dem Körper wahrnehmen, sie sind nicht richtig oder falsch. Wenn wir unsere Gefühle verdrängen, übergehen oder nicht zulassen, schalten wir eine auch für die Bewältigung eines Konfliktes wichtige Informationsquelle aus.
Versuchen Sie Ihre persönliche Reaktionsweise und die des anderen in akzeptierender Weise stehen und gelten zu lassen. Akzeptieren Sie auch die Gefühle, die durch den Konflikt bei Ihnen und beim anderen hervorgerufen wurden.

Merke: Die Emotionen des anderen annehmen und verstehen ist nicht identisch mit dem anderen in der Sache völlig recht geben.

- **Gefühle äußern**

Sprechen Sie Ihre Gefühle unmittelbar aus, statt sie indirekt, in Form von Vorwürfen, Beleidigungen usw. abzureagieren oder aggressiv, übersachlich und kühl (und somit auch feindlich und abweisend) zu reagieren.

Sprechen Sie von sich selbst anstatt von wir oder man (man könnte, sollte es doch so machen ...).

Ich-Botschaften (ich meine, ich will ...) und direktes, unverfälschtes Ausdrücken eigener Gefühle und Ansichten führen dazu, daß Sie Ihr Gegenüber erreichen und etwas bei ihm bewirken.

Machen Sie deutlich, wie intensiv Ihre Gefühle sind und auf welchem genauen Hintergrund sie entstanden sind. (s.o.): „Du hast ... getan, das ärgert mich, macht mir Angst usw."

Drücken Sie z.B. Ihre Enttäuschung ehrlich aus, und lassen Sie den anderen auch spüren, was hinter dieser Enttäuschung steht (vielleicht ein Wunsch an den Partner).

Geben Sie weitere Hintergrundinformationen, warum dieser Wunsch für Sie so wichtig ist. Der andere wird Sie eventuell so besser verstehen und sich selbst nicht ungerecht behandelt fühlen.

O **Machen Sie Ihre Ziele und Bedürfnisse transparent**
Sprechen Sie offen darüber, was für Sie die Ideallösung des Konfliktes wäre. Sagen Sie dem anderen, was Sie jetzt gerne von ihm hätten. Machen Sie dem anderen Ihre Bedürfnisse und Wünsche transparent.
Achten Sie besonders auf folgende Punkte :

- **Machen Sie möglichst konkrete Aussagen**

statt:	lieber:
„Du solltest Dich zu Hause mehr engagieren." ➔	„Ich möchte, daß Du mir mehr im Haushalt hilfst" (genaue Vorstellungen, was)

- **Quantifizieren Sie genau**

statt:	lieber:
„Du solltest Dich zu Hause mehr engagieren." ➔	„Ich möchte, daß Du jeden Tag morgens das Frühstück machst, abends nach dem Abendessen spülst und am Wochenende das Staubsaugen übernimmst."

❑ **Verwenden Sie positive Formulierungen**

statt:	lieber:
„Du bist immer so verschlossen und in Gedanken, ➜	„Ich möchte gerne zwei Abende in der Woche ganz mit Dir allein verbringen.
„Du hast nie Zeit für mich." ➜	Ich möchte, daß Du, wenn Du nach Hause kommst, zehn Minuten Zeit für mich allein hast."

○ **Überdenken Sie Ihre eigene Einstellung**
Denken Sie einmal darüber nach, mit welcher Einstellung Sie einen Konflikt angehen. Würden Sie am liebsten den anderen, den Sie als Konkurrenten und Gegner erleben, unterbuttern und ihn niederkämpfen? Selbst wenn Sie den Kampf gewinnen, werden auch Sie Blessuren davontragen bzw. schlechte Gefühle haben.
Bei einer kooperativen Einstellung gibt es während eines Konflikts keinen Kampf, der einen Gewinner oder einen Verlierer hervorbringt. Ein Konflikt sollte am besten so ausgetragen werden, daß beide sich als Gewinner erleben können. Können Sie sich auf diese Idee einlassen?

Erarbeiten Sie Problemlösungen
Denken Sie kurz über die folgenden drei Punkte nach, und machen Sie sich einige Gedanken und Ideen dazu. Sie können dann zusammen mit Ihrem Konfliktpartner diese drei Punkte durcharbeiten.

○ **Definieren Sie das Problem möglichst genau**
Aus der exakten sachlichen Definition des Problems ergibt sich oftmals sogar schon die Lösung. Versuchen Sie für sich und auch aus der Sicht des anderen, die Problemstellung bzw. den Konflikt genau zu definieren. Worin besteht der Konflikt? Was steckt vielleicht an weiteren Faktoren dahinter?

○ **Suchen Sie gemeinsam nach der Lösung**
Gehen Sie gemeinsam im Sinne des Brainstorming vor, und lassen Sie Ihren Gedanken freien Lauf. Akzeptieren Sie auch märchenhafte oder völlig verrückte Ideen, und lassen Sie sich auch Zeit für eine gemeinsame Durststrecke, bei der beiden Konfliktpartnern nichts mehr einfällt. Machen Sie dann, zunächst jeder für sich, eine „Hitliste" der gefundenen Lösungen.

○ **Treffen Sie gemeinsame Entscheidungen**
Stichpunkte: Verhandeln, gegenseitige Konzessionen, Opfer anbieten, fairer Kompromiß auch aus Sicht des anderen.
Sprechen Sie die Dinge mit dem anderen jeweils aus seiner Sicht durch und überlegen Sie, welche Vor- und Nachteile bestimmte Lösungsvorschläge für Sie beide haben könnten.

○ **Beachten Sie die Vorstellungen und Wünsche beider Seiten**
Jeder sollte sein Gesicht wahren können, und Konzessionen bzw. Opfer, die vielleicht zu erbringen sind, damit eine Lösung möglich wird, sollten gerecht verteilt sein. Versetzen Sie sich in die Sicht des anderen, und achten Sie darauf, daß auch die Vorteile und der Gewinn, den Sie beide aus der Lösung des Konfliktes beziehen, gerecht verteilt sind.

Treffen Sie konkrete Vereinbarungen
Treffen Sie eine verbindliche, feste Vereinbarung, die beispielsweise auch für eine bestimmte Zeit gelten soll, und schreiben Sie auf, was Sie vereinbart haben, um nicht eventuelle Mißverständnisse und neue Konflikte heraufzubeschwören.

Holen Sie einen Dritten hinzu, dem Sie beide vertrauen, der einerseits als „Dolmetscher" fungieren kann, andererseits als Beobachter dafür, ob man sich wirklich gegenseitig verstanden hat. Diese dritte Person könnte bei weiteren Schwierigkeiten mit der getroffenen Vereinbarung später die Rolle des „Schiedsrichters" einnehmen und auch eine verbindliche schriftliche Aufzeichnung anfertigen.

Verarbeiten Sie den Konflikt auf der persönlichen Ebene
Ein Konflikt kann dann als bewältigt gelten, wenn die Beteiligten wieder ungestört in ihrem eigenen Bereich handeln können und auch ohne Störungen in der Lage sind, miteinander umzugehen.
Ein persönlicher psychischer Verarbeitungsschritt und die Bearbeitung der folgenden Fragen sind zusätzlich immer sinnvoll. Jeder Konflikt kann so eine Chance und eine Gelegenheit zum persönlichen Wachstum bieten.

❑ Welche Aufschlüsse über meine eigene Person gibt mir dieser Konflikt?
❑ Was habe ich früher erlebt, was mich jetzt so ausrasten ließ?
❑ Was kann ich für mich selbst daraus ableiten?
❑ Was kann ich daraus lernen?

3. Aktivierungs-/Vitalisierungsübungen

3.1 Luftballons zum Platzen bringen
(Musik: Paula Abdul, „The way that you love me" oder „Opposites attract")
Stellen Sie sich vor, daß Sie bei einem lustigen Gesellschaftsspiel mit „festgewachsenen" Füßen breitbeinig dastehen und etwa einen Meter von Ihnen entfernt in Brusthöhe hängende wassergefüllte Luftballons zum Platzen bringen sollen. Sie haben an der Spitze Ihres Zeigefingers jeweils einen Reißnagel angebracht und führen nun eine nach vorne schnellende Bewegung aus, die den Ballon gerade noch erreicht. Stellen Sie sich vor, daß er mit lautem Knall platzt und daß sich das Wasser auf den Boden ergießt. Sofort nachdem ein Ballon geplatzt ist, wird ein neuer an der gleichen Stelle aufgehängt, so daß Sie mit dem anderen Zeigefinger, nach vorne schnellend, auch diesen Ballon zum Platzen bringen können.

3.2 Eselstritt
(Musik: s.o.)
Stellen Sie sich vor, Sie spielen beim Kindergeburtstag einen störrischen Esel. Auf Händen und Knien stehend, haben Sie keine Lust, sich weiter zu bewegen. Damit keine anderen Esel von hinten kommen und Sie weiter drängen, treten Sie einmal mit dem linken Bein (die Ferse voraus) nach hinten aus und anschließend mit dem rechten Bein.
Probieren Sie verschiedene Intensitäten Ihrer Tritte, und treten Sie auch einmal mit den Zehen voraus nach hinten aus.
Bleiben Sie anschließend noch für ein paar Augenblicke mit geschlossenen Augen im „Eselsstand" stehen, entspannen Sie insbesondere Becken und Bauchregion, und lassen Sie beim Atmen die Luft locker in sich einströmen und wieder aus sich herausfließen.

3.3 Twist
(Musik: s.o.)
Stehen Sie breitbeinig, in den Knien gebeugt, und führen Sie vom Becken ausgehende twistartige Bewegungen aus, die den Körper von oben bis unten durchschütteln. Verlagern Sie beim Twisttanzen das Gewicht einmal ganz nach links und dann wieder ganz nach rechts, und balancieren Sie diese Bewegung durch die Arme aus.
Lassen Sie durch schnelle schüttelnde Twistbewegungen verschiedene Körperteile verstärkt mitschwingen.

Stehen Sie anschließend entspannt und leicht in den Knien gebeugt da, und spüren Sie nach, wie diese lockernde Bewegung für Sie war.

3.4 Oberschenkel schütteln
(Musik:s.o.)
Stehen Sie ähnlich wie bei der Twistübung mit gebeugten Knien etwas breitbeinig, und schieben Sie das Becken jetzt noch mehr nach vorne.
Führen Sie in einer die Oberschenkel schüttelnden Weise die Knie etwa 10 cm nach innen und wieder nach außen. Schütteln Sie so in schneller Abfolge Ihre Oberschenkelmuskeln durch.
Räkeln und dehnen Sie sich anschließend, und lassen Sie mit leicht gebeugten Knien Ihren Oberkörper vornüberhängen.

3.5 Befreiungsschlag
(Musik: s.o.)
Stellen Sie sich vor, von allen Seiten würde Ihnen auf beide Schultern und auf den Kopf kleine und große Lasten aufgeladen.
Stehen Sie mit geschlossenen Augen da, und vergegenwärtigen Sie sich, wie sich jemand fühlt, der viele Lasten aufgeladen hat bzw. aufgeladen bekommen hat. Wie sieht die Welt aus, wenn man so gebeugt von vielen Lasten dasteht, wie fühlt man sich, welche inneren Bilder tauchen auf, wenn Sie sich diese Situation einmal genau vorstellen? Welche Klänge und Geräusche gehören zu diesen inneren Bildern?
Stellen Sie sich vor, Sie befreien sich jetzt von diesen Lasten.
Machen Sie Befreiungsschläge mit Ihren Fäusten, Ellbogen und Schultern nach hinten oben, um die Lasten von Ihren Schultern oder Ihrem Kopf zu entfernen.
Führen Sie viele dieser Bewegungen aus, so als hätten Sie tausend Lasten getragen, von denen Sie sich jetzt befreien müßten.
Stehen Sie anschließend etwas breitbeinig und leicht in den Knien gebeugt. Schieben Sie das Becken etwas nach vorne, und richten Sie die Wirbelsäule Wirbel für Wirbel gerade auf, indem Sie leicht zur linken und zur rechten Seite, nach vorne und nach hinten mit dem Körper hin- und herschwingen, bis Sie eine Stellung gefunden haben, in der Sie gerade aufgerichtet, jedoch gleichzeitig locker, das heißt mit entspannten Rückenmuskeln, stehen.
Wie fühlt sich dieser Zustand an? Wie sieht die Welt jetzt für Sie aus, wenn Sie mit geschlossenen Augen ein Bild vor Ihrem inneren Auge auftauchen lassen? Wie fühlen Sie sich, welche Klänge oder Geräusche fallen Ihnen auf?

4. Kognitiver Teil

4.1 Option:
Rückmeldung, Austausch, Blitzlicht in der Gruppe
Themen
- Wo bin ich jetzt innerlich?
- Wohlfühlmomente im Alltag
- Sich durchsetzen/zu sich stehen können im Alltag
- Persönliche Beispiele

4.2 Fortsetzung der Alternative 1
Weitere Rollenspiele zu eigenen Selbstbehauptungssituationen
Wollen Sie noch eine weitere Verhaltensalternative ausprobieren? Dann gehen Sie in gleicher Weise die **Schritte A - H des Rollenspiels von S. 206 nochmals** durch.
Das Schema, das Sie hier kennengelernt haben, ist nur ein Beispiel für ein mögliches Vorgehen. Es kann prinzipiell abgekürzt oder modifiziert werden.
Beispiel: Experimentieren Sie mit extrem schlechtem (z.B. Woody Allen) und mit überzogenem Selbstbehauptungsverhalten (z.B. Bud Spencer).
Finden Sie für sich Ihre „Schärfentiefe".

Literatur
Fensterheim, H. und Baer, J: Sag nicht ja, wenn Du nein sagen willst.
Goldmann Sachbuch, Mosaik Verlag 1991.

4.3 Fortsetzung der Alternative 2
Konfliktbewältigung
Nachdem Sie zuvor einige Tips zur Konfliktbewältigung kennengelernt haben, schlagen wir Ihnen vor, sich die Übungssituationen des Posters vorzustellen, sich dabei genau zu beobachten und für sich die Fragen zur Selbstbeobachtung (s. 2.Teil des Posters) zu beantworten. Vielleicht möchten Sie diese Situation auch einmal im Rollenspiel in der Gruppe auszuprobieren.

Poster

> **Übungssituationen**
> Sie stehen an der Ampel. Plötzlich steigt hinter Ihnen ein Fahrer aus dem Auto und schimpft und schreit, er würde Sie anzeigen. Sie fragen nach, was geschehen sei, und er schreit nur weiter: „Das wissen Sie genau."
> Als Sie gerade ins Bett gehen wollen, läuten Freunde an der Tür, die Sie spontan besuchen wollen.
> Im Betrieb unterbrechen zwei Kolleginnen oder Kollegen jedesmal das Gespräch, wenn Sie in die Nähe kommen.
> Eine Arbeitskollegin hat sich etwas von Ihnen ausgeliehen, das Sie jetzt dringend brauchen. Sie stellen fest, daß sie es nicht zurückgebracht hat.
>
> **Selbstbeobachtung**
> Wie reagieren Sie innerlich?
> Welcher erste Impuls kommt auf?
> Welche Gedanken gehen Ihnen durch den Kopf?
> Wie fühlen Sie sich jetzt?
> Haben Sie eine Idee, wie Sie konstruktiv mit der Situation umgehen können?
> Wie beginnen Sie das jetzt nötige Konfliktgespräch?

Übungsphase
Wählen Sie eine der obigen Situationen oder auch eine Szene aus Ihrem eigenen Alltag aus, und spielen Sie sie in der Gruppe mit wechselnden Rollen einmal durch.
Stellen Sie fest, wo und wie es Ihnen gelingt, mit dem Konflikt zurechtzukommen und mit Ihrem Gegenüber eine konstruktive Lösung zu erarbeiten.

5. Hausaufgabe

Zur Alternative 1
Experimentieren Sie mit Selbstbehauptungssituationen im eigenen Umfeld.
Zur Alternative 2
Experimentieren Sie mit den Tips zur Konfliktbewältigung.

6. Aktivierungs-/Vitalisierungsübungen

6.1 Ellbogenschlag

(Musik: Paula Abdul, „Opposites attract")
Stellen Sie sich vor, Sie stehen in einer Schlange vor der Kinokasse (Skilift, Fußballstadion usw.). Jemand hinter Ihnen drängelt und schiebt Ihnen immer wieder den Ellbogen ins Kreuz. Sie möchten sich vielleicht am liebsten wehren und die andere Person durch einen Ellbogenschlag mit aller Macht nachhaltig abwehren. Aber das wagt man ja oft nicht einmal zu denken.
Stellen Sie sich vor, Sie können eine solche Bewegung (ohne daß andere beteiligt sind und ohne daß jemand zu Schaden kommt) nun nach Herzenslust und mit Genuß ausführen.
Schlagen Sie mit dem angewinkelten rechten Ellbogen kräftig nach hinten, und stellen Sie sich vor, wie der Drängler zu Boden geworfen wird usw.
Vielleicht genießen Sie einfach nur die Bewegung und die Kraft, die Sie in der Bewegung erleben.
Folgen Sie in der Abfolge der Schläge dem Rhythmus der Musik.
Schlagen Sie zuerst mit dem rechten Ellbogen (Linkshänder mit dem linken) und dann mit dem linken (Linkshänder mit dem rechten) Ellbogen. Achten Sie dabei darauf, im Bereich der Brustwirbelsäule, des Halses und des Kopfes gerade aufgerichtet zu bleiben.
Wechseln Sie nun zwischen Schlägen der linken und der rechten Seite im Rhythmus der Musik ab.
Experimentieren Sie mit verschiedener Intensität der Schläge und mit unterschiedlichen Richtungen. Treffen Sie, möglichst weit unten beginnend, bis in etwa in Schulterhöhe oder noch höher mit dem Ellbogen nach hinten auf einen gedachten Sandsack oder einen ähnlich weichen Gegenstand, falls Sie diese Vorstellung (dem Drängler) vorziehen.
Versuchen Sie dann auch Schläge etwa in Nabelhöhe.
Schlagen Sie in unterschiedlicher Schnelligkeit (doppelt so schnell im gleichen Musikrhythmus). Versuchen Sie, möglichst viele Schläge in kurzer Zeit auszuführen und anschließend mehr die Kraft und die Intensität jedes einzelnen Schlages für sich zu betonen.
Boxen Sie nun auch noch eine Weile lang abwechselnd mit der linken und rechten Faust auf einen gedachten Sandsack (oder einen Sack mit Styroporflocken, der viel Lärm beim Draufboxen erzeugt), und stellen Sie fest, ob auch diese Bewegung Spaß macht.

Welche Gedanken, welche Phantasien entstehen? Wie fühlen Sie sich? Legen Sie sich schließlich noch auf den Boden oder auf eine Liege, und schließen Sie die Augen. Empfinden Sie nach, was sich jetzt verändert hat, wie sich der Körper nun anfühlt, welche inneren Bilder Sie wahrnehmen. Ist es eher ein Zustand der Ruhe, der Kraft, des Gelassenseins oder eher der Vitalität, der Ausgelassenheit?
Beginnen Sie anschließend Bewegungen mit den Finger- und Zehengelenken, dann mit den größeren Gelenken. Strecken, dehnen, räkeln Sie sich, atmen Sie tief ein. Gähnen Sie, wenn Sie möchten, und beenden Sie die Übung.

6.2 Sich Platz schaffen
(Musik: s.o.)
Stellen Sie sich vor, um Sie herum sind zwei Meter hohe leere Kartons gestapelt. Andere haben ihre leeren Kartons einfach so hingestellt, ohne auf Sie Rücksicht zu nehmen.
Stellen Sie sich zunächst vor, Sie versuchen, noch mehr Platz zu machen, damit weitere Kartons untergebracht werden können. Machen Sie sich ganz schmal, ziehen Sie die Arme eng an sich heran und die Schultern hoch, nehmen Sie die Beine ganz zusammen, und stehen Sie vielleicht auch ein wenig auf den Zehenspitzen.
Machen Sie nun das Gegenteil.
Stellen Sie sich vor, daß Sie sich Ihr Recht auf Ihren eigenen Platz (das ja jeder Mensch hat) jetzt einfach nehmen.
Stehen Sie etwa schulterbreit, beugen Sie die Knie ganz leicht, nehmen Sie das Becken etwas nach vorne, und stehen Sie gerade aufgerichtet. Schieben Sie nun die Kartons seitlich von sich weg nach außen, so daß Sie teilweise umfallen und teilweise ein Stück weit durch die Luft fliegen.

6.3 Knallfrösche
(Musik: s.o.)
Stellen Sie sich vor, am Boden liegen eine Menge Knallfrösche und Sie möchten möglichst viele in kurzer Zeit zum Platzen bringen. Bleiben Sie im Oberkörper aufgerichtet, und balancieren Sie den Körper mit ausgebreiteten Armen aus, während Sie durch schnelle Tritte mit der flachen Sohle die Knallfrösche zum Platzen bringen.
Achten Sie darauf, während der Bewegung im Oberkörper gestreckt zu sein. Üben Sie zunächst viel Druck und Kraft bei Ihren Tritten aus, und versuchen Sie dann, möglichst schnell zu treten und gleichzeitig etwas weniger

Kraft aufzuwenden. Machen Sie zwischendurch eine kurze Pause, in der Sie den Oberkörper nach unten hängen lassen, die Arme und Hände ausschütteln und dabei ausatmen. Lassen Sie den Oberkörper nach rechts und nach links pendeln. Schütteln Sie vielleicht auch jetzt die Arme, Hände und Schultern im Takt der Musik aus.
Bringen Sie noch ein paar Knallfrösche zum Platzen, und stehen Sie dann für einen Moment ruhig da und spüren nach.

6.4 Fußball im Liegen
(Musik: s.o.)
Liegen Sie locker auf der Unterlage, und ziehen Sie die Beine an den Körper heran. Stellen Sie sich vor, Sie treten einen großen Wasserball, der Ihnen von der linken oder der rechten Seite zugeworfen wird, in ein Fußballtor, das hinter Ihnen steht. Befördern Sie diesen Ball einmal mit dem rechten und dann mit dem linken Fuß ins Tor.
Stellen Sie das andere Bein zunächst ab oder legen Sie es auf den Boden. Führen Sie anschließend die gleiche Bewegung aus, indem Sie das andere Bein ebenfalls in der Luft halten.
Befördern Sie den Ball jetzt in ein Tor, das vor Ihnen, also fußwärts, liegt. Treten Sie den Ball zunächst mit den Zehenballen, und versuchen Sie es erst anschließend mit dem Hacken.
Atmen Sie während der Bewegung maximal aus.

6.5 Zen-Atmung
(Musik: Stephen Halpern, „Eventide")
Stehen Sie aufrecht und gleichzeitig entspannt. Beugen Sie vielleicht ein wenig die Knie, und schieben Sie das Becken etwas nach vorne. Balancieren Sie den Kopf auf der Wirbelsäule ein bißchen nach rechts und nach links, dann nach vorne und nach hinten. Lassen Sie die Wirbelsäule in alle Richtungen rotieren, zunächst im Lendenwirbelsäulenbereich, dann, immer weiter nach oben gehend bis zum Brust- und Halswirbelsäulenbereich, bis Sie insgesamt eine Stellung erreicht haben, in der Sie von selbst gerade aufgerichtet stehenbleiben, ohne sich geradehalten zu müssen.
Balancieren Sie den Kopf auf der Wirbelsäule wie einen Ball auf einer Stange, und stehen Sie gerade, ohne sich halten zu müssen.
Lassen Sie sich mit jedem Ausatmen lockerer werden, und stellen Sie sich vor, daß Sie immer tiefer in den Boden einsinken. Lassen Sie die Ausatembewegung langsam länger werden und nach dem Ausatmen eine kleine Pause entstehen. Anschließend soll die Einatmung von Atemzug zu Atem-

zug mehr und mehr von selbst kommen. Sie brauchen keine Luft zu holen, die Atemluft dringt ganz von selbst in Sie ein, der Körper holt von selbst Luft. Vielleicht hat sich inzwischen ganz von allein eine entspannte Bauchatmung eingestellt.
Achten Sie darauf, wie Sie sich jetzt fühlen.
Woran denken Sie? Welche inneren Bilder, Gefühle, akustische Eindrücke nehmen Sie wahr?
Lassen Sie für den jeweils nächsten Gedanken, der kommen möchte, Platz. Sie müssen keinen Gedanken weiter denken, kein Bild komplettieren. Lassen Sie alles so, wie es ist, während Sie darauf achten, daß Ihr Atem frei fließt. Mit dem Einatmen dehnt sich der Bauch und besonders der Unterbauch aus. Vielleicht spüren Sie, wie der Beckenboden nach unten geschoben wird und wie er beim Ausatmen nach oben zurückfedert. Lassen Sie alles von selbst geschehen. Sie brauchen jetzt nichts zu verändern. Nehmen Sie wahr, wie Ihr Körper atmet.
Vielleicht spüren Sie Qualitäten wie Zuversicht, innere Stärke, Ganz-bei-sich-selbst-Sein, Ganz-für-sich-Sein. („Was um mich herum ist, ist jetzt weniger wichtig.")

6.6 Jelly-Fish

(Musik: s.o.)
Liegen Sie locker und entspannt am Boden. Heben Sie nun die Knie an, und stellen Sie diese so, daß sie 90° oder mehr gebeugt sind und die Füße bequem stehen können. Die Fersen und die Innenkanten der Fußsohlen berühren sich.
Lassen Sie nun während des Ausatmens die Knie nach außen sinken, und heben Sie sie mit dem Einatmen wieder an, bis sie sich am Ende der Einatemphase gegenseitig berühren. Während Sie tief ausatmen, sinken die Knie dann wieder langsam zur Seite auseinander. Und während der Einatembewegung ziehen Sie die Knie langsam wieder zueinander in die Ausgangsstellung.
Achten Sie darauf, möglichst wenig Muskelkraft aufzuwenden und insbesondere auch an dieser Bewegung nicht beteiligte Muskelgruppen zu entspannen. Versuchen Sie, ein eventuell auftretendes Zittern „zu genießen" bzw. die angenehmen Aspekte dieser ansonsten ungewöhnlichen Erfahrung wahrzunehmen. Lassen Sie den Atem ganz ruhig und frei fließen, während die Beine sich in der Ausgangsstellung befinden. Vielleicht erfolgt die Atembewegung ganz von selbst, ohne daß Sie bewußt Luft zu holen brau-

chen. „Es atmet mich." Achten Sie auf angenehme innere Gefühlszustände, innere Bilder, innere Klänge, Musik usw.

6.7 Liegen auf der linken Seite
(Musik: s.o.)
Drehen Sie sich im Liegen auf die linke Seite. Beugen Sie beide Knie, und strecken Sie die Arme zur Seite. Der Kopf ruht auf der linken Schulter oder auf dem Oberarm. Suchen Sie sich eine bequeme Stellung, indem Sie Arm- und Beinhaltung sowie auch die des Rumpfes so lange verändern, bis Sie sich in allen Körperabschnitten locker fallenlassen können. Versuchen Sie nun, sich mit dem Ausatmen mehr und mehr zu entspannen und auf die Unterlage zu sinken. Die Ausatembewegung wird dabei von Atemzug zu Atemzug immer länger. Lassen Sie am Ende der Ausatemphase vielleicht eine kleine Pause entstehen, und warten Sie ab, ob ein Einatemimpuls auftritt. Vielleicht atmet der Körper ganz von selbst wieder ein. Vielleicht müssen Sie aber auch noch ein wenig nachhelfen. Meist wird jetzt die Atmung nach und nach tiefer und ruhiger. Oftmals stellt sich ganz von selbst die Bauchatmung ein. Achten Sie darauf, wie sich mit dem Einatmen der Unterbauch vorwölbt, der Beckenboden leicht nach unten gedrückt wird und beim Ausatmen der Beckenboden nach oben zurückfedert und der Unterbauch wieder einsinkt. Es kann sich z.B. so anfühlen, als würden sich der Unterbauch, die Becken- und Oberschenkelgegend wie ein Luftballon anspannen, ausdehnen und beim Ausatmen wieder zurücksinken.

7. Phantasiereise

7.1 Die Zen-Katze
Rahmengeschichte I (Förster)
Rahmengeschichte II (Philosophen)
Geschichte von der Zen-Katze
Im alten Japan lebte vor einigen hundert Jahren ein alter und weithin berühmter Zen-Meister, zu dem Schüler von weither kamen, um sich in den Künsten des Zen unterweisen zu lassen.
Einer der Schüler, der gerade von diesem alten und ehrwürdigen Meister aufgenommen worden war, bezog unweit vom Haus seines Meisters ein kleines, altes Haus, das von seinen Besitzern schon lange verlassen worden war, da sie ein neues, großes Haus gebaut hatten, in dem sie jetzt lebten.

Der junge Mann freute sich, daß er dieses Haus gefunden hatte. Er fegte den Boden, entfernte die Spinnweben, wischte Staub, räumte den Hausrat auf und richtete sich ein. Innerhalb der ersten Woche seines Aufenthaltes hatte es sich der junge Mann schon recht gemütlich gemacht. Auch viele der kleinen Hausmäuse, die das Haus in der Zeit, als es leerstand, bewohnt hatten, waren weggegangen und hatten sich einen anderen, für sie behaglicheren Unterschlupf besorgt. Einige Mäuse jedoch waren im Haus zurückgeblieben und bereiteten dem jungen Mann einigen Kummer. Jedesmal, wenn er seine Speisekammer öffnete, war wieder etwas angeknabbert oder sogar ganz aufgefressen. Da ihm das nicht behagte, ging der junge Mann zu seinem Nachbarn und fragte diesen um Rat. Der Mann war recht zuversichtlich und meinte, eine Mausefalle müßte helfen. Er lieh dem jungen Mann seine Mausefalle und zeigte ihm, wie er sie präparieren mußte. Einige Tage später fragte er, ob der junge Mann schon alle Mäuse gefangen habe, die in seinem kleinen Haus ihr Unwesen trieben. Dieser berichtete, daß in den vergangenen Tagen keine einzige Maus in die Falle gegangen sei und daß dennoch jedesmal über Nacht der Speck weggefressen würde und er jetzt um so ratloser sei, wie die Sache weitergehen solle. Doch der Mann hatte eine andere Idee und meinte, daß eine Katze hilfreich sein müßte und daß er in der Nachbarschaft fragen wolle, ob einer der Nachbarn dem jungen Mann seine Katze zum Mäusefangen für ein paar Tage geben würde.

So geschah es dann auch. Es wohnte die Katze eines Nachbarn für einige Zeit bei dem jungen Mann. Sogleich, nachdem diese Katze ins Haus gekommen war, verließen wieder einige Mäuse das kleine Haus, um sich anderswo eine gemütliche Bleibe zu suchen. Diese Katze, die noch sehr jung war, freute sich über die vielen Mäuse, die immer noch da waren, und darüber, daß sie sie überall im Haus vorfand und nicht auf dem Feld suchen mußte. Doch nachdem zwei Wochen vergangen waren, fiel es der Katze zunehmend schwerer, die weiteren Mäuse zu fangen. Sie war nämlich noch sehr jung und unerfahren, und es waren nun nur noch die cleveren Mäuse, die sich bisher vor ihr hatten retten können, übriggeblieben. Doch auch jetzt wußte der Nachbar Rat, und er besorgte von einem anderen Nachbarn eine athletisch gebaute, kräftige und in der Mäusejagd sehr erfahrene Katze, die das Problem ein für allemal lösen sollte. Einige der Mäuse, die sahen, welche Katze jetzt ins Haus gekommen war, liefen erschreckt davon und verließen sofort ihr Zuhause, um sich anderswo eine gemütliche Bleibe zu suchen.

Die Katze begann alsbald, den Mäusen nachzujagen. Bald waren bis auf eine einzige Maus alle anderen verjagt oder von der Katze erlegt worden.

Doch diese eine Maus machte um so größere Schwierigkeiten, und sie wurde zunehmend frecher und machte sich immer wieder über die Vorräte her. So sehr sich die Katze auch bemühte, es gelang ihr nicht, die Maus zu fangen. Den einzigen Rat, den der Nachbar jetzt noch wußte, war, daß sich der junge Mann an seinen Meister wenden solle, denn dieser habe eine ganz berühmte und in der Mäusejagd besonders erfahrene Katze.

Als der Lehrmeister des jungen Mannes von der Sache erfuhr, war er gerne bereit, dem jungen Mann zu helfen und seine Katze für ein paar Tage bei ihm wohnen zu lassen, um die Maus zu fangen. Als der junge Mann die Katze sah, ließ er jedoch alle Hoffnung fahren, denn diese Katze war schon sehr alt. Sie legte sich gerne zum Wärmen an den Kamin, ließ sich die Milch am liebsten neben ihren Schlafplatz stellen und bewegte sich den ganzen Tag über nur wenig. Sie sah kein bißchen gefährlich oder besonders kräftig aus. Nur um seinem Meister nicht zu widersprechen, nahm er die Katze, die noch schlief, auf seinen Arm und brachte sie nach Hause.

Zu Hause fühlte sich der junge Mann in seiner Sorge bestätigt, denn die Katze legte sich gleich auf einen kleinen Teppich, der vor dem Kamin lag, machte die Augen zu und schnurrte vor sich hin.

Die Maus, die abgewartet zu haben schien, was als nächstes geschehen würde, kam aus ihrem Versteck und lief in einiger Entfernung durch das Zimmer, und da die Katze sie nicht zu bemerken schien, begann sie etwas zu piepsen. Doch die Katze reagierte nicht. Da ward es dem jungen Mann zu bunt, und er warf einen Pantoffel nach der Maus - freilich ohne zu treffen. Die Maus lief quer durch den Raum, ohne sich um den jungen Mann oder die Katze zu kümmern.

Als der Mann am nächsten Tag von seinem Meister zurückkam, war die Maus noch dreister geworden. Sie lief nicht einmal eine Handbreit entfernt an der Katze vorbei, die jedoch die Maus nicht sah, weil sie die Augen geschlossen hatte. Schließlich nippte die Maus sogar ein wenig an der Milch, die in einem Napf neben der Katze stand. Wieder ward es dem jungen Mann zu bunt, und er verjagte die Maus. Während die Maus davonspritzte, blieb die Katze völlig ungerührt von den Geschehnissen schlafend liegend und schnurrte vor sich hin. Auch am nächsten Tag geschah etwas Ähnliches, nur diesmal war die Maus noch dreister und zog die Katze am Schwanz. Diese zuckte nur, so als wolle sie eine Fliege vertreiben, und schlief weiter. Die Maus zupfte die Katze danach am Fell. Doch nichts geschah, außer daß die Katze erneut nur ein wenig zuckte und weiterschlief. Da zupfte die Maus die Katze an ihren Schnurrhaaren. Da sprang die Katze plötzlich auf, packte die Maus mit ihren Krallen und verspeiste sie.

Der junge Mann war sehr überrascht. Sprachlos saß er mit offenem Mund da und schaute fassungslos die Katze an, die schon wieder schlief und den köstlichen Leckerbissen verdaute, und verstand nicht ganz, was da geschehen war. Er brachte die Katze anderntags wieder zurück zu seinem Lehrmeister. Am Erstaunen des jungen Mannes konnte der Meister ablesen, was geschehen war, und er erzählte dem jungen Mann eine Geschichte über die Katze seines eigenen Meisters:

„Mein eigener Meister hatte eine Katze, die weitaus besser als meine eigene im Vertreiben von Mäusen war. Diese Katze war noch viel älter als meine, und sie konnte schon lang nicht mehr laufen. Immer wenn man mit ihr von einem Raum in den anderen oder in ein anderes Haus gehen wollte, mußte man sie tragen. Diese Katze hatte aber eine solche Meisterschaft und eine solche innere Verfassung erreicht, daß sie eine ganz besondere Ausstrahlung hatte. Immer wenn sie in ein Haus gebracht wurde, in dem sich Mäuse befanden, liefen diese schreiend und panikartig davon.

Wenn wir selbst uns fortwährend um innere Meisterschaft bemühen, wird es uns gelingen, Dinge zu erreichen, die wir zuvor niemals für möglich gehalten hätten.

Jeder kann bei sich selbst Fähigkeiten entdecken, die immer schon da waren, die er aber selbst bei sich nie erwartet hätte. Darum geht es auch bei den Dingen, die du von mir lernen möchtest."

Streß 9

1. Aktivierungs-/Vitalisierungsübungen
1.1 Tennismatch

2. Kognitiver Teil
2.1 Hausaufgabenbesprechung
2.2 Gruppenübungen
    Alternative 1: weitere Rollenspiele zum Thema Selbstbehauptung
    Alternative 2: praktische Übung zum Konfliktgespräch
    Alternative 3: „Highlights"
2.3 Gruppenübung: „Blitzlicht"

3. Aktivierungs-/Vitalisierungsübungen
3.1 Kurzes Dehnen, Strecken, Räkeln
3.2 Schwertübung
3.3 Johnny Guitar Watson
3.4 Atementspannungsübung im Liegen

4. Kognitiver Teil
4.1 Vortrag und Gruppengespräche
    Alternative 1: soziale Kontakte / soziale Unterstützung
    Alternative 2: Zeitplanungstechniken / Zeitmanagement

5. Aktivierungs-/Vitalisierungsübungen
5.1 Ellbogenschlag
5.2 Fußball
5.3 Einkaufswagen

6. Entspannungsübung / Phantasiereise
6.1 Die Spektrum-Übung
    Verbindung der Spektrum-Übung mit der Progressiven
     Muskelentspannung
    Merkblatt für das Üben zu Hause
6.2 Der Weise und die Minister, die Gelehrte waren

SITZUNG 9

1. Aktivierungs-/Vitalisierungsübungen

1.1 Tennismatch

(Musik: Soul to Soul, „Soul to soul")
Stellen Sie sich vor, Sie sind beim Tennismatch und üben während des Einspielens im Takt der Musik die Aufschlagbewegung. Strecken Sie sich, und führen Sie (den gedachten) Tennisschläger nach ganz hinten oben über den Kopf und winkeln dort den Arm zum Rücken hin nach unten ab. Bewegen Sie, so schnell Sie können, mit aller Kraft den Arm nach vorne, um dem Tennisball eine große Geschwindigkeit mitzugeben. Machen Sie eine Weile den Aufschlag mit dem rechten Arm, und achten Sie dabei vor allem darauf, daß Ihr ganzer Rücken zunächst gestreckt und auch nach hinten gedehnt ist. Beugen Sie dann in der Vorwärtsbewegung des Aufschlages den Rücken nur ein klein wenig nach vorne.
Meistens wird durch diese Bewegung in der Phase, in der der Schläger nach vorne unten gezogen wird, der gesamte Körper leicht vom Boden angehoben. Sie erinnern sich vielleicht an Zeitlupenstudien, die Sie bei einem Tennismatch im Fernsehen gesehen haben.
Üben Sie nun mit der linken Seite in gleicher Weise. Achten Sie jetzt besonders darauf, nicht mit durchgedrückten, sondern mit leicht gebeugten Knien zu stehen und den Rücken insgesamt geradezuhalten.
Als nächstes folgt die Rückhand beim Tennis. Stehen Sie mit Ihren Füßen leicht versetzt, das heißt den linken Fuß weiter hinten und den rechten etwas weiter nach vorne. Holen Sie mit der rechten Hand etwa in Nabelhöhe oder ein wenig höher ganz nach links aus. Drehen Sie dann den gesamten Oberkörper ein wenig nach links, und halten Sie den linken Arm etwa in Schulterhöhe leicht angewinkelt und nach hinten gebeugt. Stellen Sie sich vor, Sie treffen den Ball in Nabelhöhe oder ein bißchen darüber, etwa eine Tennisschlägerlänge links von Ihrem Körper. Führen Sie einen möglichst kraftvollen schnellen Schlag nach vorne aus, um ihm viel Geschwindigkeit mitzugeben.

Machen Sie diese Bewegung auch mit der linken Hand , und stellen Sie sich vor, rechts neben Ihrem Körper etwa in Nabelhöhe mit einem Rückhandschlag den Ball zu treffen.
Führen Sie dann die Schläge in alle möglichen Richtungen aus (vielleicht auch in Richtungen, die beim Tennisspielen selten oder überhaupt nicht vorkommen).
Stellen Sie sich nun vor, Sie hätten in jeder Hand einen Tennisschläger und würden abwechselnd mit dem linken und rechten Schläger Bälle in die verschiedensten Richtungen schlagen.
Achten Sie darauf, leicht in den Knien gebeugt zu stehen und den Rücken gerade aufgerichtet zu lassen. Balancieren Sie dabei den Kopf wie auf einer Stange.
Stellen Sie sich nun vor, Sie sind mit einer Entscheidung des Schiedsrichters nicht einverstanden und heben den Tennisschläger hoch, um ihn dann mit viel Kraft auf den Boden zu schleudern. Sie haben den Tennisschläger zunächst in der rechten und dann später in der linken Hand und werfen ihn mit viel Kraft (und voller Wut) demonstrativ zu Boden. Stellen Sie sich weiterhin vor, Sie haben sogar zwei Schläger, einen in der linken und einen in der rechten Hand, die Sie beide zugleich auf den Boden „pfeffern".
Stampfen Sie anschließend mit dem rechten Fuß auf. Führen Sie gleichzeitig beide leicht nach oben bis in Schulterhöhe gehobene Arme nach unten, und ballen Sie gleichzeitig mit dem Aufstampfen die Fäuste.
Achten Sie darauf, leicht in die Knie zu gehen und den Körper beim Aufstampfen ganz fest anzuspannen. Drücken Sie mit dem ganzen Körper das Gefühl aus „Ich habe recht!"
Stampfen Sie nun mit dem linken Bein auf, und führen Sie die Übung in gleicher Weise durch.
Stehen Sie anschließend ein paar Augenblicke mit geschlossenen Augen, und erspüren Sie, ob Sie noch andere Bewegungen des „Seine-Wut-Äußerns", des „Sich-Platz-Verschaffens" usw. machen wollen.
Führen Sie dann auch diese Bewegungen im Takt der Musik aus.

2. Kognitiver Teil

2.1 Hausaufgabenbesprechung
Die Erfahrungen mit den beiden alternativ gestellten Hausaufgaben (Alternative 1 und 2) werden in der Gruppe besprochen.

2.2 Gruppenübungen

Entscheiden Sie als Gruppenleiter über die Fortsetzung der Alternativen 1 und 2 aus der letzten Sitzung oder ob Sie es als sinnvoller erachten, mit der Gruppe die Alternative 3 durchzuführen.

Alternative 1
Weitere Rollenspiele zum Thema Selbstbehauptung
(s. letzte Sitzung)

Alternative 2
Praktische Übung zum Konfliktgespräch
Rollenspiel: „Wie beginne ich ein Konfliktgespräch?" Wählen Sie ein Beispiel aus Ihrer eigenen Situation.

Alternative 3
„Highlights"

Sprechen Sie die Fragen des Posters und Arbeitsblattes Nr. 18 (Anhang S. A-35) in der Gruppe durch.

Poster:

These: Wenn es gut läuft, ich mich gut fühle, mir alles gelingt, muß ich selbst etwas dazu beigetragen haben
(s. auch Sitzung 6).

Machen Sie eine Phantasiereise zu einer besonders angenehmen, erfolgreichen und innerlich erfüllten Situation („Highlight"). Erleben Sie diese Situation nochmals ganz bewußt (hören, sehen, fühlen, erleben), und stellen Sie sich vor, ein Persönlichkeitsteil von Ihnen hat alles ganz bewußt geplant. Wie könnten Sie das gemacht haben? Welche Ideen, Gedanken, Pläne, Gefühle könnten das Gelingen dieser Situation bewirkt haben?

Wie ist mir das gelungen?
In welcher besonderen Stimmung war ich da?
Wie habe ich das erreicht?
Was habe ich genau gemacht, gefühlt, gedacht?

2.3 Gruppenübung : „Blitzlicht"
Wie geht es mir jetzt? Wo bin ich innerlich?

3. Aktivierungs-/Vitalisierungsübungen

3.1 Kurzes Dehnen, Strecken, Räkeln
(s. Übungsbeispiele aus vergangenen Sitzungen)

3.2 Schwertübung
(Musik: Earth, wind and fire, „The speed of love")
Stehen Sie zentriert. Beide Arme hängen locker an der Seite des Körpers. Heben Sie den rechten Arm (Linkshänder den linken Arm) über den Kopf. Stellen Sie sich vor, Ihre Handfläche ist die Schneide eines Schwertes. Stellen Sie sich einen Strohballen, der in Höhe des Brustkorbs etwa einen Meter vom Körper entfernt aufgehängt ist, vor. Diesen zerschneiden Sie mit einer schnellen Abwärtsbewegung des „Schwertes".
Beobachten Sie den Bewegungsablauf genau. Kommen Sie etwas aus dem Gleichgewicht? Weichen Sie unwillkürlich leicht zurück? „Fallen" Sie ein bißchen nach vorne?
Wie fühlen Sie sich bei dieser Übung? Woran denken Sie dabei?

3.3 Johnny Guitar Watson
(Musik: Johnny Guitar Watson, „Gangster of love")
Schulter- und Brustkorbdehnung als Vorübung:
Führen Sie hüpfende Bewegungen auf der Stelle im Takt der Musik aus (alle 8 Takte Bewegungswechsel).
- Springen Sie im Takt der Musik mit beiden Beinen vom Boden weg, und landen Sie jeweils wieder leicht in den Knien federnd.
- Ziehen Sie beim Absprung die Schultern hoch, und lassen Sie sie beim Zurückfallen auf den Boden wieder locker nach unten fallen (**dabei ganz ausatmen**).
- Mit beiden Beinen noch kräftiger vom Boden abstoßen und weit nach oben wegspringen.
- Mit dem rechten Bein vom Boden abspringen, mit dem rechten Bein aufkommen und wieder vom Boden wegspringen.
- Mit dem linken Bein vom Boden abspringen, mit dem linken Bein aufkommen und wieder vom Boden wegspringen.
- Mit beiden Beinen abspringen; strecken Sie beim Sprung die Arme nach seitlich oben (mit weit gespreizten Fingern). Beugen Sie die

Arme beim Wieder-auf-den-Boden-Aufkommen etwas, lassen Sie dabei die Hände bis etwa in Kopfhöhe zurückfedern.
- Ganz in die Knie gehen und in der Hocke mit rudernden Arm- und Schulterbewegungen immer wieder vom Boden hochfedern. Die Bewegung entsteht durch den Schwung der Arme und Schultern.
- Hocken Sie mit gebeugten Beinen und fast gerade aufgerichtetem Oberkörper auf dem Boden, und „rudern" Sie mit den Armen im Takt der Musik. (Spüren Sie, wie sich der Druck, den Sie mit der Fußsohle auf den Boden ausüben, steigert und anschließend wieder abnimmt und wie Sie durch die Bewegung der Arme und Schultern vom Boden abgehoben werden?)
- Nur der Schwung aus den Schultern und Armen hebt Sie vom Boden ab. (Nicht aus den Knien heraus abstoßen, das würde den Meniskus belasten, allenfalls ganz leicht zusätzlich die Bewegung aus dem Fußgelenk heraus unterstützen.)
- Die Fersen werden im Stehen vom Boden abgehoben, die Arme und Schultern ebenfalls im Takt der Musik angehoben und wieder nach unten fallengelassen. Lassen Sie beim Nach-oben-Federn die Zehen und Zehenballen am Boden.
- Zweibeinig abspringen und mit möglichst viel Sprungkraft versuchen, mit ganz nach oben gestreckten Armen die Decke des Raumes zu erreichen.
- Auf beiden Beinen stehen und sanft nach oben abstoßen, federnd auf dem Boden aufkommen.
- Und nochmals nur die Fersen vom Boden abheben, die Arme und Schultern werden im Takt der Musik angehoben und wieder nach unten fallengelassen. Zehen und Zehenballen bleiben am Boden.
- Nur ganz leicht in den Knien wippen.
- Wieder mit beiden Beinen vom Boden abspringen.

Wenn die Musik zu Ende ist, bleiben Sie noch ein wenig gerade aufgerichtet und gleichzeitig locker entspannt stehen. Beugen Sie vielleicht leicht die Knie, und schieben Sie das Becken etwas nach vorne. Balancieren Sie den Kopf auf der Wirbelsäule wie einen Ball auf einer Stange, und stehen Sie gerade, ohne sich geradehalten zu müssen.
In welcher Verfassung sind Sie jetzt?
Fühlen Sie sich z. B. einerseits etwas erschöpft durch die Übung, andererseits so, als könnten Sie Bäume ausreißen? Stehen Sie anders da als zuvor? Spüren Sie, wenn Sie möchten, noch ein wenig mit geschlossenen Augen nach.

3.4 Atementspannungsübung im Liegen
(Musik: Steven Halpern, „Eventide")
Suchen Sie sich eine bequeme Liegeposition. Räkeln, dehnen und strecken Sie sich im Liegen. Spüren Sie mit geschlossenen Augen nach, ob es noch Körperteile gibt, die angespannt sind. Spannen Sie diese Körperteile verstärkt an, und lassen Sie danach bewußt los.
Ziehen Sie die Knie zum Körper heran, und stellen Sie die Füße auf den Boden. Heben Sie das Becken etwas von der Unterlage ab, und ziehen Sie es fußwärts. Legen Sie anschließend die Beine wieder gestreckt auf den Boden. Insgesamt soll bei dieser Übung ein leichter Zug auf die Wirbelsäule entstehen. Atmen Sie aus, indem Sie die Atemluft einfach aus sich herausfließen lassen.
Mit dem Ausatmen sinkt der ganze Körper auf die Unterlage. Sie werden von ihr getragen, geben Sie Ihr ganzes Gewicht an sie ab. Vielleicht bemerken Sie, daß die Muskulatur um so entspannter und lockerer wird, je tiefer Sie ausatmen und je mehr Luft herausfließt. Lassen Sie den Ausatemzug ganz lang werden, und lassen Sie sich auch genug Zeit, damit Sie vielleicht noch etwas mehr Luft ausatmen können.
Wenn Sie nach dem Ausatmen eine kleine Pause entstehen lassen, kann es sein, daß der Körper nun ganz von selbst einatmet, ohne daß Sie etwas dazutun müssen. Vielleicht können Sie zunächst den von selbst entstehenden Einatemimpuls empfinden.
Erspüren Sie dann die Stelle des Körpers, von der die Atembewegung ausgeht.
Stellen Sie von Atemzug zu Atemzug fest, ob dieser von selbst und ohne Ihr eigenes Zutun entstanden ist oder ob (und mit einem wie großen Anteil) Sie dazu beigetragen und bei der Atembewegung „mitgeholfen" haben.
Lassen Sie sich Zeit, um mit dem Entspannen, Loslassen und „von-selbst-Geschehenlassen" ein wenig zu experimentieren.
Wann haben Sie ein Erlebnis gehabt, das mit tiefer wohltuender Entspannung verbunden war? Wo war das? Wie war Ihre Umgebung?
(Wenn Sie sich im Moment nicht genau an ein Erlebnis der tiefen und wohltuenden Entspannung erinnern können, dann stellen Sie sich einfach eine Situation vor, die für Sie sehr entspannend wäre.)
Stellen Sie sich mit geschlossenen Augen vor, Sie sehen jetzt die Gegenstände, die zu Ihrem entspannenden Erlebnis gehören. Nehmen Sie die Farben ganz intensiv wahr. Vielleicht lassen Sie sie sogar noch intensiver werden oder verändern sie zu Pastelltönen usw. Spielen Sie ein bißchen mit

dem Licht - heller, dunkler usw. - , und wenden Sie sich dann den Klängen und Geräuschen zu, die zu dieser Szene gehören.

Verändern Sie auch die Qualität dieser Klänge, und fügen Sie, wenn Sie möchten, andere Klänge hinzu oder lassen Teilbereiche weg (die bunte Klangwelt der Vögel aus dem tropischen Regenwald, Bachgeplätscher, Knistern eines Kaminfeuers usw).

Wie riecht die Luft um Sie herum, wie fühlt sie sich an? Auf welcher Unterlage liegen Sie, wie fühlt sie sich an? Berühren Sie etwas mit Ihren Händen? Halten Sie etwas in Ihren Händen?

Wie atmen Sie jetzt? Was ist anders als im Alltag? Atmet der Körper ganz von selbst, oder unterstützen Sie die Atembewegung noch, und wenn ja, wie groß ist der Anteil, den Sie beitragen müssen?

Stellen Sie sich immer wieder Ihre Szene vor, die mit tiefster Entspannung verbunden ist, und konzentrieren Sie sich nun mehr auf das, was Sie mit Ihrem inneren Auge sehen, das, was Sie hören, spüren, riechen und vielleicht auch schmecken können (eventuell denken Sie an etwas Wohlschmeckendes, das Sie jetzt gerne essen oder trinken würden).

Wenden Sie sich immer wieder bewußt einer anderen Sinnesqualität zu, und empfinden Sie möglichst intensiv, wie dies für Sie ist.

Lassen Sie sich genügend Zeit dafür. Wenn Sie anschließend zurückkommen möchten, beginnen Sie ganz vorsichtig, zunächst die kleinen Finger- und Zehengelenke zu bewegen, anschließend erst unmerklich, dann immer intensiver, Hand-, Fuß-, Ellbogen-, und Kniegelenke.

Gehen Sie ins Räkeln, Strecken und - tiefer atmend - ins Dehnen über, wie nach einem langen erholsamen Schlaf.

Drehen Sie den Kopf, die Schultern und den Oberkörper ganz nach links und dann ganz nach rechts. Lassen Sie, wenn Sie möchten, Gähnen zu.

Kneifen Sie die Augen fest zusammen, und führen Sie alle möglichen Bewegungen aus, die Ihnen jetzt als angenehm erscheinen und Ihnen helfen, wieder wach und entspannt die Übung zu beenden.

4. Kognitiver Teil

Die Gruppe entscheidet sich gemeinsam für eine der beiden Alternativen für die heutige Sitzung.

Alternative 1:
Soziale Kontakte / soziale Unterstützung
Kurzvortrag
Neue Forschungen haben gezeigt, daß sich Menschen, die in ein System von engen sozialen Kontakten und gegenseitiger sozialer Unterstützung eingebettet sind, im Vergleich zu anderen weniger gestreßt fühlen und insgesamt gesünder leben, wodurch sich statistisch ihre Lebenszeit um mehrere Jahre verlängert.
Früher war es so, daß man bei Schwierigkeiten, Problemen und Nöten Rückhalt in der eigenen Großfamilie bzw. auch im weiteren dörflichen Umfeld fand („Geteiltes Leid ist halbes Leid").
Auch bei Erfolgen und freudvollen Ereignissen teilte man sich einer großen Gemeinschaft mit. Aus dieser Zeit stammt das Sprichwort „Geteilte Freude ist doppelte Freude".
Gerade in größeren Städten leben die Menschen heutzutage oftmals als Singles oder in einem Zwei-Personen-Haushalt.
Da es die Großfamilie immer weniger gibt, sucht man in Wohngemeinschaften und Hausgemeinschaften nach anderen Lebensformen und trifft sich auch mit Gleichgesinnten in größeren Gemeinschaften, denen ähnliche Werte, Anschauungen und Interessen gemeinsam sind. Diese Ideen- und Paradigmengemeinschaft wirkt sich z.T. ähnlich unterstützend aus wie die frühere Großfamilie. Da man sich diese Gemeinschaft selbst aussuchen kann (Wahlverwandtschaft), ist die persönliche Beziehung zwischen den Menschen in einer solchen Gemeinschaft sogar häufig noch intensiver als die Beziehungen in einer Großfamilie. Unter den Bedingungen des Lebens in unserer Zivilisation werden der Zusammenhalt und das harmonische Zusammenleben in einer Großfamiliengemeinschaft ohnehin immer weniger möglich sein und deswegen auch immer seltener vorkommen.
Neben ungünstigen Auswirkungen unserer modernen Kommunikations- und Verkehrstechnologie bieten sich auch neue Chancen, mehr Menschen zu treffen und sich mit ihnen auszutauschen. Es ist also leichter möglich, Gleichgesinnte zu erreichen.
Machen Sie sich einmal Gedanken über Ihre eigenen sozialen Kontakte, und notieren Sie Ihre Beobachtungen.
Vergleichen Sie die heutige Situation z. B. mit der Situation vor zwei, fünf oder zehn Jahren.
Sind oder waren Ihre sozialen Kontakte enger und intensiver? Hatten Sie damals oder haben Sie jetzt zu mehr Menschen persönliche Verbindungen?

Wir werden später versuchen, aus diesen Beobachtungen heraus eine Bewertung vorzunehmen und vielleicht gemeinsam einige Handlungsanregungen erarbeiten.
Bearbeiten Sie für sich allein das Arbeitsblatt Nr. 19 (Anhang S. A-36) und den Fragebogen (Anhang S. A-37)

Gruppengespräch
Fragen zum eigenen sozialen Netzwerk
(als Diskussionsgrundlage für ein kurzes Gespräch in der Gruppe)
Habe ich wegen Überarbeitung keine Zeit mehr für soziale Kontakte?
(16 Stunden Arbeit ➔ keine Zeit für mich und andere ➔ soziale Kontakte bröckeln.)
Habe ich, nehme ich mir Zeit, an den Arbeitstagen am Abend bzw. am Wochenende soziale Beziehungen (Partner, Kinder, Freunde, Nachbarn, Vereins- oder Berufskollegen) zu pflegen?
Oder packe ich mein Wochenende auch noch mit Pflichten voll und habe keine Zeit, mich auf andere einzustellen?
Bin ich in der Lage, andere Leute um Rat und Hilfe zu fragen, oder „beiße ich" mir auch in einer für mich schwierigen Situation fast „die Zunge ab", ehe ich um Hilfe bitte?
Schaffe ich es, einen Nahestehenden zu fragen: „Hilfst Du mir, ich komme gerade allein nicht zurecht?"
Äußere ich meine Erwartungen an andere, daß sie mir helfen, mich unterstützen?
Oder warte ich innerlich leidend ab, daß endlich jemand meine Not sieht und mich unterstützt?
Habe ich ein soziales Netzwerk (Freunde, Sport, Hobby, Verein usw.)?
Kann ich bei Problemen gezielt Hilfe suchen und dann auch annehmen?
Zwischenmenschliche Beziehung / Gruppendiskussion:
- Fällt es mir leicht, den Menschen in meiner Umgebung offen und vertrauensvoll zu begegnen?
- Bin ich in der Lage, Zuneigung zu zeigen?
- Macht mir Nähe Angst?
- Reagiere ich leicht aggressiv, wenn andere sich nicht so verhalten, wie es mir richtig erscheint?

Bearbeiten Sie für sich allein das folgende Arbeitsblatt Nr. 20 (Anhang S. A-38)

Option: Kurzes Partnerinterview
Verwenden Sie für das Interview die Fragen des Arbeitsblattes.
Gruppenübung
Gesprächsrunde mit Zusammenfassung der Ergebnisse des Partnerinterviews.
Option: Kleingruppenübung
Bilden Sie zwei Kleingruppen, und tauschen Sie sich aus.
Welche wichtigen Beobachtungen und Erfahrungen haben Sie während des Partnerinterviews gemacht?
Beginnen Sie nun, konkrete Anregungen für eine bestimmte Situation zu erarbeiten:
Eines der Kleingruppenmitglieder kann nun seine persönliche Lebenssituation schildern und von einer bestimmten Person berichten, mit der es gerne wieder näher zusammenkommen möchte. Vielleicht liegt es an organisatorischen Problemen oder an Problemen in der Beziehung zu dieser Person, weshalb der soziale Kontakt eingeschlafen ist oder abgebrochen wurde.
Denken Sie sich verschiedene Ideen aus, wie der Kontakt konkret wieder aufgenommen werden könnte.
Lassen Sie auch traumhafte oder völlig verrückte Ideen zu (Brainstorming), und notieren Sie alle Ideen stichpunktartig.
Der Gruppenteilnehmer, der über die Person berichtet hat, zu der er mehr Kontakt wünscht, sollte die verschiedenen Ideen nach Qualität und Eignung bewerten und eine „Hitliste" der Ideen anfertigen.
Ebenso sollten Sie einen Aktivitätenplan anfertigen, nach welchem Sie dann die einzelnen Ideen in der nächsten Woche ausprobieren können.
Literatur
OHM, D.: Psyche, Verhalten und Gesundheit; Sigrist K.: Herz und Streß. Gibt es Streßfaktoren? Zeitschrift der Deutschen Herzstiftung 7 II, 3-6

Alternative 2

Zeitplanungstechniken / Zeitmanagement
Kurze Einführung
Probleme mit der Zeit kennen heutzutage alle Menschen. In unserem Kulturkreis fühlen sich die meisten Menschen ständig unter Zeitdruck, abgehetzt und außer Atem, weil sie einer eigenen oder einer von außen kommenden Zeitvorgabe hinterhereilen.
Viele Menschen geben an, daß sie im Beruf und im Familienleben unter Zeitmangel leiden und daß Sie für sich selbst überhaupt keine Zeit haben.

Zeitprobleme sind ein wichtiger Faktor beim Thema Streß.
Über Zeitplanung und Zeitmanagement wurde schon vieles geschrieben. Fast jeder Manager besucht teuer bezahlte Zeitplanungstrainings und -seminare. Die Inhalte, die hier vermittelt werden, gehen letztlich auf einige wenige Ideen zurück.
Wir wollen zusammen die Ideen aus der „Krabbelkiste" der Zeitplanungstechniken durchgehen und prüfen, was davon für unseren eigenen Alltag gut geeignet ist.
Dazu wollen wir mit Hilfe des Zeitproblemfragebogens (vgl. Anhang Seiten A-39—A-40) unsere individuellen Zeitplanungsprobleme kurz analysieren.
Bevor wir beginnen, uns eingehender mit Zeitproblemen und deren konkreten Lösung zu beschäftigen, bitte ich Sie jetzt, den Zeitproblemfragebogen durchzuarbeiten, um für sich einmal den Stellenwert und die Wichtigkeit bestimmter Teilbereiche von Zeitproblemen kennenzulernen.
Lesen Sie jeweils kurz die Bemerkung in der Mitte, und kreuzen Sie auf der linken Seite spontan in einem der Kästchen an, wie wichtig dieses Problem in Ihrem Leben ist, und auf der rechten Seite, wie häufig es vorkommt.
Es wird Ihnen dann später leichterfallen abzuleiten, welche der aufgeführten Hinweise und Kniffe für Sie am wichtigsten sind.

Grundsätzliche Überlegung
Gestatten Sie sich, mit Ihrer eigenen Zeit ganz bewußt und sorgfältig umzugehen. Denken Sie zu allererst an sich selbst.
Zeit ist zwar wertvoll, aber man kann sie dennoch nirgends kaufen.
Überlegen Sie zuerst, bevor Sie sich um einen Gefallen bitten lassen, der Zeit kostet (oder bevor Sie sich von einem Vorhaben ablenken lassen, das Sie jetzt eigentlich ausführen wollten).
Vielleicht wollen Sie ja doch lieber „nein" sagen.
Erinnern Sie sich an die Ergebnisse Ihrer Hausaufgabe aus Sitzung 2 (Zeit- und Energieverteilungskuchen) und aus der Sitzung 3 (Stimmungsbarometer, Biorhythmen). Ist es Ihnen gelungen, die hier gemachten Erfahrungen in das eigene Alltagsleben umzusetzen?

Vortrag und Informationsblatt
Ursachen für Probleme mit der eigenen Zeit
Nachfolgende Punkte sind in unserem Kulturkreis häufig für Zeitprobleme verantwortlich.

- **Ständiges Aufschieben / Verschleppen („Aufschieberitis")**
  Jeder kennt Angelegenheiten, die man immer schon einmal erledigen wollte/müßte und die einem sehr unangenehm sind. Man schiebt sie vor

sich her, bis sie zu einem unüberwindbaren Berg angewachsen zu sein scheinen. Dieser Berg verursacht letztlich einen Dauerstreß. Entschließen Sie sich, diese Angelegenheiten anzugehen. Einige Tips hierzu kommen später.

- **Konfliktvermeidung**
  Manche Aufgaben würden Sie am liebsten abgeben oder nicht machen. Stellen Sie sich die Frage: Will ich das wirklich tun, oder ist es mir eigentlich zuviel? Sollte ich die Arbeit nicht zurückgeben? Überlegen Sie sich, ob Sie diese Aufgabe nur deshalb angenommen haben, um einen Konflikt mit Arbeitgeber, Familienmitgliedern usw. zu vermeiden.

- **Angst vor Erfolg**
  Vielleicht fällt es Ihnen manchmal schwer, mit dem eigenen Erfolgserlebnis umzugehen oder sich gut zu finden, weil Sie etwas Bestimmtes erreicht haben. Eventuell haben Sie auch Schwierigkeiten damit, ein negatives Selbstbild („Ich schaff's ja doch nicht") über den Haufen zu werfen und neue Erfahrungen zu machen. Dies würde z. B. Ihre Stellung in der sozialen Berufsgruppe am Arbeitsplatz oder in der Familie verändern. Vielleicht haben Sie ja Angst davor.

- **Stiller Protest gegen andere**
  Man zeigt den anderen immer „Ich bin ja so gestreßt, ich bin ja so überlastet, Du bist schuld, Ihr anderen seid schuld". Hierbei wird uns selbst nicht bewußt, daß man zuallererst sich selbst leiden läßt und erst in zweiter Hinsicht vielleicht der andere leidet, indem er uns im Streß sieht.
  Ausgehend von dem Grundgefühl des ÜberlastetSeins fängt man irgendwo an, die jeweils problematischste Arbeit wegzuschaffen, anstatt sich ein wenig Zeit zu nehmen, um bewußt und geplant eine Struktur für die eigene Arbeit zu setzen und überlegt über die Reihenfolge und Zeitpunkte des Vorgehens selbst zu bestimmen.
  Es geht darum, sich Handlungs- und Gestaltungsspielräume einzurichten, anstatt den Berg von Arbeit von oben her mit hängender Zunge abzuarbeiten. Sehen Sie alles, was vor Ihnen liegt, bewußt durch, bewerten und klassifizieren Sie es, und machen Sie dann einen Plan.

- **Reagieren statt Agieren**
  Die Arbeit liegt wie ein riesiger unüberwindbarer Berg vor einem, man fühlt sich völlig überlastet und mit einem unüberschaubaren riesigen Pensum an zu erledigenden Dingen eingedeckt. Ständig kommt das nächste schon wieder neu hinzu. Man kommt bereits mit einem miesen

Gefühl an den Arbeitsplatz und hofft nur, daß es irgendwie besser werden könnte, glaubt aber nicht so recht daran und „wurstelt halt weiter".

- **Sich für unentbehrlich halten**
Aus überzogenem Selbstwertgefühl begibt man sich in die Situation, daß man alle Arbeit an sich zieht. Man traut den anderen zu wenig zu, kann nichts abgeben (delegieren). Hier wird das eigene Geltungsbedürfnis zur Falle. Man überlastet sich selbst und erzeugt sogar noch Unzufriedenheit im eigenen Arbeitsumfeld.

- **Informationsüberlastung, Reizüberflutung**
Wenn ich mich den verschiedenen Informationsquellen und Reizstimuli aussetze, ohne genauer darüber nachzudenken, was ich wirklich brauche, was ich wirklich will und gut finde (Fernsehen, Zeitung, Illustrierte, Fachzeitschriften, Firmenstatistiken, Computer, Bibliothek, Seminare, Fortbildungsvorträge), „ertrinke" ich in Information und komme nicht zum Arbeiten, fühle mich ständig überlastet und gestreßt. Hier ist es nötig, bewußt Schwerpunkte zu setzen und bestimmte Dinge als unwichtig zu klassifizieren und auszublenden.
Wer z.B. den ganzen Tag am Computer arbeitet und in einer kurzen Zeit mit vielen Informationen konfrontiert ist (hohe Informationsdichte), sollte ganz bewußt Entspannungsphasen einschalten oder zwischenzeitlich andere Arbeiten ausführen.

- **„Mußturbatorisches", zwanghaftes Verhalten**
Wenn ich glaube, daß beispielsweise in der Arbeitswelt bestimmte äußere Vorgaben oder auch von mir selbst gesetzte innere Anforderungen an mich unbedingt erfüllt sein müssen, dann werde ich mich gewaltig unter Druck setzen, um diese Forderungen auch zu erfüllen (s. „innere Antreiber" aus Sitzung 5). Manchmal führt gerade dieser Druck dazu, daß ich es nicht schaffe, allen diesen Anforderungen gleichzeitig gerecht zu werden, worauf sich viele Menschen noch mehr unter Druck zu setzen versuchen, um die Dinge auf jeden Fall zu erfüllen. Man reagiert dann mit innerer und körperlicher Anspannung und ist noch schlechter als vorher in der Lage, etwas zu leisten.
Sie können dieses Verhalten bei sich selbst erkennen, indem Sie Ihre eigene Sprache bewußt wahrnehmen und beobachten, ob Sie öfter fordernde Ausdrücke benutzen wie:
„Ich muß ..., ich sollte auf jeden Fall ..., ich brauche sofort ..., es ist dringend erforderlich ..., es ist verlangt ..." usw.

Diese Formulierungen deuten an, daß man sich selbst unter Druck setzt oder unwillkürlich unter Druck setzen läßt.
Stellen Sie sich die Frage, ob dieser Druck von den anderen gesetzt ist („**Ich muß, aber ich will nicht**"), oder ob Sie sich selbst den Druck machen? (**Workoholic**)
Bitte vergleichen Sie hierzu auch Arbeitsblatt Nr. 21 (Anhang Seiten A-41 bis A-44).

Lösungsstrategien

○ **Fassen der Zeitdiebe/Zeitverschwendungsfaktoren**
Fertigen Sie eine Liste der verschiedenen Störfaktoren an, und stellen Sie fest, wann und wie oft diese Störfaktoren auftreten. Schreiben Sie es auf, und erstellen Sie aus Ihren Aufzeichnungen eine „**Tagesstörkurve**".
Vielleicht lassen sich die Störungen (Mitarbeiter, Gespräche, Telefon, unangemeldete Besucher, unvorhergesehene Konflikte, Sitzungen...) zeitlich bündeln bzw. für bestimmte Zeitpunkte abblocken usw.

○ **Äußere und innere Ursachen von Unterbrechungen feststellen**
Wenn man bei seiner Arbeit gestört oder ganz unterbrochen wird, kann man sich auch nach einer kurzen Ablenkung nur nach einer erneuten Anlaufszeit wieder an die Weiterarbeit an der gleichen Stelle machen. Und hierdurch geht nicht nur viel Zeit, sondern auch viel Energie verloren, man kann sich weniger gut konzentrieren und ermüdet.
Stellen Sie genau fest, was Sie wann und wie oft stört (Tagesstörungskurve), und überlegen Sie dann gezielt, wie Sie damit umgehen können.

○ **„Nein" sagen**
Lernen Sie bewußt darüber nachzudenken, ob Sie einer bestimmten Forderung nachgeben wollen. Gehen Sie sehr bewußt und nach eigenen Bedürfnissen mit Ihrer Zeit um. Sagen Sie öfter „Nein".

○ **Selbstkontrolle und Feedback**
Setzen Sie sich **realistische Ziele,** und halten Sie sich an Ihre Vorgaben? Führen Sie Ihre Vorsätze auch durch? Beachten Sie das sogenannte Paretoprinzip (nach Wilfredo Pareto)? Wenn nein, woran lag es? Waren die Ziele zu hochgesteckt?

Pareto-Prinzip:
20 % der Zeit bringen 80 % der Ergebnisse.
80 % der Zeit verschaffen 20 % der Ergebnisse.
20 % der Besprechungszeiten erbringen 80 % der Ergebnisse.
20 % der Zeit enthalten 80 % der Nachrichten.
20 % der Fehler verursachen 80 % des Ausschusses.

Wenn man dieses Prinzip beachtet, ist es möglich, den bei manchen Projekten auftretenden zähen Fortgang der Dinge besser zu verstehen, anzunehmen und sich sogar bewußt darauf einzustellen.

Man wird diese Projekte in einer besonders produktiven Phase („Leistungshoch") des eigenen Tages-Arbeitsrhythmus' erledigen und zusätzlich dafür sorgen, daß man nicht gestört wird. Arbeiten, die einem „schnell von der Hand gehen", können dann zu Zeiten niedrigeren Energieniveaus in der eigenen Tagesleistungskurve erledigt werden.

O **Erledigen Sie nur eine einzige Aufgabe zur gleichen Zeit**
Wenn Sie sich auf mehrere Dinge gleichzeitig konzentrieren sollen, werden Sie schneller müde. Sie brauchen beim Wechsel von einer zur anderen Sache immer wieder einen Moment, um sich neu einzudenken und umzustellen. Wenn Sie dann auch noch ständig gestört werden, sinkt schon nach kurzer Zeit die Konzentrationsfähigkeit, und Sie fühlen sich schließlich völlig erschöpft.
Entscheiden Sie sich, was Sie als Nächstes tun werden, und beschließen Sie, ob Sie das dann auch bis zur Fertigstellung bearbeiten wollen (und können) oder ob und wie lange Sie daran arbeiten werden. Nehmen Sie in dieser Zeit nichts anderes zur Hand. Lassen Sie sich nicht durch Schwierigkeiten beirren oder von außen stören.

O **Erledigen Sie wichtige, dringende und eilige Sachen gleich (s.u.).**

O **Achten Sie auf Ihre eigenen Wünsche und Bedürfnisse**
Welchen Stellenwert und welche Bedeutung haben Ihre eigenen Wünsche? Machen Sie sich ab und zu klar, was in Ihnen selbst vorgeht. Was wollen Sie wirklich selbst? Klären Sie für sich, was Sie im beruflichen und privaten Bereich innerlich wollen. Welcher Bereich ist Ihnen wichtiger? Achten Sie auf Begriffe wie: wünschen, wollen, hoffen, vertrauen, vorziehen.

O **Planung - Prioritäten und Ziele setzen**
Benutzen Sie Organisationsmittel wie den Zeitverteilungskuchen (Sitzung 2), und untersuchen Sie Ihre persönliche momentane Zeitverteilung. Planen Sie aus den Erkenntnissen und den Erfahrungen, die Sie hier gemacht haben, Ihre ideale Zeitverteilung. Setzen Sie eine Zeitverteilung als Tagesziel fest, und kontrollieren Sie diese am Ende des Tages. Es gelingt mit der Zeit immer besser, gut mit seiner Zeit umzugehen.

O **Agieren statt Reagieren**
Warten Sie nicht darauf, bis Sie über und über mit Arbeit eingedeckt sind, sondern beginnen Sie damit, sich Gedanken zu machen, wie man Arbeitsabläufe gliedern, zusammenfassen, von anderen erledigen lassen kann, die

mehr Routine haben. Holen Sie sich Hilfe. Bewerten Sie die Arbeiten nach Wichtigkeit und Dringlichkeit. Misten Sie aus. Prüfen und testen Sie alle nachfolgend genannten Tips, und nutzen Sie alles, was für Sie geeignet ist.

O **Delegation**
Überlegen Sie, welche Arbeiten Sie abgeben und ebensogut von anderen erledigen lassen können. Trauen Sie den Kindern, dem Ehepartner, dem Kollegen ruhig einmal etwas zu. Bitten Sie um Unterstützung. Dies wird auf Dauer für beide Seiten befriedigender sein.

5. Aktivierungs-/Vitalisierungsübungen

Führen Sie die nachfolgenden Übungen aus Sitzung 2 durch:
5.1 Ellbogenschlag
5.2 Fußball
5.3 Einkaufswagen

6. Entspannungsübung / Phantasiereise

6.1 Option: Die Spektrum-Übung
Vorbereitung
Nehmen Sie eine bequeme Körperhaltung im Sitzen, Liegen oder Stehen ein. Die Wirbelsäule soll gerade aufgerichtet und die Muskulatur gleichzeitig locker sein.
Wenn Sie zusätzlich zu jeder Körperregion eine Progressive Muskelentspannungsübung durchführen möchten (dies ist manchmal zum anfänglichen Einüben der Übung für eine gewisse Zeit sinnvoll), dann üben Sie im Liegen. Die Übungsanleitungen sind in Gruppen am Ende des Textes zusammen aufgeführt.
Bei der Progressiven Muskelentspannung werden einzelne Muskelgruppen für 3-5 Sekunden angespannt und danach die Spannung wieder losgelassen. Hierdurch soll eine besonders intensive Entspannung auch bei Übungsteilnehmern ermöglicht werden, die mit anderen Entspannungsverfahren bisher

nicht zurechtgekommen sind. Mit zunehmender Erfahrung in der Entspannungsübung können die aktiven Muskelübungen dann weggelassen werden. Als zugehörige Musik sollte „Spectrum Suite" von Stephen Halpern verwendet werden. Diese Musik besteht aus sieben Teilen von jeweils 3 Minuten Länge.

○ **1. Teil: Grundton C**
Richten Sie Ihre Aufmerksamkeit auf den unteren Teil der Wirbelsäule und auf den Beckenboden. Spüren Sie, wie möglicherweise die Musik in diesem Körperbereich eine Resonanz erzeugt.
Stellen Sie sich vor, daß dieser Körperteil bzw. auch noch andere Körperteile von einem intensiven „Rot" umgeben sind. Vergegenwärtigen Sie sich z.B. die Farben eines Mohnblumenfeldes.
Denken Sie an lebensspendende Energie und Kraft.
Summen Sie einen tiefen Ton, der für Sie zur Musik paßt, vielleicht auch in der Musik, die Sie hören, vorkommt.
Lassen Sie den Mund locker geschlossen, so daß ein gesummtes „MMMMMMMMMMM" entsteht.
Stellen Sie sich die Zahl Sieben vor.

○ **2. Teil: Grundton D**
Richten Sie Ihre Aufmerksamkeit auf den Unterbauch, etwa eine Drittel-Handbreite unterhalb des Nabels. Konzentrieren Sie sich auf die Farbe „Orange".
Stellen Sie sich eine große Keramik- oder Zinnschale, in der viele Orangen liegen, oder orangefarbene tropische Blüten vor
Denken Sie an Vitalität, Kraft und Selbstbewußtsein, innere Ruhe, Gelassenheit.
Summen Sie den Vokal „UUUUUUUUU", und nehmen Sie wahr, ob durch den entstehenden Ton eine Resonanz, ein Mitschwingen/Vibrieren im Unterbauch entsteht.
Stellen Sie sich die Zahl Sechs vor.

○ **3. Teil: Grundton E**
Konzentrieren Sie sich nun auf die Gegend um den Solarplexus (unterhalb des Rippenbogens, Magengegend).
Konzentrieren Sie sich auf die Farbe „Gelb".
Denken Sie an die Kraft des Mutes und auch die Kraft des Verzeihens. Dazu gehört auch, sich selbst zu verzeihen.

Summen Sie den Vokal „OOOOOOOOOOO", und nehmen Sie wahr, ob der entstehende Ton eine Resonanz, ein Mitschwingen/Vibrieren im Ober- und Mittelbauch erzeugt.
Stellen Sie sich die Zahl Fünf vor.

O **4. Teil: Grundton F**
Konzentrieren Sie sich nun auf den Herzbereich.
Stellen Sie sich helles Grün vor, etwa als wenn die Sonne durch frisches Buchenlaub im Frühling hindurchscheint.
Denken Sie an die Kraft der bedingungslos akzeptierenden Liebe und Hingabe, sich selbst und anderen gegenüber.
Summen Sie den Vokal „AAAAAAAAAAA", und nehmen Sie wahr, ob der entstehende Ton eine Resonanz, ein Mitschwingen/Vibrieren im Brustkorb entstehen läßt.
Stellen Sie sich die Zahl Vier vor.

O **5. Teil: Grundton G**
Richten Sie nun Ihre Aufmerksamkeit auf den Halsbereich.
Nehmen Sie dabei die Farbe Himmelblau bzw. ein dunkles Blau (wie ein großer Strauß Kornblumen) wahr.
Denken Sie an die Willenskraft in Ihrem eigenen Leben, an Kommunikation mit anderen Menschen, an Sich-Mitteilen, Ausdrücken, was man erlebt, was man sich wünscht usw.
Summen Sie den Vokal „EEEEEEEEEE", und nehmen Sie wahr, ob der entstehende Ton eine Resonanz, ein Mitschwingen/Vibrieren im Halsbereich erzeugt.
Stellen Sie sich die Zahl Drei vor.

O **6. Teil: Grundton A**
Konzentrieren Sie sich auf die Mitte der Stirn.
Konzentrieren Sie sich auf tiefes, kräftiges Violett (wie von bestimmten tropischen Orchideenarten oder Lilien im Regenwald).
Denken Sie an Kreativität und Weisheit.
Summen Sie den Vokal „IIIIIIIIIIIII", und nehmen Sie wahr, ob der entstehende Ton eine Resonanz, ein Mitschwingen/Vibrieren im Stirn- und Gesichtsbereich erzeugt.
Stellen Sie sich die Zahl Zwei vor.

O **7. Teil: Grundton H**
Richten Sie Ihre Aufmerksamkeit auf den Scheitelpunkt (höchster Punkt des Körpers).

Stellen Sie sich die Farben des Regenbogens vor, wie sie z.B. in den Wassertropfen eines Wasserfalles entstehen.
Erfahrungen, die über die Alltagserlebnisse und -wahrnehmungen hinausgehen.
Summen Sie alle Vokale „AAAAAEEEIIIIIIIOOOOOOOOUUUU" und auch die Vokale dazwischen. Nehmen Sie wahr, ob durch die entstehenden Töne eine Resonanz, ein Mitschwingen/Vibrieren im Kopf und in den Nasennebenhöhlen erzeugt wird.
Stellen Sie sich die Zahl Eins vor.

Rücknahme
Wenn die Musik beendet ist, bleiben Sie noch einige Minuten in diesem entspannten Zustand. Hören und spüren Sie in sich hinein, nehmen Sie innere Bilder wahr, kommen Sie dann nach und nach wieder zurück, indem Sie langsam erst die kleinen Finger- und Zehengelenke, später andere Gelenke vorsichtig bewegen. Beginnen Sie dann sich zu dehnen, zu strecken, zu räkeln, vielleicht Gähnen zuzulassen, die Augen fest zusammenzukneifen, etwas zu blinzeln und alles zu tun, was Sie z.B. nach einem langen erholsamen Schlaf tun, um wieder ganz wach, ausgeruht und fit aufzuwachen.
Kommen Sie so aus der Übung zurück.
Übungsanleitungen für die Verbindung dieser Übung mit der Progressiven Muskelentspannung
Progressive Muskelentspannung zu *Teil 1, Grundton C*
Spannen Sie die Gesäßmuskulatur fest an, und beugen Sie gleichzeitig die Zehen in Richtung Boden, bis die Wadenmuskeln fest gespannt sind. Halten Sie die Spannung 3-5 Sekunden, und lassen Sie JETZT los.
Option: Progressive Muskelentspannung zu *Teil 2, Grundton D*
Spüren Sie Ihren gesamten Körper nochmals für einen Moment von oben bis unten durch. Welche Dehn- oder Räkelbewegungen und welche kurzen Muskelanspannungsphasen würden Ihnen jetzt guttun? Führen Sie diese Bewegungen und eventuell auch An- bzw. Entspannungen durch.
Halten Sie die maximale Spannung 3-5 Sekunden, und lassen Sie sie JETZT wieder los.
Option: Progressive Muskelentspannung zu *Teil 3, Grundton E*
Kneifen Sie die Augen fest zusammen, und ziehen Sie gleichzeitig die Augenbrauen hoch. Ziehen Sie die Nase nach oben, und drücken Sie gleichzeitig den Hinterkopf gegen die Unterlage.
Halten Sie die maximale Spannung 3-5 Sekunden, und lassen Sie sie JETZT wieder los.

Option: Progressive Muskelentspannung zu *Teil 4, Grundton F*
Ziehen Sie das Kinn zum Brustkorb heran. Drücken Sie gleichzeitig den Hinterkopf gegen die Unterlage. Verziehen Sie den Mund zu einem „Breitmaulfroschmund". Drücken Sie die Schultern gegen die Unterlage. Lassen Sie Spannung in den Hals- und Nackenmuskeln entstehen. Halten Sie die maximale Spannung 3-5 Sekunden, und lassen Sie sie JETZT wieder los.

Option: Progressive Muskelentspannung zu *Teil 5, Grundton G*
Ziehen Sie die Schultern (im Liegen) soweit wie möglich fußwärts. Winkeln Sie die Ellbogen an. Bilden Sie mit der rechten Hand (bei Linkshändern mit der linken) eine Faust. Umgreifen Sie die Faust etwa in Höhe des Magens mit der anderen Hand. Drücken Sie beide Hände gegeneinander, und lassen Sie im Bereich der Muskeln des Brustkorbes Spannung entstehen. Halten Sie die Spannung 3-5 Sekunden, und lassen Sie JETZT wieder los.

Option: Progressive Muskelentspannung zu *Teil 6, Grundton A*
Heben Sie die gestreckten Beine einige Zentimeter vom Boden ab. Ziehen Sie dabei die Füße kopfwärts, so daß Spannung in den Sehnen im Kniekehlenbereich entsteht und die Oberschenkelmuskeln angespannt werden. Nehmen Sie die Beine auch ein klein wenig auseinander (etwa eine Fußlänge). Halten Sie die Spannung 3-5 Sekunden, und lassen Sie JETZT wieder los.

Option: Progressive Muskelentspannung zu *Teil 7, Grundton H*
Spannen Sie die Unterbauchmuskulatur an, indem Sie den Unterbauch einziehen. Halten Sie die Spannung 3-5 Sekunden, und lassen Sie JETZT los.
Bitte beachten Sie das Merkblatt zum Üben zu Hause
(Anhang S. A-45).

6.2 Der Weise und die Minister, die Gelehrte waren
Rahmengeschichte I
Suchen Sie sich eine bequeme Sitz- oder Liegeposition. Räkeln, dehnen oder strecken Sie sich ein wenig durch. Lassen Sie auch Gähnen zu, wenn es von selbst kommt. Kneifen Sie die Augen fest zusammen, ziehen Sie Grimassen, blinzeln Sie mit den Augenlidern, und lassen Sie dann die Augenlider zufallen. Verändern Sie Ihre Körperposition so, wie es für Sie am angenehmsten ist.
Stellen Sie sich vor, Sie sitzen gerade auf einer Wiese in einem lieblichen Tal, an einem kleinen Bach, der leise vor sich hinplätschert. Sie genießen den Blick auf die bunten Blumenwiesen und den Wald, der am Rande des

Tales beginnt, hören dem lustigen Vogelgezwitscher und dem Plätschern des Baches zu und ruhen sich gemütlich aus.
Wenn Sie möchten, strecken und räkeln Sie sich ein wenig und lassen dann Ihr Körpergewicht auf die Unterlage heruntersinken und sich von ihr tragen. Lassen Sie den Atem beim Ausatmen ganz aus sich herausfließen.
Wenn Sie möchten, können Sie jetzt für eine längere Zeit einfach so vor sich hindösen, das innere Bild dieser Naturszene und das damit verbundene angenehme Gefühl oder auch den Klang der Naturgeräusche, die Sie sich vorstellen, genießen.
Sie können, wenn Sie wollen, einer kleinen Phantasiereise folgen, die ich gleich einleiten werde. Immer wenn Sie möchten, können Sie von meiner kleinen Geschichte mit Ihren Gedanken abschweifen und vielleicht später wieder zurückkommen, wenn das für Sie angenehm ist. Sorgen Sie dafür, daß Sie sich wohlfühlen und sich mehr und mehr entspannen.
Wenn Sie meiner kleinen Geschichte folgen, stellen Sie sich vor, daß Sie von weitem aus dem Wald auf einem Waldweg einen älteren Herrn kommen sehen, der einen Filzhut trägt und einen grünen Rucksack auf den Schultern hat. Er besitzt einen kleinen gekräuselten Bart und lustige freundliche Augen. Schon aus der Ferne grüßt er freundlich winkend. Er fragt, ob er sich ein wenig niederlassen und ausruhen darf und ob es Ihnen recht ist, wenn er eine nette kleine Geschichte erzählt. Er stellt sich als der Förster des Ortes vor, der auf seinem Rundgang einmal eine kleine Pause einlegen möchte. Er liebt es, amüsante und meistens auch lehrreiche kleine Geschichten, die er gesammelt hat, zu erzählen.
Als er sich niedergelassen und seinen Rucksack abgelegt hat, öffnet er diesen, holt eine Frühstücksdose heraus, die er ebenfalls öffnet. Verschiedene Früchte sind darin. Es gibt Kirschen, Beeren, Trauben und andere Früchte. Er bietet Ihnen die Früchte an. Vielleicht nehmen Sie ein paar Kirschen oder etwas anderes, wenn Sie möchten. Anschließend nimmt er selbst ein paar Kirschen und erfreut sich an der herrlichen Landschaft. Er genießt die warmen Sonnenstrahlen, das Blau des Himmels, das frische Gras auf den Wiesen, das Plätschern des Baches und das Vogelgezwitscher. Als er sich gemütlich hingesetzt hat, beginnt er mit seiner kleinen Geschichte.

Rahmengeschichte II
Meine Geschichte spielt vor etwa 200 Jahren oder noch ein wenig früher im alten Freiburg, wo an der ehrwürdigen Universität zwei Philosophen lehrten. Diese beiden trafen sich nach getaner Arbeit und machten sich auf den Weg nach draußen vor die Tore der Stadt, wo sie zunächst auf einem kleinen Fußweg durch ein Wäldchen mit schattenspendenden Bäumen und

dann durch ein Wiese mit Sträuchern, Obstbäumen und einem plätschernden Bächlein liefen. Dann gingen sie einen leichten Abhang hinauf durch einen kleinen Wald, bis sie oben auf der Anhöhe das Gehöft eines Bauern erblickten, der gerade seine Straußwirtschaft geöffnet hatte.
Das alte, gemütlich aussehende Bauernhaus stand auf einer großen Wiese. Hinter dem Haus saßen bereits an einigen Gartentischen unter Obstbäumen zwei Gruppen von Besuchern, die sich an der schönen Aussicht ins Tal hinunter erfreuten und sich gemütlich unterhielten.
Die beiden Philosophen genossen die ruhige, angenehme und beschauliche Szene und suchten sich dann einen Tisch unter einem Apfelbaum aus, der auf dem unebenen Boden etwas schief stand. Die beiden Gartenstühle, auf denen sie sich niederließen, wackelten ein wenig auf dem unebenen Boden. Der jüngere von beiden zog die Schuhe aus und streckte seine Füße ins kühlende Gras. Beide machten es sich bequem und genossen noch einmal bewußt die klare, kühle Sommerluft, den leisen kühlen Windhauch auf der Haut, das leichte Blätterrascheln, das lustige Vogelgezwitscher in den Baumwipfeln und die wunderschöne Aussicht auf das sommerliche Tal.
Als der Wirt kam, bestellten sie vom selbstgemachten Wein, etwas Wasser und zwei Becher. Der Wirt brachte alles auf einem Tablett, das er kurz auf dem Tisch abstellte. Da der Weinkrug gut gefüllt war, schwappte ein klein wenig heraus und lief langsam an der etwas schräg stehenden Tischplatte herunter und tropfte schließlich auf den Boden. Die beiden Philosophen bedankten sich, gossen sich vom Wein und Wasser ein und stillten mit einigen Schlucken den ersten Durst. Nachdem sie sich über dies und das unterhalten hatten, begann der ältere von beiden – sie unterhielten sich gerade über die Themen Weisheit, innere Ruhe und die kreativen Kräfte des Geistes – eine Geschichte zu erzählen.

Geschichte vom Weisen und den Ministern, die Gelehrte waren
Vor langer, langer Zeit lebte in einem Land, das am Meer lag, ein weiser Alter namens Josua. Dieser war bekannt dafür, daß er den Armen und Schwachen, eben den kleinen Leuten, immer dann half, wenn sie von den Reichen und Mächtigen übervorteilt werden sollten und Schutz brauchten. Josua wußte dann immer einen guten Rat. Oftmals nahm er die Sache selbst in die Hand und sorgte dann dafür, daß einer der Reichen, Mächtigen und im politischen Leben Bedeutsamen für seine böse Absicht bloßgestellt und der Lächerlichkeit preisgegeben wurde, so daß er davon abließ. Viele der Träger von Macht, Würde und Reichtum waren sehr böse auf Josua, und gerne hätten sie ihm auch einmal eins ausgewischt.

Eines Tages geschah es, daß die Minister des Königs, die alle Wissenschaftsgelehrte waren, zu einer öffentlichen Beratung zusammensaßen und auch Josua unter den Zuschauern weilte. Die Minister rieten dem König, die Steuern zu erhöhen, da sie selbst zu wenig verdienten und lieber mehr verdienen würden, damit sie den König noch besser beraten könnten.
Als nächstes rieten sie dem König, dafür zu sorgen, daß viele Bilder vom König zusammen mit seinen Ministern gemalt würden, um diese dann in jedem Haus aufzuhängen, denn die Menschen wären glücklicher, wenn sie den König und die Minister immer um sich hätten.
Als nächstes schlugen die Minister vor, alle Bürger des Landes durchzunumerieren, jedem eine Nummer zu geben, damit sie alle sicher und gut aufgehoben wären und keiner Gefahr laufen würde, irgendwo einmal verlorenzugehen oder sich verloren zu fühlen. Nachdem die Minister noch ein paar weitere ähnliche Vorschläge gemacht hatten, stand Josua auf und rief: „Die Minister sind zwar angeblich gelehrte Männer, aber in Wahrheit sind sie doch allesamt Tölpel und Dummschwätzer und haben vom wirklichen Leben keine Ahnung."
Da erhob sich unter den Ministern großes Geschrei. Sie fühlten sich beleidigt und verlangten vom König, daß er Josua bestrafe. Der König selber mochte Josua, seine Ansichten, seine lustigen spontanen und rebellischen Reden und Taten, mit denen er viele Dinge wieder ins Lot brachte, aber war er jetzt nicht ein wenig zu weit gegangen?
Josua trat vor und sagte: „Selbstverständlich habe ich niemanden beleidigt, denn es ist alles so, wie ich sage. Die Minister sind wirklich allesamt Tölpel und Dummschwätzer, und ich will es allen hier beweisen und sichtbar machen, und vielleicht werden dabei unsere angeblich gelehrten Minister ein wenig Respekt und Achtsamkeit vor den einfachen Leuten lernen. Der König war einverstanden, denn er freute sich und war gespannt auf eine neue und amüsante Geschichte mit dem alten Josua. Dieser ging zum König und flüsterte ihm etwas ins Ohr. Man sah den König schmunzeln und vergnügt dreinblicken. Er rief zwei Diener zu sich, denen er ebenfalls etwas zuflüsterte.
Die Gelehrten wurden nun jeder für sich in einen Raum gebeten, wo sie einen Schreibtisch vorfanden, auf dem ein Zettel lag mit einer Frage und ein leeres Blatt, ein Federkiel und etwas Tinte. Die Frage lautete: „Was ist Brot?"
Der Finanzminister, ein Mathematiker, war als erster mit seiner Antwort fertig. Er hatte geschrieben: „Brot ist Wasser, Mehl und Salz."

Als nächster kam der Pädagoge, der Bildungsminister war, aus seinem Zimmer, gab einem der Diener das Blatt, von dem dieser die Antwort laut vorlas: „Brot ist ein gebackener Mehlkloß."
Als nächster kam der Minister für besondere Angelegenheiten, der Theologe. Er hatte geschrieben: „Brot ist eine Gabe Gottes."
Der Astronom, der Forschungsminister des Landes, schrieb: „Brot ist ein Nahrungsmittel."
Der Agronom, der Landwirtschaftsminister: „Brot ist neben Wasser das für den Menschen wichtigste Nahrungsmittel."
Danach dauerte es eine Weile, denn die beiden letzten Minister mußten anscheinend lange nachdenken.
Schließlich kam der Wissenschaftsminister, ein Physiker, aus seinem Arbeitsraum wieder zurück, kratzte sich am Kopf und wirkte so, als ob er mit seiner Antwort nicht recht zufrieden sei. Er hatte geschrieben: „Brot ist bald dies und bald das, es kommt immer auf die Umfeldbedingungen und Meßpunkte an."
Nachdem der König, Josua und die Zuschauer lange, lange gewartet hatten, kam endlich der Außenminister, ein Philosoph, der als Antwort auf die Frage: „Was ist Brot?" geschrieben hatte: „Das ist ein philosophisches Problem, niemand weiß es wirklich letztlich ganz genau, es kommt immer darauf an, von welchem Standpunkt man die Sache betrachtet."
Nachdem diese Antwort verlesen war, erhob sich schallendes Gelächter. Josua aber sagte: „Jedes Kind kennt Brot und weiß genau, was es ist. Wenn sich diese gelehrten Männer noch nicht einmal in einer so einfachen Frage einig sind, wie soll es dann gehen, wenn sie eine wirklich wichtige und schwierige Frage entscheiden sollen."
Die Minister wollten, wie es Politiker gern tun, die Sache am liebsten vertagen oder erst einmal die Geschäftsordnung der laufenden Sitzung diskutieren.
Der König jedoch sagte: „Auf, auf, jetzt kommt die zweite Aufgabe, die Josua euch gestellt hat." Und alle wurden nacheinander in einen großen abgedunkelten Raum geschickt, wo Sie herausfinden sollten, was sich darin befand.
Der Agronom, der als erster hineingegangen war, sagte: „Da drinnen ist ein dicker Schlauch, der von der Decke hängt und mit Leder überzogen ist. Immer wieder hat er versucht mich am Ohr oder an der Nase zu kitzeln."
Der Mathematiker, der sich mit der linken Hand an der Wand entlang tastete und die rechte Hand nach innen in den Raum ausgestreckt hatte, kam schließlich heraus und meinte: „Da drin in dem Raum ist nichts, gar nichts."

Der Theologe war von einem Geräusch erschreckt worden und hatte den Raum gleich wieder verlassen. Nachdem er sich am Kopf gekratzt und ein wenig nachgedacht hatte, meinte er: „Es ist eine laute Trompete, vielleicht die von Jericho."
Der Physiker, der die Sache genau untersuchen wollte, kroch auf allen Vieren durch den Raum und suchte Quadratzentimeter für Quadratzentimeter ab. Nachdem er endlich nach langer Zeit aus dem Raum kam, meinte er: „Da drinnen im Raum befinden sich vier Säulen von etwas merkwürdiger Form. Teilweise sind sie fest und an manchen Stellen elastisch, jedoch scheint alles von Leder umkleidet zu sein."
Der Astronom meinte, als er herauskam: „Es handelt sich um einen Staubwedel oder so etwas ähnliches, der an einer biegbaren elastischen Stange hängt und einem immerzu an der Nase kitzeln möchte."
Der Pädagoge war hineingelaufen und dann sanft gegen etwas gestoßen, daß er mit seinen Armen nicht umfassen konnte. Er kam wieder heraus und meinte: „Es ist eine große Schale die von der Decke hängt. Sie scheint elastisch und mit Leder bedeckt zu sein. Sie ist so hoch aufgehängt, daß ein erwachsener Mann den Rand nicht erreichen kann. Natürlich könnte es sich auch um eine Kugel handeln. Ebenso wurde mir mit zwei riesigen Fächern Luft zugefächelt. Da diese Fächer - vielleicht war es ja auch nur einer - meinen Kopf berührten und meine Frisur durcheinanderbrachten, weiß ich, daß sie ganz dünn sind und aus Leder zu bestehen scheinen."
Der Philosoph, der sich im Dunkeln nur einige Schritte zu gehen traute und dann gleich wieder herauskam, sagte: „Da drin ist nur der Atem des ewigen Geistes."
Erneut lachten die Zuschauer. Dann ließ der König die zweiflüglige hohe Türe öffnen und das Rätsel auflösen. Alle Zuschauer waren gespannt, und schließlich brach ein schallendes Gelächter los, denn aus dem abgedunkelten Raum trat ein großer Elefant in den Ratssaal.
Der König war dem alten Josua dankbar, daß er seinen Ministern wieder einmal den Weg gewiesen hatte. Denn auch er meinte, daß sich Politiker immer mal wieder auch mit dem normalen Leben beschäftigen sollten und ein wenig Demut, Achtsamkeit und Respekt vor den einfachen Leuten und vor den einfachen Dingen haben sollten. Alle waren jetzt zufrieden und auch die Minister gaben zu, daß sie heute wieder einmal sehr viel für sich selbst gelernt hatten.

Rahmengeschichte II
Nachdem die beiden Philosophen noch ein wenig die lustige und gleichzeitig beschauliche Szene innerlich auf sich wirken gelassen hatten, meinte der

jüngere zum älteren: „Auch in unserer Zeit wäre es manchmal gar nicht so schlecht, einen Politiker durch die Kraft der eigenen Phantasie ein wenig aufzurütteln, damit er sich wieder mehr der Menschen annimmt, für die er arbeitet, und versucht sie zu verstehen, anzunehmen und zu unterstützen. Vom Menschen her sollten sie es angehen, dann werden sie allen, auch sich selbst, etwas Gutes tun."
Sie genossen noch ein wenig das schöne Panorama der sommerlichen Wiesen, während sie an dem kleinem Tisch unter einem Obstbaum saßen. Jeder trank noch etwas Wein und Wasser, und sie hörten dem leisen Blätterrauschen und den Stimmen der etwas weiter weg sitzenden anderen Gäste, die gelegentlich zu vernehmen waren, zu, fühlten sich ausgeruht und wohlig entspannt.
Dann machten sie sich, nachdem sie die beschauliche Szene noch eine lange Zeit genossen hatten, schließlich wieder auf den Heimweg durch die Wiesen und Wälder zurück in die Stadt.

Rahmengeschichte I
Als der Förster diese Geschichte zu Ende erzählt hat, fühlt er sich genug ausgeruht. Er packt seinen Rucksack wieder zusammen, verabschiedet sich freundlich, steht auf und nimmt den Rucksack auf den Rücken. Dann stapft er frisch und frohgemut lächelnd wieder seines Weges weiter in den Wald hinein.
Wenn Sie möchten, bleiben Sie noch ein wenig liegen und ruhen sich aus. Wenn Sie wieder zurückkommen möchten, tun Sie dies ganz behutsam und vorsichtig, Schritt für Schritt, indem Sie vielleicht die kleinen Finger- und Zehengelenke ein wenig bewegen. Beginnen Sie anschließend die größeren Gelenke, und zwar zunächst Hand- und Fußgelenke, später Ellbogen- und Kniegelenke zu bewegen. Nehmen Sie dann ein wenig Muskelspannung auf, und versuchen Sie, tiefer einzuatmen. Räkeln, strecken, dehnen Sie sich, und lassen Sie, wenn es spontan kommt, auch Gähnen zu.
Kneifen Sie nun die Augen fest zusammen, und ziehen Sie die Schultern hoch und die Arme ganz fest an den Körper heran, spannen Sie sich dabei so fest an, wie Sie möchten und wie Sie es nach einem langen erholsamen Schlaf beim Aufwachen tun. Strecken Sie sich dann wieder maximal, während Sie die Augen öffnen. Blinzeln Sie vielleicht noch ein bißchen. Kommen Sie so frisch und so wach und gleichzeitig entspannt wie möglich wieder aus dieser Übung zurück.

Streß 10

1. Aktivierungs-/Vitalisierungsübungen
1.1 Fetzige Scheibe
1.2 Dehnen, Strecken, Räkeln
1.3 Schlamm, Kletten und Hund abschütteln
1.4 Tapferes Schneiderlein
1.5 Progressive Muskelentspannung bei Streß am Schreibtisch

2. Kognitiver Teil
2.1 Feedback / Rückblick / Ausblick
   Option: Partnerinterview mit anschließendem Bericht in der Gruppe
2.2 Bilanz

3. Aktivierungs-/Vitalisierungsübung
3.1 Dschungelpfad trampeln

4. Kognitiver Teil
4.1 Arbeitsblatt: Ausblick
4.2 Fragebogen: Feedback
   Option: Feedbackrunde in der Gruppe
   Option: wissenschaftlicher Fragebogen

5. Aktivierungs-/Vitalisierungsübungen
5.1 Last abwerfen
5.2 Schlagzeug
5.3 Straßenbauarbeiter
5.4 Kraftgang

6. Entspannungsübung / Phantasiereise
6.1 Progressive Muskelentspannung: Körperreise zu einem „Ort der Entspannung und der Kraft"

SITZUNG 10

1. Aktivierungs-/Vitalisierungsübungen

1.1 Fetzige Scheibe
(Musik: Paula Abdul, „Forever your girl")
Schütteln Sie den ganzen Körper im Rhythmus der Musik nach allen Richtungen durch:
Arme über dem Kopf in verschiedene Richtungen strecken und schütteln, Hände intensiv ausschütteln, als würde man Wasser nach dem Händewaschen abschütteln. Verspritzen Sie das Wasser in alle Richtungen. Bewegen Sie dann den Kopf nach links, rechts, oben und unten und schütteln Sie das Gesicht aus. Den Mund dabei ganz lockerlassen. Bewegen Sie nun die Schultern in schneller Folge kräftig nach vorne und hinten, nach oben und unten.
Boxen Sie anschließend im Takt der Musik auf einen Sandsack, der in Ihrer Vorstellung etwa einen Meter von Ihnen entfernt aufgehängt ist. Stoßen Sie dann zusätzlich bei der Rückwärtsbewegung der Arme mit den Ellbogen nach hinten.
Stampfen Sie abwechselnd mit dem rechten und dem linken Fuß auf, bilden Sie dabei Fäuste. Ziehen Sie die Knie bei der Aufwärtsbewegung der Beine ganz weit nach oben, damit Sie so noch besser ausholen und noch mehr Kraft für das Aufstampfen ansammeln können. Atmen Sie während der Aufstampfbewegung aus.
Stellen Sie sich vor, Sie haben um sich herum eine Menge Styroporkugeln, Tennisbälle oder Schneeflocken. Schieben Sie diese mit der flachen Hand und mit gespreizten Fingern im Takt der Musik weg. Atmen Sie gleichzeitig mit der Stoßbewegung aus. Wenn Sie möchten, können Sie beim Ausatmen einen Ton bzw. Laut von sich geben.
Nach dem Händewaschen finden Sie kein Handtuch vor. Schütteln Sie das Wasser an Ihren Händen nach außen in alle Richtungen von sich weg (im Takt der Musik). Atmen Sie zugleich mit dieser Abschüttelbewegung aus.
Stellen Sie sich vor, daß an Ihren Händen Honig klebt und Sie ihn nach allen Seiten mit viel Kraft von sich wegschleudern.

Laufen Sie im schnellen Joggingschritt auf der Stelle, und bewegen Sie sich hierbei im Takt der Musik.
Schütteln Sie den Körper erneut im Takt der Musik intensiv aus.
Finden Sie jetzt weitere ausgelassene Bewegungen des Austobens, und führen Sie sie im Takt der Musik durch.

1.2 Dehnen, Strecken, Räkeln
(Musik: Bobby McFerrin, „Don't worry be happy")
(siehe Sitzung 1)

1.3 Schlamm, Kletten und Hund abschütteln
(Musik: Tina Turner, „What you get is what you see")
Stellen Sie sich vor, Sie sind gerade durch eine Schlammpfütze gelaufen und schütteln jetzt den Schlamm (im Takt der Musik) von Ihren Schuhen ab. Schleudern Sie den Schlamm weit von sich weg, und drücken Sie in dieser Bewegung auch Ihren Unwillen über den Schmutz aus. Stellen Sie sich nun vor, Sie haben extra um ein auf dem Gehweg geparktes Auto herumlaufen müssen und sind nur deswegen in die Schlammpfütze getreten. Schleudern Sie den Schlamm gegen das Auto. Atmen Sie bei dieser Bewegung aus, und geben Sie dabei auch einen Ton oder Laut von sich, wenn Sie möchten.
Option: Treten Sie mit der Fußsohle gegen den Kotflügel des Autos.
Stellen Sie sich vor, Sie haben beim Waldspaziergang einige Kletten abbekommen, die an Ihrer Hose haftengeblieben sind. Versuchen Sie die Kletten abzuschütteln.
Stellen Sie sich vor, beim Hundezüchter sind einige kleine Hunde auf Sie zugelaufen und spielen nun zärtlich mit Ihrem Hosenbein. Schütteln Sie die Hunde vorsichtig ab.
Stellen Sie sich nun vor, ein größerer Hund hält Sie am Hosenbein fest. Schütteln Sie ihn mit kräftigen Rüttelbewegungen ab.

1.4 Tapferes Schneiderlein
(Musik: Alex Bugnon, „Love season")
Stehen Sie etwas breitbeinig, gerade aufgerichtet und locker, und stellen Sie sich vor, daß Sie in der rechten Hand einen Handkäse oder Quark halten. So wie das tapfere Schneiderlein, das dem Riesen seine Kraft demonstrieren wollte, indem es vorgab, aus dem Stein Wasser herauszupressen.

Achten Sie darauf, daß der Oberkörper gerade und das Brustbein gestreckt gehalten wird. Ziehen Sie den Kopf etwas nach hinten oben, so daß der Nacken gestreckt wird und das Kinn sich dem Brustbein nähert.
Pressen Sie nun den Handkäse oder Quark, den Sie sich in Ihrer Hand vorstellen, so fest zusammen, daß der Saft herausgepreßt wird und zu Boden tropft. Verziehen Sie, wenn Sie möchten, dabei auch ein wenig das Gesicht, so wie jemand, der so viel Kraft aufwendet, daß er Saft aus einem Stein herauspressen kann. Spannen Sie beim Zusammenpressen den ganzen Körper zusätzlich gleichzeitig mit an.
Halten Sie den Handkäse oder Quark etwa in Nabelhöhe seitlich oder vor dem Bauch.
Wenn Sie den Käse in der rechten Hand halten, schließen Sie auch die linke Hand zu einer Faust (der Daumen wird nicht von den Fingern umschlossen, sondern bleibt außen vor den geschlossenen anderen Fingern gebeugt).
Führen Sie die Übung anschließend auch mit der linken Hand durch.

1.5 Progressive Muskelentspannung bei Streß am Schreibtisch
(Musik: Tina Turner, „Typical male")
In der westlichen Industriewelt stehen viele Menschen bei ihrer Arbeit unter ständigem Zeitdruck. Auf eine Vielzahl von Informationen und Signalen muß schnell und optimal reagiert werden. Deshalb ist es notwendig, ein Höchstmaß an Konzentration über lange Zeit aufrechtzuerhalten. Viele Menschen sind in dieser Situation nach einer gewissen Zeit innerlich angespannt. Die innere Daueranspannung kann oft schon nach kurzer Zeit zu körperlichen Verspannungen und auch zu ungünstigen psychischen Auswirkungen bis hin zum sogenannten Burn-out-Syndrom führen. Dennoch sind innerhalb der Arbeitsabläufe selbst keine Möglichkeiten vorgesehen, wie man die Anspannung wieder loswerden kann. Die folgende Übung soll ein Beispiel für einen Übungsablauf bei einer sitzenden Tätigkeit geben. Diese Übung dauert nur 3-5 Minuten. Man kann, wenn man diese Zeit nicht hat, auch eine der Anspannungsphasen herausgreifen und zwischendurch üben (3-5 Sekunden anspannen, anschließend etwas nachspüren). Probieren Sie die nachfolgende Übung nun einmal aus.
Setzen Sie sich dafür auf einen Stuhl.
Ziehen Sie im Sitzen die Zehen kopfwärts, und drücken Sie gleichzeitig die Fersen kräftig zu Boden. Steigern Sie die Spannung in den Waden und in den Oberschenkeln noch weiter. Halten Sie die Spannung (3-5 Sekunden). Lassen Sie anschließend die aufgebaute Spannung fallen, strecken und räkeln Sie sich danach im Sitzen.

Spannen Sie als nächstes die Gesäßmuskulatur stark an. Steigern Sie die Spannung bis zur maximal möglichen Anspannung dieser Muskeln, und halten Sie die Spannung noch etwas (3-5 Sekunden). Lassen Sie die Spannung anschließend bewußt fallen.

Bilden Sie mit beiden Händen Fäuste (achten Sie darauf, daß die Daumen nicht von den Fingern umschlossen werden), und strecken Sie die Fäuste seitlich neben der Sitzfläche nach unten. Drehen Sie die nach unten gestreckten Arme einwärts, bis die Handrücken ganz nach innen zum Körper gedreht sind. Steigern Sie die Spannung in den Schultern und in der Armmuskulatur sowie in der Muskulatur der Hände. Halten Sie die Spannung noch etwas (3-5 Sekunden), und lassen Sie dann wieder los.

Lassen Sie die Arme jetzt für einige Sekunden locker nach unten hängen. Spreizen Sie die Finger maximal, und drehen Sie die Handflächen nach außen parallel zum Körper (die Daumen zeigen nach hinten). Ziehen Sie jetzt die Schultern nach hinten, so daß sich die Schulterblätter einander nähern. Strecken Sie die Arme noch weiter nach unten, und steigern Sie die Spannung in den Fingern, Armen und Schultern. Halten Sie die Spannung noch ein wenig, und lassen Sie sie dann fallen.

Bewegen Sie den Hinterkopf nach hinten oben, und drücken Sie das Kinn zum Brustbein herunter. Lassen Sie den Nacken durch diese Bewegung länger werden, und dehnen Sie ihn etwas nach hinten. Lassen Sie anschließend die aufgebaute Spannung wieder fallen.

Machen Sie nun einige Grimassen, während Sie gleichzeitig die Arme mit gespreizten Fingern seitwärts strecken. Drehen Sie die Handflächen nach oben (die Daumen zeigen nach hinten), und ziehen Sie die Schultern, soweit es geht, von der Wirbelsäule weg nach außen. Lassen Sie in den Finger-, Arm- und Schultermuskeln die Spannung maximal werden, halten Sie diese Spannung ein wenig. Wenn Sie möchten, schneiden Sie eine andere Grimasse und kneifen gleichzeitig die Augen kräftig zusammen. Halten Sie die Spannung für kurze Zeit (3-5 Sekunden). Lassen Sie jetzt wieder locker. Die Arme sinken nun nach unten.

Führen Sie dann den linken Arm hinter dem Kopf zur rechten Schulter (die Finger der linken Hand berühren die rechte Schulter). Wenden Sie Ihren Kopf etwas nach rechts, und drücken Sie mit dem Kopf (meist liegt die Außenseite des Hinterkopfes an der Innenseite des linken Unterarmes an) den Arm nach hinten und etwas nach außen, während Sie mit dem Arm leicht dagegenhalten. Steigern Sie die Spannung, und halten Sie sie anschließend für einige Augenblicke. Lassen Sie nun den linken Arm wieder seitlich neben sich in Richtung Boden hängen.

Führen Sie die Übung in gleicher Weise mit dem rechten Arm durch. Halten Sie für einige Augenblicke die Augen geschlossen, und spüren Sie nach, ob es in Ihrem Körper noch Bereiche (Muskelgruppen) gibt, die verspannt sind und die Sie dehnen möchten. Möglicherweise tut es Ihnen gut, nochmals gezielt einzelne Muskelgruppen anzuspannen, um eine Lockerung zu erzielen.

Vielleicht möchten Sie sich jetzt auch noch strecken und im Stehen dehnen und räkeln. Wenn dies gut möglich ist, beginnen Sie sofort damit, und achten Sie darauf, beim Strecken die Finger abwechselnd zu spreizen und wieder zu Fäusten zu ballen und sich ähnlich wie beim morgendlichen Aufstehen zu räkeln und zu dehnen.

2. Kognitiver Teil

2.1 Feedback / Rückblick / Ausblick

Nehmen Sie sich etwas Zeit, die letzten zehn Sitzungen in dieser Gruppe und die Situationen, die Sie sonst in dieser Zeit erlebt haben, vor Ihrem inneren Auge noch einmal Revue passieren zu lassen. Spüren Sie nach, und hören Sie ein wenig in sich hinein. Lassen Sie einzelne innere Bilder auftauchen.

Option
Partnerinterview mit anschließendem Bericht in der Gruppe
(s. Sitzung 1, A 2, Seite 43 bzw. im Anhang S. A-2)

2.2 Bilanz

Gruppengespräch: Man kann den nachfolgend abgedruckten Fragebogen an die Gruppe verteilen, die Fragen als Poster (vgl. S. 262) an die Wand hängen, der Gruppenleiter kann die Fragen aber auch vorlesen oder sie im Verlauf des Gruppengesprächs einbringen.

3. Aktivierungs-/Vitalisierungsübung

3.1 Dschungelpfad trampeln

(Musik: Clarke/Duke Project, „Louie, Louie")
Stellen Sie sich vor, Sie befinden sich im Urwald, sind Mitglied eines Eingeborenenstammes und möchten zusammen mit Ihren Stammesgenossen

Poster / Fragebogen

Bilanz

Was fällt mir mit Blick auf die letzten zehn Sitzungen jetzt als erstes ein?

Was ist in den letzten zehn Wochen mit mir passiert?

Was war für mich hilfreich, was nehme ich aus dem Kurs mit?

Was hat sich für mich geändert?

Wie sieht mich mein persönliches Umfeld (Partner, Kinder usw.)?

Wie geht es mir jetzt?

und -genossinnen einen Pfad durch den Urwald anlegen, damit Sie das nächste Kino, Café, Fußballstadion (Milchladen, Bananenplantage usw.) schneller erreichen können.

Stehen Sie breitbeinig und in den Knien gebeugt mit gerade aufgerichtetem Rücken. Balancieren Sie den Kopf auf der Wirbelsäule wie einen Ball auf einer Stange.

Stampfen Sie mit der ganzen Fußsohle abwechselnd mit dem rechten und linken Fuß auf den Boden im Takt der Musik auf. Bilden Sie Fäuste, und spannen Sie die Fäuste beim Aufstampfen fest an (den Daumen nicht mit den Fingern umschließen). Geben Sie beim Aufstampfen einen „Hu"-Laut von sich. Achten Sie darauf, den ganzen Körper jedesmal beim Aufstampfen maximal anzuspannen. Lassen Sie den Oberkörper gerade aufgerichtet, neigen Sie ihn eher noch etwas nach hinten. Variieren Sie die Intensität der Bewegung. Stampfen Sie zunächst ganz fest auf, so daß der Boden erzittert, und versuchen Sie es anschließend sehr behutsam.

Genießen Sie Ihre eigene Kraft und Vitalität.

Stellen Sie sich nun vor, daß Sie im Takt der Musik während des Aufstampfens mit beiden Händen Gebüsch, das Ihnen den Weg versperrt, zur Seite schieben. Schieben Sie das Gebüsch für einige Takte der Musik nach vorne von sich weg. Drücken Sie es jetzt mit beiden Händen auseinander zur Seite und dann jeweils mit beiden Händen nach rechts und anschließend nach links.

Schieben Sie schließlich das Laub mit beiden Händen (mit der rechten Hand nach rechts und mit der linken Hand nach links) mit aller Kraft nach seitlich außen.

Pressen Sie es nun mit beiden Händen gleichzeitig nach unten. Stampfen Sie breitbeinig auf, um es festzustampfen, und machen Sie dabei Fäuste, um den Druck nach unten auf den Boden noch zu erhöhen.

Versuchen Sie es anschließend bei einer leisen Musikstelle mit einem ganz behutsamen Auftreten (das Baby ist eingeschlafen). Treten Sie etwas vorsichtiger auf, zuerst mit den Zehen, um den Unterschied zu spüren, und dann mit den Fersen. Rollen Sie dabei jeweils auf dem ganzen Fuß ab. Bleiben Sie gerade aufgerichtet, und versuchen Sie ganz leise zu sein (sonst wacht das kleine Baby auf, das gerade schläft).

Wenn die Musik wieder lauter und rhythmischer wird, stampfen Sie erneut fest auf.

Bleiben Sie während der Bewegung leicht in den Knien gebeugt (variieren Sie von leichter Hockstellung bis zum Tief-in-die-Knie-gehen).

Stellen Sie sich vor, daß Sie mit beiden Händen einen dicken schweren Baumstamm oder einen dicken Stock halten, mit dem Sie den Boden noch zusätzlich feststampfen. Sie sind körperlich sehr stark, und es fällt Ihnen sehr leicht, den Stamm hochzuheben und ihn dann mit voller Kraft auf den Boden zu stoßen.
Probieren Sie zugleich mit dem Aufstampfen der Füße das Feststampfen des Bodens seitlich neben Ihnen mit zwei dicken Stöcken, die Sie (in Ihrer Vorstellung) in der rechten und in der linken Hand halten. Lassen Sie dabei den Oberkörper gerade aufgerichtet.
Stehen Sie jetzt aufrecht mit andeutungsweise gebeugten Knien. Schließen Sie die Augen, und spüren Sie noch ein wenig nach. Wie fühlt sich dieses „starke Auftreten" an? Werden Sie an eine eigene Erfahrung oder an andere Situationen erinnert, in denen es Ihnen gut gelungen ist, selbst stark aufzutreten oder in denen es gut gewesen wäre, einmal richtig stark aufzutreten? Was fällt Ihnen noch ein, was spüren Sie, was sehen Sie vor dem inneren Auge usw.?
Versuchen Sie anschließend noch einmal, die Bewegung ganz behutsam und vorsichtig auszuführen und zum Schluß die Intensität des Aufstampfens sowie die Anspannung dabei nochmals maximal zu steigern.
Stehen Sie abschließend eine kurze Zeit ruhig und vielleicht mit geschlossenen Augen da, und spüren Sie nach, wie sich diese Übung für Sie ausgewirkt hat.

4. Kognitiver Teil

4.1 Arbeitsblatt
Beantworten Sie aus jetziger Sicht die Fragen des Arbeitsblattes Nr. 22 (Anhang S. A-46).

Der Übungsleiter teilt den folgenden Fragebogen an die Teilnehmer aus, um von ihnen ein Feedback zum Übungsprogramm der zehn Sitzungen zu bekommen.

4.2 Fragebogen
Bitte Bearbeiten Sie den Fragebogen im Anhang, S. A-47.

Option: Feedbackrunde in der Gruppe
Option: wissenschaftlicher Fragebogen
Um Ihre Arbeit und auch die Qualität des Programmes zu überprüfen, kann an dieser Stelle ein wissenschaftlicher Fragebogen ausgeteilt werden. Bei Bedarf wenden Sie sich bitte an den Autor.

5. Aktivierungs-/Vitalisierungsübungen

5.1 Last abwerfen

Stellen Sie sich vor, eine schwere Last liegt auf Ihren Schultern. Sie bilden mit beiden Händen Fäuste (Daumen nicht mit den Fingern umschließen). Stoßen Sie die schwere Last mit aller Kraft von Ihren Schultern nach hinten weg. Stellen Sie sich vor, wie weit die Last wegfliegt und wie es klingt, wenn sie auf den Boden fällt. Stellen Sie sich weiterhin vor, es gibt spürbare Erschütterungswellen vom Auftreffen der Last auf den Boden.

5.2 Schlagzeug

(Musik: Richard Jon Smith, „Dancing in Africa")
Stellen Sie sich vor, Sie üben gerade Schlagzeug (im Stehen). Während die Musik läuft, bewegen Sie die beiden Schlagstöcke, die Sie in den Händen halten, völlig frei, so wie es Ihnen nach dem Rhythmus der Musik zumute ist. Mit dem rechten Fuß stampfen Sie an einer bestimmten Stelle des Taktschemas kräftig und deutlich hörbar auf.
(8/4-Takt-Schema oder 4/4, jeweils alle 2 Takte.)
Genießen Sie es, einmal kräftig auf die Pauke hauen zu können. Stellen Sie sich vor, Sie würden auch auf Schlagzeugbecken schlagen, die etwa in Kopfhöhe aufgehängt sind.

5.3 Straßenbauarbeiter

Stellen Sie sich vor, Sie arbeiteten mit einem Planiergerät, das sich vom Boden abstößt, in die Luft springt und wieder mit Schwung zum Boden zurückfällt.
Sie umfassen mit beiden Händen den Stiel eines Gerätes, mit dem Sie den Boden feststampfen. Lassen Sie einmal mehr das Gerät auf den Boden fallen, und geben Sie das andere Mal mehr mit dem Oberkörper, den Armen und Schultern Schwung.

5.4 Kraftgang

Stehen Sie locker und entspannt und dabei möglichst gerade. Strecken Sie sich etwas durch, und lassen Sie dabei die Knie leicht gebeugt. Stehen Sie aufrecht, jedoch ohne starke Anspannung Ihrer Rückenstreckmuskulatur.
Gehen Sie nun etwas in die Knie, und stampfen Sie mit dem rechten Fuß fest auf, während Sie gleichzeitig die rechte Faust ballen und neben sich von etwa Brusthöhe bis Nabelhöhe nach unten schleudern und dann durch eine kräftige Anspannung der Armmuskulatur zum Halten bringen (Bewegung wie „Auf-den-Tisch-schlagen").
Drehen Sie sich nach rechts, und gehen Sie mit gerade aufgerichtetem Oberkörper in der Gruppe im Kreis (zunächst mit dem rechten Bein aufstampfen und die rechte Faust gleichzeitig nach unten schleudern, anschließend mit dem linken Fuß fest aufstampfen, während Sie die linke Faust nach unten schleudern). Stellen Sie sich dabei vor, Sie gehen auf einem Waldweg oder auf einer Wiese (weicher Untergrund).
Atmen Sie bei jedem Aufstampfen aus und jeweils zwischen den Schritten wieder ein.

6. Entspannungsübung / Phantasiereise

6.1 Progressive Muskelentspannung: Körperreise zu einem „Ort der Entspannung und der Kraft"

Nachfolgend werden wir eine neue Übung aus dem Bereich der Progressiven Muskelentspannung durchführen. Phasen von Anspannung und Bewegung einzelner Muskelgruppen und Entspannungsphasen, die mit der Wahrnehmung innerer Bilder und Räume verbunden sind, folgen wechselweise aufeinander.
Neue Erkenntnisse über Zugangswege zu Entspannungszuständen und Erkenntnisse aus der tiefenpsychologischen Forschung, insbesondere aus dem Bereich der Humanistischen Psychologie und des sogenannten Neurolinguistischen Programmierens, wurden in diese neue Übung miteinbezogen.
(Musik: Stephen Halpern, „Comfort zone" oder „Dawn")
Suchen Sie sich, auf dem Rücken liegend, eine bequeme Position. Dehnen, räkeln und strecken Sie sich nach Herzenslust, und spannen Sie den Körper für einige Momente an, etwa so wie eine Katze nach dem ersten und vor dem zweiten Mittagsschlaf.

Liegen Sie danach locker entspannt auf Ihrer Unterlage. Lassen Sie beim Ausatmen die Atemluft ganz aus sich herausfließen und sich zugleich ganz locker auf die Unterlage sinken.
Lassen Sie sich mehr und mehr von der Unterlage tragen, und geben Sie sich dabei viel Zeit für die Ausatemphase. Vielleicht wird mit zunehmender Entspannung immer noch mehr Luft ausgeatmet. Lassen Sie am Ende jeder Ausatmung eine kleine Pause entstehen. Spüren Sie sich, hören Sie in sich hinein. Vielleicht stellen Sie fest, daß der Körper ganz von selbst (ohne daß Sie Luft holen müssen) einatmet. Vielleicht kennen Sie den Satz: „Es atmet mich". Warten Sie ein wenig, bis sich allmählich spontan die Bauchatmung eingestellt hat (vielleicht ist es schon soweit).
Wie fühlt sich das an, wie erleben Sie sich? Möglicherweise beschreiben Formulierungen wie: „Die Umgebung tritt jetzt in den Hintergrund und wird immer weniger wichtig, ich bin ganz bei mir selbst, werde innerlich ruhig, fühle mich leicht und frei" den Zustand, der sich jetzt nach und nach einstellt.
Suchen Sie nun in Ihrer Phantasie einen angenehmen Erholungs- oder Urlaubsort auf. Stellen Sie sich genau vor, wie es wäre, jetzt dort zu sein. Erleben Sie es innerlich.
Was sehen Sie um sich herum? Welche Geräusche, welche angenehmen Düfte nehmen Sie wahr? Wie fühlt sich der Untergrund dort an, wie fühlen sich bestimmte Gegenstände um Sie herum an?
Welche Klänge, welche Naturgeräusche hören Sie?

Aktive Phase 1
Strecken Sie im Liegen die Arme nach seitlich außen oben über den Kopf, spreizen Sie die Finger, und üben Sie mit den Handrücken, den gestreckten Armen und den Schultern Druck auf den Boden aus.
Beugen Sie die Zehen soweit wie möglich nach unten Richtung Boden, so daß in den Fußmuskeln und in den Wadenmuskeln eine maximale Anspannung entsteht. Auch andere Körpermuskelregionen sind nun gleichzeitig angespannt. Halten Sie die maximale Spannung 3-5 Sekunden, und lassen Sie sie JETZT wieder los.
Strecken, dehnen und bewegen Sie sich anschließend ein wenig, und nehmen Sie wieder bewußt Ihren Körper wahr. Verändern Sie vielleicht Ihre Körperposition, und probieren Sie aus, ob Sie eine neue, noch angenehmere Körperlage finden können.

Ort der inneren Ruhe, bewußte Wahrnehmung
Wenden Sie sich bewußt Ihrem angenehmen inneren Ort zu.

Was sehen Sie in Ihrer wohltuenden Szene um sich herum? Wie nah oder weit weg sind die einzelnen Gegenstände (und, wenn vorhanden, die Personen)? Wie stehen Sie im Raum zueinander? Wie sind die Farben in Ihrer inneren Landschaft? Wie ist das Licht?

Was hören Sie um sich herum? Welche Naturgeräusche, welche Musik? Hören Sie Vogelgezwitscher, menschliche Stimmen? Wie ist die Lautstärke, die Gewichtung der einzelnen Klangeindrücke zueinander? Was ist im Vordergrund, was ist lauter, was ist leiser? Klingt es eher hell und klar oder eher gedämpft?

Was fühlen Sie um sich herum? Wie ist der Untergrund, wie fühlt sich die Luft an? Stellen Sie sich vor, wie sich einige der Gegenstände und der Oberflächen anfühlen, die Sie um sich herum vorfinden. Wie fühlen Sie sich?

Welche wohltuenden Gerüche riechen Sie in Ihrer angenehmen Szene? Ist der Geruch nur da, wenn Sie einatmen oder auch noch beim Ausatmen? Ist es ein betörender intensiver Duft oder ist er ganz dezent und schmeichelnd. Nehmen Sie gerade einen angenehmen Geschmack wahr, z.B. ein Getränk oder eine Speise?

Aktive Phase 2
Ziehen Sie Schultern und Arme fußwärts, bis im Schultergürtel eine leichte Spannung entsteht. Bilden Sie mit den Händen Fäuste. Beugen Sie die Arme, und führen Sie die Fäuste an die Schultern heran. Üben Sie mit den Rückseiten der Oberarme (mit dem Trizepsmuskel) und dem gesamten Schultergürtel Druck nach unten gegen den Boden aus. Ziehen Sie gleichzeitig die Zehen kopfwärts, und tun Sie so, als könnten Sie die Beine im Kniegelenk noch mehr strecken, und lassen Sie durch diesen Vorgang die Oberschenkelmuskulatur eine zunehmende Spannung entwickeln. Spannen Sie die genannten und auch noch weitere Muskeln im Körper maximal an, halten Sie die Spannung für 3-5 Sekunden, und lassen Sie JETZT wieder los.

Führen Sie vielleicht kleine Dehn- und Streckbewegungen aus, bis Sie wieder eine angenehme Liegeposition gefunden haben.

Ort der inneren Ruhe, Intensivierung der Wahrnehmung
Verstärken Sie die angenehmen Wahrnehmungen, die Sie an Ihrem Ort der Ruhe und Entspannung haben.

Lassen Sie die Farben intensiver werden, oder verändern Sie sie ein wenig. Lassen Sie das Licht und die Farben noch deutlicher hervortreten, und nehmen Sie das, was Sie sehen, noch intensiver wahr.

Lassen Sie sich von Ihren angenehmen Ort wohlig umgeben. Seien Sie ganz dort, fühlen Sie ganz intensiv.
Hören Sie den Klängen und Geräuschen eingehend zu, nehmen Sie sie deutlich wahr.
Vergegenwärtigen Sie sich einen angenehmen Geruch oder Geschmack, der in dieser Situation vorhanden ist.
Tun Sie alles, was Ihnen sonst noch einfällt, um das Erlebnis intensiv werden zu lassen, von ihm umgeben zu sein, um es ganz nah und plastisch zu erfahren, deutlich und stimmig werden zu lassen.

Aktive Phase 3
Spannen Sie die Gesäßmuskulatur an, so daß sich der Körper etwas vom Boden abhebt. Strecken Sie die Arme nach unten, und umgreifen Sie von der Seite mit den Händen die Oberschenkel. Üben Sie nun mit den Brust-, Schulter-, Arm- und Handmuskeln einen Druck von seitlich gegen den Körper aus. Spannen Sie alle genannten Muskelgruppen und noch weitere Muskeln, die zusätzlich unwillkürlich mit angespannt werden, maximal an. Halten Sie die Spannung 3-5 Sekunden, und lassen Sie JETZT los.
Strecken und dehnen Sie sich noch ein wenig nach, und suchen Sie wieder eine möglichst angenehme Liegeposition auf.

Angenehmer Ort der inneren Ruhe, Umgestaltung und „Verbesserung"
(äußere Eindrücke in der Szene)
„Verbessern" Sie die Eindrücke, die Sie haben. Sorgen Sie dafür, daß Sie noch angenehmere und erholsamere Situationen erleben, als Sie sich bis jetzt vorstellen konnten.
Verändern Sie die Gegenstände, die Sie um sich herum sehen. Fügen Sie etwas hinzu (noch mehr Palmen, exotische Blüten ...), vergrößern oder verkleinern Sie, was Sie möchten, verändern Sie die Position im Raum (näher, weiter weg ...), und nehmen Sie auch Dinge weg, wenn Sie möchten, um z.B. die Szene noch ruhiger zu gestalten.
Verändern Sie das Licht, machen Sie es etwas heller oder dunkler, lassen Sie die Farben kontrastreicher, klarer, pastellartiger und weicher werden usw.
Verändern Sie auch das, was Sie hören, und versuchen Sie, verschiedene Musiken dazu zu hören. Nachdem Sie verschiedene Musikbeispiele und Musikstücke ausprobiert haben, entscheiden Sie, ob Sie die Musik ganz nah oder ganz weit weg, den Klang heller oder dunkler haben möchten, ob Sie die Musik life oder etwas weiter weg von Breitwandlautsprechern, aus einem Kofferradio usw. hören wollen.

Verändern Sie, was Sie spüren. Sitzen oder liegen Sie auf einer Decke, auf einem Liegestuhl, auf einer weichen Wolke usw. ... Achten sie darauf, was Sie noch brauchen. Vielleicht möchten Sie gerade Ihre Lieblingsspeise essen oder einen angenehmen Drink zu sich nehmen, der direkt neben Ihnen bereitsteht. Vielleicht möchten Sie auch einen langen Strohhalm, mit dem Sie ganz bequem trinken können, ohne sich zu bewegen.

Gehen Sie noch einmal die verschiedenen Sinnesqualitäten durch, und achten Sie darauf, ob Sie Ihre Situation auch als das sehen, was für Sie angenehm ist. Möchten Sie vielleicht noch einen Fernseher aufgestellt bekommen, um einen schönen Film (z.B. Pretty Woman, Harry and Sally, Body Guard) anzusehen, das Fußballänderspiel beobachten zu können, oder eine Kinoleinwand, um den neusten Film (mit oder ohne Ton) auf Breitleinwand anzusehen, um ganz im Erleben des Filmes aufzugehen, ganz dabei (inmitten des Filmgeschehens) zu sein usw.?

Aktive Phase 4

Heben Sie die Beine, winkeln Sie die Knie an, und stellen Sie die Füße auf den Boden. Heben Sie jetzt Ihr Becken etwas vom Boden ab, ziehen Sie es dann fußwärts nach unten, und setzen Sie es etwas weiter fußwärts wieder ab.

Wenn Sie nun die Beine wieder ablegen, ist möglicherweise der Rücken gedehnt worden und fühlt sich meist auch an, als wäre er jetzt länger.

Atmen Sie aus, und lassen Sie sich ganz bewußt von der Unterlage tragen.

Angenehmer Ort der inneren Ruhe, Umgestaltung und „Verbesserung" (körperlicher innerer Eindrücke)

Finden Sie bestimmte innere Bilder und Erfahrungen, die die Entspannungsübung noch unterstützen.

Z.B. könnte es sein, daß Sie noch eine Muskelgruppe dehnen oder anspannen wollen. Führen Sie diese Dehnung oder Anspannung dann jetzt durch. Möchten Sie im Bereich dieser Muskelgruppe oder irgendwo im Körper eine besonders angenehme Empfindung erleben? Stellen Sie sich beispielsweise vor, die rechte Hand und der rechte Unterarm werden von einer weichen hellblauen Wattewolke umgeben. Spüren Sie sie um Ihren Arm herum liegend. Möchten Sie, daß Sie vor Ihrem inneren Auge sehen, wie der rechte Arm von hellem Licht sanft durchdrungen oder von Wassertröpfchen umspült und gelockert wird, wie er vielleicht ein wenig durchsichtig und dabei sanft entspannt wird? Lassen Sie all dies in Ihrer Phantasie geschehen.

Vielleicht möchten Sie während der Entspannung bestimmte innere Bilder auftauchen lassen, sich vorstellen, wie angenehm sich bestimmte Gegenstände anfühlen (Gras, Rosenblüten, Quellwasser usw.) oder sich vorstellen, wie angenehm eine bestimmte Musik, ein bestimmtes Instrument oder Naturgeräusche (Harfe, Flöte, Bachgeplätscher usw.) klingen. Vielleicht möchten Sie auch, daß alles unverändert und ruhig bleibt, während Sie ganz bei sich selbst sind, genießen und sich entspannen.

Aktive Phase 5
Heben Sie die gestreckten Beine ein paar Zentimeter vom Boden. Strecken Sie dabei die Füße weit nach unten, und nehmen Sie die Beine auch ein klein wenig auseinander (etwa eine Fußlänge). Strecken Sie gleichzeitig die Arme nach oben über den Kopf und schräg nach außen. Spreizen Sie die Finger, und heben Sie die Arme und vielleicht auch den gesamten Oberkörper vom Boden ab.
Halten Sie die nun entstandene Spannung für etwa 3-5 Sekunden, und lassen Sie JETZT wieder los.
Suchen Sie erneut eine angenehme Liegeposition auf. (Achten Sie darauf die Lendenwirbelsäule nicht zu belasten. Wenn Sie zu wenig trainiert sind, um diese Übung rückenschonend durchzuführen, oder wenn z.B. durch eine Wirbelsäulenerkrankung oder eine vorausgegangene Bauchoperation Schmerzen durch diese Übung ausgelöst würden, führen Sie sie nur andeutungsweise aus, das heißt Sie heben vielleicht nur die Arme und spannen die Bauchmuskeln nur in dem Maße an, wie es für Sie noch angenehm ist.)

Angenehmer Ort der inneren Ruhe und Kraft
Stellen Sie sich vor, Sie können sich an Ihrem angenehmen inneren Ort jetzt auch mit besonderen (Heil-)Kräften aufladen, die Sie in die Lage versetzen, besonders konzentriert zu sein und zu jeder Zeit Augenblicke der besonderen inneren und äußeren Kräfte (wie in Sitzung 6) zu erleben.
Wie stellen Sie sich dieses Sich-Aufladen vor? Nehmen Sie ein besonderes Licht in sich auf? Ist es wie ein Wärme- oder Magnetfeld oder wie etwas anderes? Wie fühlt es sich an? Was erleben Sie innerlich? Hören, sehen, riechen Sie etwas besonders Angenehmes? Was nehmen Sie noch wahr?

Aktive Phase 6
Strecken Sie die Arme nach seitlich außen, spreizen Sie die Finger und dehnen Sie sie ein wenig. Bilden Sie dann mit den Händen Fäuste, beugen Sie die Arme im Ellbogen etwa um 90°, und führen Sie die Fäuste etwas seitlich und oberhalb Kopfes heran.

Üben Sie jetzt, während Sie die Fäuste noch intensiver ballen, mit den Handrücken, den Unter- und Oberarmen und den Schultern Druck in Richtung Boden aus. Ziehen Sie gleichzeitig die Mundwinkel breit, und kneifen Sie die Augen fest zusammen. Nähern Sie das Kinn dem Brustbein, und strecken Sie gleichzeitig den Hinterkopf ganz weit nach oben. Spannen Sie das Kinn und die vordere Halsmuskulatur ebenfalls fest an. Halten Sie die so entstandene Spannung für etwa 3-5 Sekunden, und lassen Sie JETZT wieder los.

Angenehmer Ort der inneren Ruhe und Kraft (Potentiale)
Nehmen Sie die angenehme Ruhe an Ihrem schönen inneren Ort und auch die innere Kraft noch einmal genau wahr. Was könnten Sie für sich, für andere mit dieser Kraft tun, was bewegen, was positiv verändern, was lösen oder verbessern? Was könnten Sie sich und anderen an positiven Dingen geben? Wo könnten Sie an kleinen und großen Dingen etwas verschönern oder optimieren?
Gehen Ihnen dazu Bilder durch den Kopf? Wie verändert alles sich, wenn es sich verbessert? Was erleben Sie dabei? Wie ist es ganz ideal? Lassen Sie es in Ihrer Phantasie geschehen, und erleben Sie, wie sich das Bild, das Gefühl, der Gesamteindruck verbessert.

Aktive Phase 7
Spüren Sie noch einmal sämtliche Regionen des Körpers bewußt durch. An welcher Stelle würde eine Dehnung, ein Strecken oder eine kurze Muskelanspannung und ein anschließendes Loslassen guttun? Führen Sie das, was Sie als angenehm empfinden, jetzt durch.

Angenehmer Ort der inneren Ruhe (Umsetzung der neuen Erfahrung)
Nehmen Sie nochmals ganz intensiv Ihren angenehmen Ort der inneren Ruhe und Kraft wahr, und stellen Sie sich vor, Sie hätten im Alltag den idealen Zustand der besonderen inneren und äußeren Kraft. Wie ist das für Sie? Wie fühlt es sich an? Wie erleben Sie es, wenn mehr Licht, mehr Farbe, mehr Musik ins Alltagsleben hineinkommt?
Erleben Sie eine Szene nochmals ganz bewußt, nehmen Sie Ihr inneres Bild und Ihre inneren Eindrücke genau wahr, und stellen Sie sich vor, wie die Szene sich durch die Kräfte, mit denen Sie aufgeladen sind, verändert, bereichert wird, erstrahlt und stimmig wird usw.

Zurückkommen
Bleiben Sie, wenn Sie möchten, noch ein wenig liegen. Wenn Sie aus diesem Entspannungszustand zurückkommen möchten, bewegen Sie zunächst die kleinen Finger- und Zehengelenke. Kommen Sie dann zu den größeren

Hand-, Arm-, Ellbogen-, Knie-, Schulter- und Hüftgelenken, indem Sie immer tiefer einatmen, sich dehnen, räkeln und strecken, Spannung in den Körper zurückbringen, Gähnen zulassen, wenn es von selbst entsteht, alles unternehmen, was man nach einem mehrstündigen erholsamen Schlaf tut, um wieder ganz wach zu werden. Kneifen Sie schließlich die Augen zusammen. Blinzeln Sie. Strecken Sie sich nochmals, und kommen Sie wieder ganz zurück.

Variationsmöglichkeiten
Es ist möglich, je nach Verlauf des Gruppenprozesses, z.B. zwischen den aktiven Phasen, nur jeweils Phasen mit einer bewußten Wahrnehmung des „angenehmen Ortes der inneren Ruhe" während der Entspannungsphasen durchzuführen, wenn beispielsweise eines oder mehrere der Gruppenmitglieder noch nicht in der Lage sind, die genannten inneren Vorstellungen aufzubauen und mit ihnen zu arbeiten.
Man kann z.B. auch in der Phase der Intensivierung innerer Wahrnehmungsräume stehen bleiben oder nur bei der Vorstellung der inneren Kraft.
Es ist prinzipiell möglich, diese Übung auch im Rahmen von Psychotherapieprozessen zur verbesserten Lösungsfindung und zur Planung von Umsetzungen von Lösungsstrukturen in die Realität einzusetzen. Der Klient sollte die Übung erst erlernen und dann vollständig durchführen. Er kann dann während der Entspannungsphasen in der Phantasie die verschiedenen Lösungsschritte „vorerleben".

Anhang

Fragebogen zum Kursus Entspannung / Streßbewältigung

Sind Sie herz-kreislauf-krank bzw. körperlich nicht belastbar?	JA ☐	NEIN ☐
Gibt es für Sie zur Zeit eine besonders belastende Lebenssituation oder ein besonders belastendes Ereignis?	JA ☐	NEIN ☐
Haben Sie Probleme mit Alkohol oder Drogen?	JA ☐	NEIN ☐
Nehmen Sie Beruhigungsmittel oder andere Psychopharmaka?	JA ☐	NEIN ☐
Sind Sie zur Zeit in Psychotherapie?	JA ☐	NEIN ☐
Kennen Sie andere Entspannungsverfahren, oder haben Sie an einer Selbsterfahrungsgruppe teilgenommen?	JA ☐	NEIN ☐

Welche Erwartungen an die Gruppe haben Sie?

Weitere Anmerkungen/Fragen:

Arbeitsblatt Nr. 1

Fragebogen *(Partnerinterview)*

Wer bin ich? (kurze Vorstellung der eigenen Person)
    Manche Menschen sind es nicht gewohnt, über sich selbst zu sprechen, oder können aus Zurückhaltung oder Schüchternheit mit der Frage nicht umgehen.
    Wählen Sie dann Fragen wie: Was würde ich jetzt sonst normalerweise an diesem Tag tun, wenn ich nicht an der Gruppe teilnehmen würde? Fragen zu Hobbys, Vorlieben, Interessen und Beruf usw.

Warum bin ich hier? (Was erwarte ich, was wünsche ich mir?)

Arbeitsblatt Nr. 2: Meine wichtigsten Streßsituationen

Wie läuft die typische Situation ab?

Was passiert?

Was geschieht genau?

Was tue ich, was sage ich?

Welche Gedanken drängen sich mir auf?

Wie reagiere ich in der Situation?

Wie reagiert mein Körper (Herzrasen, Schweißausbruch)?

Wie fühle ich mich?

Gibt es besondere Anlässe?

Wer ist daran beteiligt?

Bin ich alleine, sind andere dabei?

Wo tritt besonderer Streß auf (welcher Ort z.B. Büro, Konferenzraum)?

Wann tritt das Problem auf?

Wann habe ich Streß?

Gibt es einen besonderen Zeitpunkt?

Was geschieht mit mir innerlich (Gedanken, Körpersymptome, Gefühle)?

Arbeitsblatt Nr. 3 : Streßanalyse

Thema	Tag 1	Tag 2	Tag 3	Tag 4	Tag 5	Tag 6	Tag 7
Was ist passiert? (Situation)							
Mit wem?							
Wo?							
Wann?							
Was getan? Was gesagt?							
Gedanken							
Körperliche Beschwerden							
Gefühl							

Arbeitsblatt Nr. 4: Merkblatt zur Progressiven Muskelentspannung (1)
(IPEG-Instrumentarium zur Gesundheitsbildung, s. Einleitung)

Körperreise mit allen Sinnen
von Dr. med. Adalbert Olschewski

Die Progressive Muskelentspannung nach Jakobson ist ein modernes Entspannungsverfahren, das von allen Menschen leicht und schnell, entweder nach einer schriftlichen Anleitung oder mit Unterstützung eines darin Erfahrenen, erlernt werden kann.
Mit Hilfe der Progressiven Muskelentspannung können auch Menschen in kurzer Zeit tiefe und wohltuende Entspannungszustände erreichen, die mit anderen Entspannungsverfahren, wie dem Autogenen Training, Atementspannungsverfahren und Methoden aus dem Bereich der Meditation, die ja auch zur Entspannung führen sollen, nicht gut zurechtkommen. Die Progressive Muskelentspannung soll dazu beitragen, die bei vielen Menschen in unserem Kulturkreis vorhandene unwillkürliche innere Anspannung und die daraus folgende körperliche Anspannung abzubauen.
Die nachfolgende Übung zur Progressiven Muskelentspannung beruht auf einer neuen Weiterentwicklungen des Verfahrens (s.u. „Literatur").
Sie können während der Übung eine Entspannungsmusik anhören, wenn Sie möchten. Es ist jedoch oftmals auch gerade sehr angenehm, ganz für sich und von Ruhe umgeben zu üben.
(Musikbeispiele: Stephen Halpern, „Comfort zone", „Dawn", „Eventide", Shawkie Roth, „You are the ocean")
Anspannung und Entspannung
Die eigentliche Übung besteht aus abwechselnd durchgeführten Phasen der Anspannung einer bestimmten Muskelgruppe und anschließenden Entspannungsphasen, in denen Sie locker auf die Unterlage sinken, dabei den Atem ganz aus sich herausfließen lassen und in sich hineinspürend und -hörend beobachten, ob die Einatembewegung vielleicht völlig von selbst kommt.
Stellen Sie sich jetzt auch einen angenehmen Ort vor (z.B. eine Naturszene, einen Urlaubsort o.ä.). Lassen Sie (mit geschlossenen Augen) ein schönes Bild von diesem Ort vor Ihrem inneren Auge entstehen. Nehmen Sie die angenehmen Klänge oder Naturgeräusche, die für Sie zu diesem Ort gehören, in Ihrer Vorstellung wahr, und erleben Sie den behaglichen inneren Gefühlszustand ganz deutlich.

Arbeitsblatt Nr. 4: Merkblatt zur Progressiven Muskelentspannung (2)
(IPEG-Instrumentarium zur Gesundheitsbildung, s. Einleitung)

Die Progressive Muskelentspannung
Suchen Sie sich eine bequeme Liegeposition (z.b. können Sie zwei Decken auf den Boden legen oder auf einer bequemen Liege bzw. Couch üben). Nachdem Sie sich in Ihrer Phantasie auf eine angenehme Szene eingestellt haben und die verschiedenen Sinneseindrücke (was Sie sehen, hören und fühlen) bewußt wahrgenommen haben, beginnen Sie jetzt mit der Progressiven Muskelentspannung.

Spannen Sie jeweils eine der nachfolgend genannten Muskelgruppen für sich 3-5 Sekunden lang ganz intensiv an, und lassen Sie sie anschließend sofort wieder ganz locker werden. Liegen Sie danach 20-30 Sekunden entspannt auf Ihrer Unterlage und wenden sich wieder dem zu, was Sie mit dem inneren Auge sehen, was Sie wahrnehmen, wenn Sie in sich hineinhören, und was Sie fühlen.

Gehen Sie dann weiter, und spannen Sie die nächste genannte Muskelgruppe an.

Beginnen Sie jetzt mit der
- rechten Faust und dem rechten Unterarm
  3-5 Sekunden Muskeln anspannen und JETZT loslassen,
  20-30 Sekunden PAUSE mit Naturphantasien.

Wiederholen Sie die Anspannungsphase, wenn Sie möchten, noch einmal.
Gehen Sie in gleicher Weise alle folgenden Muskelgruppen durch :
- rechter Oberarm und rechte Schulter
- linke Faust und linker Unterarm
- linker Oberarm und linke Schulter
- Nacken und Schultern
- Gesicht und Hinterkopf
- Brustkorb
- Bauch
- Lendengegend
- Gesäßgegend
- rechter Oberschenkel und rechter Unterschenkel
- linker Oberschenkel und linker Unterschenkel.

Bleiben Sie, wenn Sie möchten, noch ein wenig liegen. Wenn Sie aus diesem Entspannungszustand zurückkommen möchten, bewegen Sie zunächst den kleinen Finger und die Zehengelenke: Kommen Sie dann zu den

Arbeitsblatt Nr. 4: Merkblatt zur Progressiven Muskelentspannung (3)
(IPEG-Instrumentarium zur Gesundheitsbildung, s. Einleitung)

größeren Hand-, Arm-, Ellbogen-, Knie-, Schulter- und Hüftgelenken, indem Sie, immer tiefer einatmend, sich dehnen, räkeln und strecken wie nach einem mehrstündigen erholsamen Schlaf, Spannung in den Körper zurückbringen, schließlich die Augen zusammenkneifen, blinzeln, sich nochmals strecken und wieder ganz zurückkommen.

Literatur:
Olschewski, A.: **Progressive Muskelentspannung**, Karl F. Haug Verlag, Heidelberg 1992

Olschewski, A.: **Körperreise mit allen Sinnen**, Mit Rheuma leben, Heft 4/1992, Verlag für Medizin Dr. Ewald Fischer, Heidelberg

Olschewski, A.: **Körperreise mit allen Sinnen**, Signal, Heft 4/1992, Verlag für Medizin Dr. Ewald Fischer, Heidelberg

Olschewski, A.: **Vom Fuß bis zum Gesicht**, Signal, Heft 1/1993, Verlag für Medizin Dr. Ewald Fischer, Heidelberg

Informationsblatt zur Streßphysiologie (1): Reaktionen des Körpers

Reaktionen des Körpers bei Streß und Erholung	Wirkung des Streßnervs (Sympathikus)	Wirkung des Erholungsnervs (Parasympathikus)
Atmung	schneller	langsamer
Herzschlag	schneller	langsamer
Blutdruck	höher	niedriger
Muskeldurchblutung	intensiver	weniger intensiv
Schweißbildung	intensiver	weniger intensiv
Muskelspannung	erhöht	vermindert

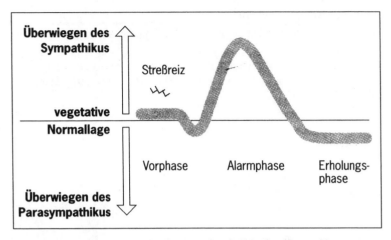

Schema eines gesundheitlich günstigen Streß-Ablaufes (Eustreß)

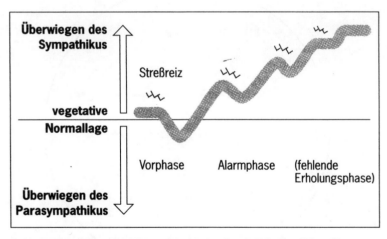

Schema eines gesundheitlich gefährdenden Streß-Ablaufes (Distreß)

Mit freundlicher Genehmigung des TRIAS-Verlages, Stuttgart
aus Ohm: Psyche, Verhalten und Gesundheit

Arbeitsblatt Nr. 5/1: Zeitverteilungskuchen

„Auf welche Gebiete, Tätigkeiten und Erlebnisse verwende ich wieviel meiner Zeit?"
Stellen Sie sich vor, 100% Ihrer Zeit entsprechen dem vollen Kreis („Kuchen"). Wieviel nehmen davon anteilsmäßig Ihre Alltagstätigkeiten in Anspruch?

Beispiel:
Schlafen 30%
Beruf 40% (einschließlich Fahrwege)
Partner 10 %
Kind 10%
Hobby 5%
Sonstiges 5%

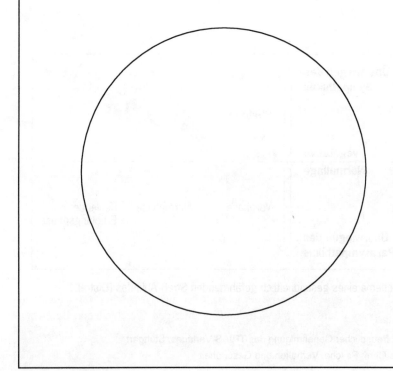

Arbeitsblatt Nr. 5/2: Energieverteilungskuchen

„Auf welche Gebiete, Tätigkeiten und Erlebnisse verwende ich wieviel meiner Energie?"

Die mit meiner Tätigkeit verbrachte Zeit muß nicht unbedingt mit der dazu benötigten Anstrengung, dem Interesse oder der persönlichen Bedeutung zu tun haben.

Wie verteilen sich Ihre Alltagstätigkeiten aufgrund der Gewichtung, die Sie für sie empfinden?

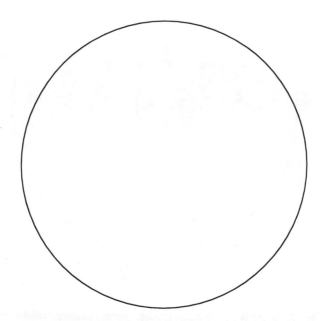

Auch hier entspricht wieder der ganze Kreis der Gesamtheit Ihrer persönlichen Energie, mit der Sie sich den Tag über den verschiedenen Bereichen Ihres Lebens widmen.

Arbeitsblatt Nr. 5/3: Zeitverteilungs-Wunsch-Kuchen

„Wie würde es aussehen, wenn ich mir diese Zeit über den Tag nach meinen eigenen Wünschen und Vorstellungen einteilen könnte?"

Sicher würde sich einiges in Ihrem Tagesablauf verändern, könnten Sie „frei" über Ihre Zeit verfügen.

Treffen Sie Ihre persönliche Auswahl der Gebiete (siehe Beispiel von Arbeitsblatt I).

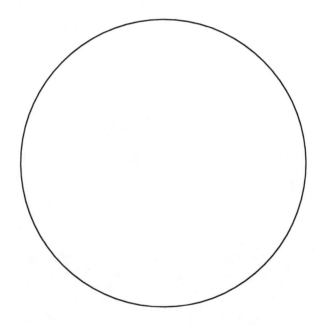

Welche „Kuchenstücke" werden größer, welche kleiner, welche verschwinden ganz? Vielleicht kämen auch neue Stücke dazu - auf Kosten welcher Tätigkeitsbereiche? Welche Veränderung ließe sich am leichtesten realisieren, welche am schwersten?

Arbeitsblatt Nr. 5/4: Energieverteilungs-Wunsch-Kuchen

„Wie würde ich gerne meine persönliche Energie auf meine unterschiedlichen Interessen verteilen?"

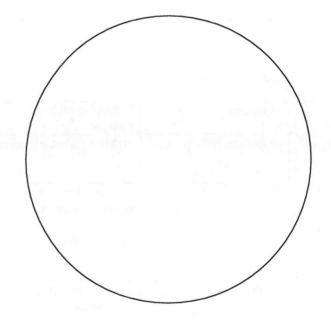

Auch hier wird sich vermutlich die Größe einiger Stücke verändern. Welche? Gibt es verborgene Interessen, denen Sie gerne ein neues „Kuchenstück" einrichten wollten? Welche Interessen müßten zurückstehen? Wie leicht oder schwer ließen sich diese Veränderungen in die Tat umsetzen?

Arbeitsblatt Nr. 5/5: Selbstbeobachtung

„Wie sieht eigentlich mein Tagesablauf aus? Womit verbringe ich meine Zeit - und wie fühle ich mich dabei?"
Diese Fragen mögen zunächst recht sonderbar klingen. Jeder weiß sehr gut, wie er den Alltag verbringt - das ist doch Routinesache! Wir möchten Sie jedoch bitten, einmal genau zu notieren, wie sich die verschiedenen Tätigkeiten/Erlebnisse Ihres Alltags aneinanderreihen, wie lange sie andauern und - vor allem - wie sie in unterschiedlicher Weise mit Ihrer Befindlichkeit in Zusammenhang stehen. So werden Sie bestimmt überraschende Entdeckungen machen, wie ein (All-)Tag zu dem wird, der Sie abends sagen läßt: „Ach, war das wieder ein Tag!"

Hier ein Beispiel zum Ausfüllen der Tabelle:

Zeit	Tätigkeit	Selbstbeobachtung/ Energie
7.00 Uhr	Aufstehen, Frühstücken	gerädert, Unlust, anstrengend
8.00 Uhr	Weg zur Arbeit	zu spät dran, Stau, „Streß", kostet viel Energie
8.15 Uhr	Arbeitsbeginn	atemlos, gehetzt, anstrengend
9.00 Uhr	Gespräch mit Chef wegen Gehaltserhöhung	nervös, hinterher erleichtert, viel Energie frei
9.45 Uhr	Routinetätigkeiten	danach geht es wie von selbst
12.00 Uhr	Mittagspause Einkäufe	Zeit knapp zum Essen, Magendrücken, Hetze, kostet Kraft

Arbeitsblatt Nr. 6: Leistungsniveau

Zeit	06	07	08	09	10	11	12	13	14	15	16	17	18	19	20	21	22	23
20																		
19																		
17																		
16																		
15																		
14																		
13																		
12																		
11																		
10																		
9																		
8																		
7																		
6																		
5																		
4																		
3																		
2																		
1																		
0																		

A-15

Fragebogen: Typ A-Verhalten/Typ B-Verhalten

Welche der folgenden Aussagen treffen auf Sie zu ?	trifft zu	trifft nicht zu
1. Ich fühle mich oft unter Zeitdruck.		
2. Bei Spielen kann ich schlecht verlieren.		
3. Ich möchte häufig am liebsten mehrere Dinge gleichzeitig tun.		
4. Ich ärgere mich oft über andere.		
5. Mein Leben ist oft ziemlich hektisch.		
6. Ich bin sehr ehrgeizig.		
7. Ich kann schlecht abschalten.		
8. Pünktlichkeit ist für mich ganz besonders wichtig.		
9. Ich kann schlecht „nein" sagen.		
10. Vorwürfe bringen mich leicht aus der Ruhe.		

OHM, D.; Biorhythmen, Leistungskurve, 1991

Auswertung:
Zählen Sie zusammen, wie oft Sie „trifft zu" angekreuzt haben
(für jedes „trifft zu" 1 Punkt, für jedes „trifft nicht zu" 0 Punkte).
Bis 2 Punkte = kein sicherer Hinweis für Typ-A-Verhalten
3 - 4 Punkte = Typ-A-Verhalten schwach ausgeprägt
5 - 6 Punkte = Typ-A-Verhalten mittelmäßig ausgeprägt
Mehr als 6 Punkte = starkes Typ-A-Verhalten

Arbeitsblatt Nr. 7: **Stimmungsbarometer für die ganze Woche**

	6	7	8	9	10	11	12	13	14	15	16	17	18	19	20	21	22
10																	
9																	
8																	
7																	
6																	
5																	
4																	
3																	
2																	
1																	

Uhrzeit: Im gleichen Blatt für jeden Tag mit anderer Farbe oder unter Benutzung von Kreuzen, Kreisen und Punkten Eintragungen vornehmen.
Beispiel: ✘ = Montag, O = Dienstag, ☐ = Mittwoch, ◇ = Donnerstag, ✗ = Freitag, ▣ = Samstag, ◆ = Sonntag
Erkennen Sie bestimmte, für jeden Tag identische Muster?

Arbeitsblatt Nr.8/1: **Stimmung**

	Wertung	Tag 1	Tag 2	Tag 3	Tag 4	Tag 5	Tag 6	Tag 7
sehr gut	5							
recht gut	2							
mittel	3							
schlechter	2							
sehr schlecht	1							

Zufriedenheit im Beruf

	Wertung	Tag 1	Tag 2	Tag 3	Tag 4	Tag 5	Tag 6	Tag 7
sehr gut	5							
recht gut	2							
mittel	3							
schlechter	2							
sehr schlecht	1							

Belastung im Beruf

	Wertung	Tag 1	Tag 2	Tag 3	Tag 4	Tag 5	Tag 6	Tag 7
massiv	5							
stärker	2							
mittel	3							
mäßig	2							
kaum	1							

Arbeitsblatt Nr.8/2: **Zufriedenheit durch/mit Familie**

	Wertung	Tag 1	Tag 2	Tag 3	Tag 4	Tag 5	Tag 6	Tag 7
sehr gut	5							
recht gut	2							
mittel	3							
schlechter	2							
sehr schlecht	1							

Belastung durch Familie

	Wertung	Tag 1	Tag 2	Tag 3	Tag 4	Tag 5	Tag 6	Tag 7
massiv	5							
stärker	2							
mittel	3							
mäßig	2							
kaum	1							

Zufriedenheit durch Kontakt mit Freunden

	Wertung	Tag 1	Tag 2	Tag 3	Tag 4	Tag 5	Tag 6	Tag 7
sehr gut	5							
recht gut	2							
mittel	3							
schlechter	2							
sehr schlecht	1							

Arbeitsblatt Nr.8/3: **Belastung durch Kontakt mit Freunden**

	Wertung	Tag 1	Tag 2	Tag 3	Tag 4	Tag 5	Tag 6	Tag 7
massiv	5							
stärker	2							
mittel	3							
mäßig	2							
kaum	1							

Belastung durch Streß

	Wertung	Tag 1	Tag 2	Tag 3	Tag 4	Tag 5	Tag 6	Tag 7
massiv	5							
stärker	2							
mittel	3							
mäßig	2							
kaum	1							

Belastung durch körperliche Beschwerden
(z.B. Kopfschmerz, Nervosität, Müdigkeit, Schlaflosigkeit)

	Wertung	Tag 1	Tag 2	Tag 3	Tag 4	Tag 5	Tag 6	Tag 7
massiv	5							
stärker	2							
mittel	3							
mäßig	2							
kaum	1							

Arbeitsblatt Nr. 9/1: **Streßkognitionen**
Beantworten Sie für sich die nachstehenden Fragen, und zählen Sie anschließend Ihre Streßbewältigungspunkte zusammen.
(Kreuzchen ganz links : *0 Punkte,* nächstes Kästchen: *1 Punkt,* ganz rechts: *5 Punkte*)

Angst vor körperlichen Beschwerden:

	fast nie				immer
Wenn ich mich aufrege, bekomme ich Herzklopfen.	☐	☐	☐	☐	☐
Im entscheidenden Moment habe ich vor Aufregung einen Kloß im Hals.	☐	☐	☐	☐	☐
Es fährt mir immer in den Magen (z.B. wenn mich mein Chef anschreit).	☐	☐	☐	☐	☐
Ich zittere, werde ganz nervös und innerlich unruhig.	☐	☐	☐	☐	☐

Selbstverurteilung:

	fast nie				immer
Ich bin völlig unfähig, ich versage immer.	☐	☐	☐	☐	☐
Ich stelle mich <u>immer</u> dumm an.	☐	☐	☐	☐	☐
Ich habe mich nicht genug angestrengt	☐	☐	☐	☐	☐
Das passiert mir immer, ich bin einfach so.	☐	☐	☐	☐	☐

Überhöhte Forderungen an sich selbst:

	fast nie				immer
Ich darf keine Fehler machen.	☐	☐	☐	☐	☐
Ich (man) muß immer absolut pünktlich sein.	☐	☐	☐	☐	☐
Ich (man) muß mich/sich für meine Arbeit ganz und gar aufopfern.	☐	☐	☐	☐	☐
Ich muß besser sein als alle anderen.	☐	☐	☐	☐	☐
Auf mich muß 100 Prozent Verlaß sein, damit ich niemanden enttäusche.	☐	☐	☐	☐	☐
Ich muß zu allen freundlich sein, alle sollen mich mögen.	☐	☐	☐	☐	☐

Schwarzmalerei und Hilflosigkeit:

	fast nie				immer
Ich schaffe das nicht.	☐	☐	☐	☐	☐
Ich habe immer Pech.	☐	☐	☐	☐	☐

Arbeitsblatt Nr. 9/2: Streßkognitionen

Selbstzweifel:

	fast nie				immer
Ich kann das nicht durchhalten.	☐	☐	☐	☐	☐
Damit kann ich nicht fertig werden	☐	☐	☐	☐	☐
Ich bin hilflos ausgeliefert.	☐	☐	☐	☐	☐
Ich kann sowieso nichts ändern.	☐	☐	☐	☐	☐

Abhängigkeit von der Meinung des Umfeldes:

	fast nie				immer
Ich muß selbstsicher auftreten, sonst nehmen mich die anderen nicht ernst.	☐	☐	☐	☐	☐
Ich darf mich nicht selbst loben, sonst halten mich andere für einen Angeber.	☐	☐	☐	☐	☐
Ich muß mich für die anderen aufopfern (Überstunden machen, nie krank werden usw.).	☐	☐	☐	☐	☐
Die anderen lehnen mich ab, wenn ich meine ehrliche Meinung zu...... sage.	☐	☐	☐	☐	☐
Ich darf keine Schwächen zeigen, sonst blamiere ich mich.	☐	☐	☐	☐	☐

Arbeitsblatt Nr. 9/3: **Streßkognitionen**

Ergänzen Sie nachfolgend, wenn Sie möchten, mit weiteren "Streßkognitionen", also inneren Kommentaren, die unwillkürlich ablaufen und Ihnen eine komplizierte Situation zusätzlich erschweren, und bewerten Sie diese wie bei den obengenannten Aussagen.

Aussage:

fast nie　　　　immer
....　☐　☐　☐　☐　☐

....

Aussage:

fast nie　　　　immer
....　☐　☐　☐　☐　☐

....

Aussage:

fast nie　　　　immer
....　☐　☐　☐　☐　☐

....

Aussage:

fast nie　　　　immer
....　☐　☐　☐　☐　☐

....

Informationsblatt (nach Ellis und Beck)

Übergeneralisierung	Man kommt aufgrund eines einzigen Zwischenfalls oder Beweisstücks zu einer generellen Schlußfolgerung. Eine schlechte Erfahrung bedeutet, daß sich diese schlechte Erfahrung wiederholen wird, wann immer man in einer ähnlichen Situation steckt. Stichwörter, die Übergeneralisierung anzeigen, sind: alle, jedes, nie, immer, jeder, keiner.
„Sollte-Haltung"	Man hat eine absolute und unveränderliche Reihe von Regeln, wie Menschen sich verhalten sollten. Personen, die die Regeln brechen, ärgern einen, und man fühlt sich andererseits schuldig, wenn man selbst die Regeln verletzt. Stichwörter, die diese Haltung anzeigen, sind: sollte, müßte, muß.
Trugschluß der „himmlischen" Belohnung	Man erwartet, daß sich alle Opfer und Selbstverleugnung bezahlt machen, als würde jemand Buch darüber führen. Man empfindet Bitterkeit, wenn die Belohnung ausbleibt.
Schwarzmalerei	Man erwartet stets Katastrophen. Jedes Problem wird sofort ein Hauptproblem, für das es keine Lösung gibt.
Trugschluß des Wandels	Man erwartet, daß andere sich ändern, um sich einem anzupassen, wenn man sie nur stark genug unter Druck setzt oder ihnen schmeichelt. Man hält es für nötig, die Leute zu ändern, weil die eigenen Glückserwartungen völlig von ihnen abzuhängen scheinen.

Personalisierung	Man denkt, alles, was Mitmenschen tun oder sagen, sei eine Reaktion auf einen selbst. Man vergleicht sich auch in einer übermäßig konkurrenzorientierten Weise mit den anderen und versucht zu bestimmen, wer talentierter, intelligenter, besser aussehend ist usw.
Gefühlsmäßige Schlüsse ziehen	Man glaubt, das, was man fühlt, müsse wahr sein. Wenn man sich dumm und langweilig „fühlt", muß man auch dumm und langweilig sein. Immer seinen Gefühlen zu glauben ist, als glaube man alles, was gedruckt wird.
Trugschluß der innerlichen/omnipotenten Einflußnahme	Man fühlt sich für alles und jeden verantwortlich. Man ist übersensibel für die Bedürfnisse der Mitmenschen, man hat einen übertriebenen Glauben an seine Macht, diese Bedürfnisse zu erfüllen, und erwartet, daß man selbst, nicht die anderen, für diese Bedürfnisse verantwortlich sei.
Trugschluß der äußerlichen Einflußnahme	Man sieht sich selbst als hilflos, als Opfer des Schicksals. Alle Menschen sind hilflos, man selbst mehr als die meisten. Es hat keinen Sinn, sich um Lösungen zu bemühen, denn man kann nicht gewinnen.
Rechthaberei	Man steht dauernd in den Schranken, um zu beweisen, daß die eigenen Meinungen und Handlungen richtig sind. Unrecht zu haben ist undenkbar, und man wird soweit wie möglich gehen, um zu zeigen, daß man recht hat.
Gedankenübertragung	Man stellt sich vor, daß die Leute gleich fühlen und reagieren, wie man selbst (d.h. man projiziert sein Verhalten auf andere).

Arbeitsblatt Nr. 10: **Streßgedanken**

Welche Gedanken laufen in belastenden (Streß-) Situationen automatisch ab? Was sage ich zu mir selbst?

Wo habe ich irrationale Gedanken? Überhöhte Selbstanforderung?

Welche negativen, abwertenden Sätze sage ich mir ständig innerlich vor?

Welche inneren Bilder beobachte ich dabei? Wie fühle ich mich, während diese Gedanken und Bilder ablaufen?

Arbeitsblatt Nr. 11

Streßkognitionen

1. Allgemeine Beispiele für sogenannte Streßkognitionen:
Welche Beispiele fallen Ihnen spontan ein?

2. Finden Sie gemeinsam „Erlauber", die Sie im Alltag den „inneren Antreibern" aus der Transaktionsanalyse entgegensetzen können.
- Mach es allen recht
- Sei stark
- Streng Dich an
- Beeil Dich
- Sei perfekt

Arbeitsblatt Nr. 12

1. Setzen Sie den Streßgedanken „Erlauber" entgegen:
Finden Sie im Gruppengespräch zu den Aussagen des Fragebogens in Sitzung 4.2 Gegenkognitionen, also Sätze, die in der betreffenden Situation eine Ermutigung, eine Erlaubnis geben usw. (einige Beispiele).
Wie könnte ich mich neu entscheiden, wie könnte ich es anders gestalten, wie könnte ich den irrationalen Ausspruch aufheben?
Was sind die besten Alternativgedanken?

2. Gegenkognitionen zu meinen zentralen Streßgedanken?
Finden Sie zu den für Sie wichtigsten streßauslösenden inneren Überzeugungen (siehe Arbeitsblatt / Fragen aus der letzten Sitzung) gemeinsam Gegenkognitionen, also Sätze, die den bisherigen eigenen Überzeugungen (also den einengenden und beschränkenden „Streßkognitionen" aus der letzten Sitzung) etwas entgegensetzen und die Sie in bestimmten Situationen entlasten würden, wenn Sie diese Sätze z.B. von Ihrem Umfeld gesagt bekommen würden oder sich selbst sagen könnten.
Schreiben Sie die Sätze, die Sie gefunden haben, auf Kärtchen bzw. auf das Arbeitsblatt. Sie können sich ein Poster mit einem solchen Satz in Ihr Zimmer hängen, sich einen Zettel mit dem Satz auf das Armaturenbrett im Auto kleben usw.

Arbeitsblatt Nr. 13/1: **Alternativkognitionen**

Irrationale Idee	Rationale Idee
Ich muß von jedermann, von jeder Person, die mir etwas bedeutet, nahezu immer geliebt, geschätzt oder anerkannt werden. Wenn dies nicht der Fall ist, so wäre das schrecklich.	Es ist wünschenswert, von anderen Menschen geschätzt zu werden. Ich bin jedoch nicht unbedingt auf die Wertschätzung anderer Personen angewiesen. Ich kann auf mich selbst achten und mich akzeptieren.
Ich bin ein Mensch ohne Wert, wenn ich mich nicht in allem oder zumindest auf einem wichtigen Gebiet überaus kompetent tüchtig und erfolgreich erweise.	Ich bin ein Mensch mit Fehlern und kann mich als solcher akzeptieren, auch wenn ich mich manchmal so verhalte, wie ich es nicht mag.
Wenn andere Menschen unfair oder schlecht handeln, sollte man sie schnell zurückweisen und bestrafen, denn sie sind böse und verdorbene Menschen.	Weil Menschen fehlbare Wesen sind, können sie unfair und schlecht handeln. Sie tun dies häufig aus Unwissenheit oder aufgrund psychischer Störungen. Statt Sie zu bestrafen, helfe ich ihnen besser, in Zukunft anders zu handeln.
Es ist schrecklich und eine Katastrophe, wenn die Dinge nicht so sind, wie ich sie gern hätte.	Es ist wirklich bedauerlich, wenn die Dinge so sind, wie wir es nicht mögen, und es ist ratsam, die verantwortlichen Bedingungen zu ändern. Wenn eine Änderung aber nicht möglich ist, so ist es besser, dies so zu akzeptieren.
Emotionale Probleme haben äußere Ursachen, und ich habe wenig Möglichkeiten, meine Gefühle zu ändern oder zu kontrollieren.	Emotionale Schwierigkeiten sind auch bedingt durch das Modell, das wir von der Welt haben. Wer reichlich schlechte Erfahrungen gemacht hat, kann beispielsweise zu dem Schluß kommen, daß die Welt einfach schlecht ist. Ihm wird es manchmal schwerfallen, unvoreingenommen auf seine Umwelt zuzugehen und auch Positives zu erwarten bzw. es auch zuzulassen.

Arbeitsblatt Nr. 13/2

Ich muß mir große Sorgen machen oder mich angesichts von Ereignissen, die möglicherweise gefährlich sein könnten, sehr ängstigen.	Das Leben besteht zu großen Teilen aus Risiko. Ich kann nicht alles kontrollieren. Besser den Gefahren ins Gesicht schauen und sie ruhig bekämpfen, als sich ständig zu beunruhigen. Unvermeidliches möchte ich besser akzeptieren lernen.
Es ist leichter, Schwierigkeiten aus dem Weg zu gehen, als sich ihnen zu stellen. Ich muß mich immer wohl fühlen und darf keinerlei Schmerz ertragen müssen.	Der sogenannte leichte Weg ist oft der schwerere. Unannehmlichkeiten kann man ertragen, auch wenn man sie niemals mögen wird.
Man braucht jemanden, der stärker ist als man selbst, auf den man sich stützen kann.	Es ist besser, das Risiko des unabhängigen Handelns und Denkens auf sich zu nehmen. Es ist schön, Ratgeber zu haben, aber ich bin nicht auf sie angewiesen. Die letzte Entscheidung treffe ich selbst.
Meine Vergangenheit ist die Ursache für die gegenwärtigen Probleme, weil etwas, das sich früher einmal stark auf mein Leben auswirkte, dies auch weiterhin tut.	Mann kann aus der Vergangenheit lernen, aber die Vergangenheit determiniert mich nicht völlig. Emotionale Probleme haben gegenwärtige Gründe.
Die Welt sollte fair und gerecht sein.	Sie ist so, wie sie sein muß. Ich kann sie zu verändern trachten, aber es gibt keinen Grund, warum sie anders sein sollte.

Arbeitsblatt Nr. 14

Schreiben Sie auf, was Ihnen spontan einfällt, was Sie selbst bisher unternehmen, um einen **Ausgleich zu schwierigen Situationen des Alltags** zu schaffen.

Stellen Sie sich die folgenden Fragen:

○ In welchen Situationen sind Sie ganz Sie selbst?

○ Wann fühlen Sie sich total wohl?

○ In welchen Situationen denken Sie nur an den momentanen Augenblick
und sind mit ganzem Herzen bei dem, was Sie gerade tun oder erleben?

Überlegen Sie einmal, wie andere nach den Belastungen des Alltags wieder ganz zu sich selbst kommen, was sie tun, um ihren Streß abzubauen.

Arbeitsblatt Nr. 15

Was mache ich gerne	Wie gerne 1 - 5	Wie häufig früher 1 - 5	Wie häufig jetzt 1 - 5
Hobbys			
sportliche Aktivitäten			
kulturelle Interessen			
soziale Kontakte			

A-32

Arbeitsblatt Nr. 16: Lösungsidee

	Definition, Beschreibung der Idee	Bewertung, Sympathie (1-10 Punkte)	Bewertung, Praktikabilität (1-10 Punkte)	Hitliste, Rangfolge (1- .....)
Idee 1				
Idee 2				
Idee 3				
Idee 4				
Idee 5				
Idee 6				
Idee 7				
Idee 8				
Idee 9				
Idee 10				

A-33

Arbeitsblatt Nr. 17

Welche Arten von Konflikten kennen Sie?

Wir würden Sie einen Konflikt definieren?

Was sind für Sie die wichtigsten Merkmale eines Konflikts?

Arbeitsblatt Nr. 18

Ressourcen finden :

Was brauche ich, damit ich mich gut fühle?
(am Arbeitsplatz, zu Hause, in der Partnersituation usw.)

Arbeitsblatt Nr. 19

Nähe und Distanz

Ordnen Sie die Kontaktpersonen aus Ihrem Umfeld auf diesem Arbeitsblatt
(Familie, Arbeitskollegen, Vereinskollegen, Nachbarn, Freunde) um sich selbst herum im passenden Abstand an.

Ich

◯

Fragebogen

Soziales Umfeld:

Welche Personen in meinem Umfeld sind mir wirklich wichtig?

Mit wem rede ich über mich, über meine persönlichen Angelegenheiten?

Mit wem führe ich Aktivitäten und Projekte durch?

Welche Kontakte würde ich gerne enger und intensiver werden lassen?

Zu welchen Personen würde ich gerne neu Kontakt aufbauen?

Mit wem wäre ich gerne näher zusammen?

Arbeitsblatt Nr. 20

Soziale Kontakte - damals und heute

Mit welchen Personen bin ich außerhalb meiner Arbeit jede Woche mindestens einmal zusammen und rede über mich persönlich?

War ich früher mit mehr Leuten enger zusammen als heute?

Woran kann das liegen?

Zeitproblem-Fragebogen

1 = großes Problem für mich
5 = kein Problem für mich

1 = nie
5 = immer

1	2	3	4	5	Nr.: Frage	1	2	3	4	5
☐	☐	☐	☐	☐	1. Keine Zielsetzung	☐	☐	☐	☐	☐
☐	☐	☐	☐	☐	2. Kein täglicher Plan	☐	☐	☐	☐	☐
☐	☐	☐	☐	☐	3. Unklare oder wechselnde Prioritäten	☐	☐	☐	☐	☐
☐	☐	☐	☐	☐	4. Brände löschen, statt Krisen-Management	☐	☐	☐	☐	☐
☐	☐	☐	☐	☐	5. Keine selbstgesetzten Termine	☐	☐	☐	☐	☐
☐	☐	☐	☐	☐	6. Zuviel anfangen, unrealistische Zeitsetzungen	☐	☐	☐	☐	☐
☐	☐	☐	☐	☐	7. Persönliche Desorganisation	☐	☐	☐	☐	☐
☐	☐	☐	☐	☐	8. Dinge zweimal tun	☐	☐	☐	☐	☐
☐	☐	☐	☐	☐	9. Vielfache Vorgesetzte	☐	☐	☐	☐	☐
☐	☐	☐	☐	☐	10. Unklare Verantwortlichkeit und Autorität	☐	☐	☐	☐	☐
☐	☐	☐	☐	☐	11. Es selbst tun	☐	☐	☐	☐	☐
☐	☐	☐	☐	☐	12. Gefangen in Routine-Details	☐	☐	☐	☐	☐
☐	☐	☐	☐	☐	13. Ineffektive Delegierung	☐	☐	☐	☐	☐
☐	☐	☐	☐	☐	14. Mangel an Motivation	☐	☐	☐	☐	☐
☐	☐	☐	☐	☐	15. Konflikte nicht bewältigen	☐	☐	☐	☐	☐
☐	☐	☐	☐	☐	16. Mit Veränderungen nicht fertig werden	☐	☐	☐	☐	☐
☐	☐	☐	☐	☐	17. Telefonische Unterbrechungen	☐	☐	☐	☐	☐
☐	☐	☐	☐	☐	18. Unerwartete Besucher	☐	☐	☐	☐	☐

Nr.:	Frage	1	2	3	4	5
19.	Mangel an Selbstdisziplin	☐	☐	☐	☐	☐
20.	Zu viele Interessen	☐	☐	☐	☐	☐
21.	Fehler-, mangelhafte Leistungen	☐	☐	☐	☐	☐
22.	Unfähigkeit, nein zu sagen	☐	☐	☐	☐	☐
23.	Keine Vorgaben oder Berichte über Fortschritte	☐	☐	☐	☐	☐
24.	Unvollständige Information	☐	☐	☐	☐	☐
25.	Nicht zuhören	☐	☐	☐	☐	☐
26.	Geselligkeit	☐	☐	☐	☐	☐
27.	Schnelle Entschlüsse	☐	☐	☐	☐	☐
28.	Unentschlossenheit / Aufschieben	☐	☐	☐	☐	☐
29.	Alle Tatsachen wissen wollen	☐	☐	☐	☐	☐
30.	Entscheidung durch Ausschluß anstatt positive Entscheidung	☐	☐	☐	☐	☐
31.	Perfektionismus	☐	☐	☐	☐	☐
32.	Schlechte Planung von Besorgungen	☐	☐	☐	☐	☐
33.	Mahlzeiten nicht vorausplanen	☐	☐	☐	☐	☐
34.	Arbeiten verrichten, die andere Familienmitglieder tun könnten	☐	☐	☐	☐	☐
35.	Termine der Familie (Arzt, Musikunterricht etc.)	☐	☐	☐	☐	☐
36.	Unterbrechung durch die Kinder	☐	☐	☐	☐	☐
37.	Die Kinder chauffieren	☐	☐	☐	☐	☐
38.	Nach den verlegten Dingen der Familie suchen	☐	☐	☐	☐	☐
39.	Unfähigkeit auf Bitten „nein" zu sagen	☐	☐	☐	☐	☐

Arbeitsblatt Nr. 21/1

Informationsblatt

O **Allgemeine Tips zur Zeit- und Organisationsplanung**
Setzen Sie sich eine Zeit für die Planung Ihrer Arbeit
Mehr Zeit für Planung bedeutet kürzere Durchführung der eigentlichen Arbeit. Versuchen Sie es einmal.

Visualisieren des Arbeitstages
Stellen Sie sich z.b. morgens oder auch abends vor dem Schlafengehen Ihren nächsten Arbeitstag im Geiste genau vor. Es wir Ihnen leichterfallen, dann nicht den Faden zu verlieren und den Blick für das Wesentliche zu behalten.

Schriftliche Organisationsplanung
Schreiben Sie Ihre Zeitpläne auf, sonst verlieren Sie eventuell den Überblick und müssen sich vielleicht gerade in anstrengenden Momenten zwingen, wieder an Ihre Planung zu erinnern. Vieles, was sonst vergessen wäre, steht Ihnen im Zeitplan als Notiz zur Verfügung.

Benutzen Sie eine **Checkliste** mit der Möglichkeit **zum Abhaken nach Erledigung** von verschiedenen geplanten Aktivitäten.

Auch eine **Einstufung der Aufgaben in verschiedene Prioritäten** (Dringlichkeit, Wichtigkeit, z.B. „Stufe A, B, C") sollte möglich sein.

Nehmen Sie sich eine bestimmte Zeit des Tages vor, an der Sie in Ihrem **Zeitplanbuch** folgende Themen abarbeiten:

- Unerledigtes vom Vortage (wann nachholen, was streichen)
- Aufgabenkatalog für Woche und Monat (Vorausschau, Rückschau)
- Kontrolle des bisherigen Verlaufes / Erfolges von laufenden größeren Projekten / Aufgaben
- Aufteilung eines eventuell neuen Projektes in Teilaufgaben oder Teilziele
- Einstufung in Prioritäten, zeitliche Verteilung von Teilaufgaben auf bestimmte Tage / Stunden
- Neu hinzukommende Tagesarbeiten (Sichten, nach Priorität und Dringlichkeit bewerten)
- Wichtige Termine
- Wichtige Telefonate
- Wichtige Briefe
- Wichtige Rechnungen bezahlen
- Routinearbeiten, wann erledigen

Arbeitsblatt Nr. 21/2

Verplanen Sie nur 60 % der Zeit
In Form von unvorhergesehenen Ereignissen, Aufgaben usw. kann immer noch genug Arbeit auf Sie zukommen. Legen Sie die weiteren Arbeiten in Ihrer Projektliste auf den nächsten oder übernächsten Tag usw. Wenn Sie mit Ihrem Programm gut durchkommen, können Sie immer noch wichtige Arbeiten, die erst für den nächsten Tag vorgesehen waren, vorziehen und sofort erledigen.

Pufferzeiten für Unvorhergesehenes
Verplanen Sie die o.g. 60% der Arbeitszeit nicht an einem Stück. Störungen und unvorhergesehene Abläufe erfordern flexibles Handeln und teilweise schnelles Reagieren. Planen Sie Pufferzeiten dafür ein. Sollten Sie die Pufferzeiten nicht für unvorhergesehene Dinge benötigen, können Sie neue Aufgaben angehen (s.o.) oder sich z. B. mit Routinearbeiten beschäftigen, um so Ihr sonstiges Tagesarbeitspensum schneller zu erledigen.

Setzen Sie eindeutige Prioritäten
Man hat zwar viel gearbeitet, sich aber verzettelt und wichtige Dinge liegengelassen.
Werten Sie die vor Ihnen liegenden Aufgaben nach Dringlichkeit und Wichtigkeit. Ordnen Sie die Arbeiten auf verschiedene Stapel. Versehen Sie die ganz wichtigen und dringlichen Dinge mit einem Zettel „als nächstes", und arbeiten Sie diese Dinge auch als nächstes ab.

Sich Freude bereiten
Tun Sie jeden Tag etwas, was Ihnen Freude bereitet und was Ihnen Ausgleich zu ihrer Arbeit verschafft. Belohnen Sie sich, gönnen Sie sich etwas. Es fällt Ihnen dann leichter, wieder an schwierige Arbeiten und Probleme heranzugehen.

Stille Stunde, innere Konzentration
Besonders wichtige und knifflige Aufgaben erfordern innere und äußere Ruhe und Konzentration. Auch die Planung der eigenen Zeit, den Biorhythmus beachten, Telefonanrufe abblocken usw.

Kontrollieren Sie das Tagesergebnis
- Unerledigtes geht so nicht verloren.
- Eine Feinabstimmung in Richtung auf eine realistische Zeitplanung wird möglich.
- Ein Lernschritt in Richtung Selbstbeobachtung und Veränderung, z. B. von Störungen, ist möglich.
- Realistische Vorsätze gesetzt? Bilanz!

Arbeitsblatt Nr. 21/3

○ **Spezielle Lösungsstrategien für den Schreibtisch**
- **Ordnen Sie Ihren Schreibtisch**
  Benutzen Sie auch Ordnungsmittel wie Karteikästen, Ablagesysteme, Zeitplanungsbücher, Telefoncomputer usw.
- **„Als nächstes"-Zettel einführen**
  Nehmen Sie sich vor, alle Vorgänge auf Ihrem Schreibtisch nach Dringlichkeit und Wichtigkeit zu bewerten und eine Hitliste anzufertigen. Dringende und eilige Dinge sollten einen Aufkleber (Haftnotiz) „als nächstes" erhalten und dann auch sofort bearbeitet werden. Sie werden unter den negativen Auswirkungen von Chaos durch Arbeitsüberlastung (Termin verpaßt, Wichtiges ganz vergessen usw.) nicht mehr zu leiden haben.
- **Wegwerfen / Ausmisten**
  Überlegen Sie immer wieder, ob etwas, das Ihnen mehrfach auf dem Schreibtisch begegnet, wirklich wichtig ist.
- **Mach' es jetzt gleich**
  Kleine Aufgaben sollten Sie gleich erledigen, anstatt sie wegzulegen und sich später wieder hineindenken zu müssen (kurze Antwortbriefe, Notizen z. B., nachdem man etwas Interessantes und Wichtiges gelesen hat usw.).
  Wenn es gelingt, eine schwierige Aufgabe gut zu lösen, ergibt sich ein Gefühl der Befriedigung. Man fühlt sich voller Energie und ist bereit weiterzumachen.
- **Maserntechnik**
  Alles, was auf dem Schreibtisch liegt, bekommt jeden Tag einen Klebepunkt mehr. Alles, was ich neu in die Hand nehme, bekommt einen kleinen Klebepunkt. Dinge, die mit vielen Klebepunkten versehen sind, sollten entweder im Papierkorb verschwinden, in einer Ablage „später" abgelegt oder gleich erledigt werden.

○ **Kleine Tips zur Überwindung der „Aufschieberitis"**
– Salamitaktik (= Aufteilen der Aufgabe in kleine Schritte und Teilziele)
– Schublade oder Ordner „Aufgeschobenes"
– Legen Sie einen Ordner oder eine Schublade „Aufgeschobenes" an, und nehmen Sie sich zu einer bestimmten Zeit in der Woche vor, diese Ablage durchzugehen und die Dinge, die Sie vorfinden, entweder zu erle-

Arbeitsblatt Nr. 21/4

digen, wegzuwerfen oder weiter aufzuschieben. Verwenden sie hierbei eventuell auch die Maserntechnik oder die Salamitaktik (s.o.).
- Relatives Aufschieben auf einen bestimmten späteren Zeitpunkt
- Entscheidung : Papierkorb

Literatur
Emerson, B.: Betriebspsychologie.
Seiwerth J. F.: Das 1 x 1 des Zeitmanagements

Merkblatt für das Üben zu Hause
(Musik: Stephen Halpern, „Spectrum suite")
Chakra (Körperregion) mit Farbe, Zahl, Qualität, Grundton, Summlaut

	Körperregion	Farbe	Zahl	Persönlichkeits-eigenschaft	Summton	Laut
1.	Beckenboden	Rot	7	Lebensspendende Energie	- c -	MMMM
2.	1/3 Handbreit unterhalb des Nabels	Orange	6	Vitalität, Kraft, Selbstbe-wußtsein	- d -	UUUUU
3.	Sonnengeflecht Magengegend	Gelb	5	Mut, Verzeihen	- e -	OOOO
4.	Herz Brustkorb	Grün	4	Bedingungslose Liebe	- f -	AAAA
5.	Hals Kehlkopf	Himmelblau	3	Willenskraft	- g -	EEEE
6.	Stirn Gesicht	Tiefblau Violett	2	Kreativität, Weisheit	- a -	IIII
7.	Scheitel Schädeldecke	Regenbogen-Spektrum	1	Transzendenz	- h -	IOUA

Arbeitsblatt Nr. 22

Ausblick

Was werde ich umsetzen?

Was werde ich verändern?

Fragebogen

Feedback (Wenn Sie wollen)

Wie hat mir der Übungsleiter gefallen?

Schreiben Sie eine Bemerkung auf oder wählen Sie eine Benotung:

1   2   3   4   5   6
☐   ☐   ☐   ☐   ☐   ☐

Was hat mir gefehlt?

Was hat mir Spaß gemacht?

Was hat mir nicht gefallen?

Was würde ich besser machen?

„Kurzkur"-Konzept

zur Streßbewältigung

Konzeption für teilstationäre Gesundheitsbildungsmaßnahmen

(Kurzkur)
Dem Konzept liegt der in diesem Buch dargestellte Streßbewältigungskurs zugrunde. Die am IPEG-Institut in Heidelberg tätige interdisziplinäre Arbeitsgruppe aus Ärzten, Psychologen und Pädagogen diskutierte schon 1978 die Notwendigkeit von teilstationären Gesundheitsbildungsmaßnahmen in Form von strukturierten „Kurzkuren".
Das hier vorliegende Konzept enthält zusätzlich Übungseinheiten aus der fernöstlichen Bewegungskultur bzw. fernöstlichen Entspannungs- und Meditationsverfahren, körperpsychotherapeutische Übungen sowie Übungs- und Lehreinheiten zum Bereich gesunde Ernährung.
Ziel des Programmes ist, bei den Teilnehmern und Teilnehmerinnen innerhalb kürzester Zeit eine deutliche Vertiefung des Entspannungsniveaus sowie eine wesentlich intensivierte Introspektionsfähigkeit zu bewirken. Die hier erlernten Zyklen von bewußter Aktivierung und Entspannung sollen eine Voraussetzung für eine bewußtere und verbesserte Alltagsbewältigung mit einer situationsadäquaten ("Rechte" Spannung nach Prof. Graf Dürckheim) körperlich-geistigen Wachheit und körperlichen Gespanntheit bilden.
An Wochenenden besteht die Möglichkeit zur Durchführung von Sport nach dem ganzheitlichen Sporttherapiekonzept (nach M. Schley), um eine ganzheitliche Körperbewußtheit aufzubauen und zu festigen.

Zielvorstellungen für ein ganzheitliches Gesundheitstraining

☐ IPEG-Institut Heidelberg
☐ Verein für Humanistische Psychologie Heidelberg
Die nachfolgend genannten Kriterien zur Beurteilung der Ziele von Gesundheitsprophylaxemaßnahmen können einerseits für stationäre Gesundheitsvorsorge (wie sie in Vorsorge und Rehabilitationskliniken zur Anwendung kommen sollten) gelten, andererseits aber auch für teilstationäre oder ambulante Gesundheitsbildungs- und Gesundheitsvorsorgemaßnahmen.
Kursleiter bzw. Gruppenleiter sollen in kompakten Ausbildungsgängen dazu befähigt werden, ambulante Trainingsmaßnahmen zur Gesundheitsvorsorge mit berufstätigen und nichtberufstätigen Erwachsenen durchzuführen, die sich im wesentlichen gesund fühlen, jedoch etwas für ihre Gesundheit tun wollen.

Ziele des Gesundheitstrainings

1. Verbesserung der augenblicklichen Befindlichkeit
Die Teilnehmer sollen sich nach dem Training subjektiv wohler fühlen. Inhalte und Methoden eines Trainings müssen so gewählt werden, daß möglichst vielfältige gesundheitsrelevante Erlebnisse und Erfahrungen gemacht werden können, wobei alle Bereiche einer gesunden Lebensführung mit einbezogen werden. Die gemachten Erfahrungen sollten möglichst unmittelbar in den Alltag der Trainingsteilnehmer übertragbar sein.

Stichwort = Wohlbefinden und Gesundheit

2. Hilfen für eine gesündere Lebensführung
Die Teilnehmer bekommen Wissen, Methoden und Techniken vermittelt, die ihnen dabei helfen, im Alltag gesünder zu leben.
In jedem Training sollte schwerpunktmäßig ein Bereich (z.B. Entspannung, Vitalisierung, Leistungskurven und Biorhythmus, Ernährung usw.) ausgewählt und vertieft werden. Die Teilnehmer erhalten über diesen Bereich entsprechende Informationen, die sie dazu befähigen, auch nach dem Training gesundheitsbewußter zu leben. Wissen und Methoden sollten weitgehend erlebnisorientiert und suggestopädisch vermittelt werden. Am Beispiel Ernährung hieße dies, daß nach unseren Erfahrungen möglichst eine Wochenendgruppe durchgeführt werden müßte, in der neben einer gesunden Ernährung innerhalb des Trainings auch Informationen über deren Aufbau und die Zubereitung gegeben werden sollten. Diese können dann während des Wochenendes erprobt und in die eigenen Praxis umgesetzt werden (Wochenendgruppe, Austausch über eigene Beobachtungen und Erfahrungen während der Zwischenzeit in der nächsten Gruppe).
Andere Bereiche können auch gut in Abendgruppen abgehandelt werden.

Stichwort = Gesundheitsinformation

3. Entwicklung von Persönlichkeitspotentialen
Den Teilnehmern soll ermöglicht werden, vorhandene Ressourcen zu erweitern, bisher nicht entwickelte Persönlichkeitspotentiale zu entfalten sowie verschiedenen Fähigkeiten besser zu integrieren.
Hierzu eignen sich unseres Erachtens ganz besonders auch Verfahren aus dem Bereich der humanistischen Psychologie und der östlichen Gesundheits- und Bewegungskultur.Es kommt darauf an, sich ein inneres Wahr-

nehmungsinstrument zu erarbeiten, welches in positiver Weise auf ein gesundes und gleichzeitig mit Wohlbefinden verbundenes Verhalten ausgerichtet ist.

Stichwort = Persönlichkeitswachstum und Gesund*sein*

Zeitstrukturen

Die in der Tabelle auf den Seiten A-54 und A-55 verwendeten Streßbewältigungseinheiten entsprechen den zehn Sitzungen des Konzeptes „Streßbewältigung, ein ganzheitliches Kursprogramm".

„Kurzkur"-Konzept zur Streßbewältigung

Tag	1	2	3	4	5
Morgenprogramm	Gesundheitssport / Trimm-Dich-Übungen	Qigong	Atementspannung, Atemvitalisierungs- und Tonisierungsübungen	Qigong	Jogging, Movement
Frühstückspause					
Vormittags: Gesundheitsbildung	Streßbewältigung Sitzung 1 A	Streßbewältigung Sitzung 2 A	Streßbewältigung Sitzung 3 A	Streßbewältigung Sitzung 4 A	Streßbewältigung Sitzung 5 A
Mittagessen					
Nachmittags Gesundheitsbildung	Streßbewältigung Sitzung 1 B	Streßbewältigung Sitzung 2 B	Streßbewältigung Sitzung 3 B	Streßbewältigung Sitzung 4 B	Streßbewältigung Sitzung 5 B
Abendprogramm	Gesunde Ernährung Teil A 1 Progressive Muskelentspannung,	Chakrenübung, Sensualisierung / Perzeptuationsübung	Gesunde Ernährung Teil A 2 Sanfte Bioenergetik „Lifting"	Gesunde Ernährung Teil B : Vortrag prakt. Übung	Atementspannungsübungen, Musiktherapieentspannungsübungen
Tagesausklang	Phantasiereise	Entspannungsübung im Wasser (IPEG)	evtl. Sauna		Sauna

A-54

6	7	8	9	10	Wochenende
Bioenergetik, Vitalisierungsübungen	Haltungstraining / Körperwahrnehmungsübungen	Personale Leibtherapie, Zen des Laufens	Haltungsübungen im Wasser nach Mc. Millan	Tai-Chi	Bewegungsprogramm
Streßbewältigung Sitzung 6 A	Streßbewältigung Sitzung 7 A	Streßbewältigung Sitzung 8 A	Streßbewältigung Sitzung 9 A	Streßbewältigung Sitzung 10 A	event. Gesundheitssport
Streßbewältigung Sitzung 6 B Geführtes Zeichnen	Streßbewältigung Sitzung 7 B Erickson, Entspannung	Streßbewältigung Sitzung 8 B Meditationsübungen	Streßbewältigung Sitzung 9 B Erickson, Entspannung	Streßbewältigung Sitzung 10 B Gesunde Ernährung Teil C : Vortrag, prakt. Übung	Eigenaktivitäten event. Gesundheitssport
Entspannungsübung im Wasser (IPEG)	Sauna	Entspannungsübung im Wasser (IPEG)	Sauna		

A-55